云南与 RCEP 成员国重点产品贸易研究

——基于贸易指数的分析

陈凤梅　徐阳　著

中国商务出版社

·北京·

图书在版编目（CIP）数据

云南与RCEP成员国重点产品贸易研究 ：基于贸易指
数的分析 / 陈凤梅，徐阳著． -- 北京 ：中国商务出版
社，2024.5
　　ISBN 978-7-5103-5169-3

　　Ⅰ．①云… Ⅱ．①陈… ②徐… Ⅲ．①农产品贸易－
贸易发展－研究－云南 Ⅳ．①F752.874

中国国家版本馆CIP数据核字（2024）第103856号

云南与RCEP成员国重点产品贸易研究——基于贸易指数的分析
YUNNAN YU RCEP CHENGYUANGUO ZHONGDIAN CHANPIN MAOYI YANJIU
——JIYU MAOYI ZHISHU DE FENXI

陈凤梅　徐阳　著

出版发行：中国商务出版社有限公司
地　　址：北京市东城区安定门外大街东后巷 28 号　　邮编：100710
网　　址：http://www.cctpress.com
联系电话：010-64515150（发行部）　　010-64212247（总编室）
　　　　　010-64243016（事业部）　　010-64248236（印制部）
责任编辑：韩冰
排　　版：德州华朔广告有限公司
印　　刷：北京明达祥瑞文化传媒有限责任公司
开　　本：710 毫米×1000 毫米　1/16
印　　张：15　　　　　　　　　　　字　　数：226 千字
版　　次：2024 年 5 月第 1 版　　　　印　　次：2024 年 5 月第 1 次印刷
书　　号：ISBN 978-7-5103-5169-3
定　　价：80.00 元

前　言
PREFACE

2023年6月2日起《区域全面经济伙伴关系协定》（以下简称RCEP）对菲律宾生效，标志着RCEP对15国全面生效，全球人口最多、经贸规模最大、最具发展潜力的自由贸易区进入全面实施的新阶段。云南深入贯彻落实党中央、国务院关于实施好RCEP的决策部署，充分发挥面向南亚、东南亚和环印度洋地区的区位优势，抓住RCEP签署及生效后的重大机遇，做好内外统筹、双向开放文章，推动云南成为强大国内市场与南亚、东南亚国际市场之间的战略纽带、"大循环、双循环"的重要支撑。

云南省商务研究院主要负责开展国内外贸易、外商投资、对外投资和对外经济合作、口岸建设发展等相关学术理论、政策措施的综合研究；负责各类商贸信息的汇集整理和分析；负责编辑、出版商贸相关的图书、期刊等工作。2021年以来，围绕RCEP形成了众多研究成果，涵盖产业、贸易、投资、物流等多个领域。

为了更好服务进一步挖掘云南与RCEP成员国货物贸易潜力，特撰写《云南与RCEP成员国重点产品贸易研究——基于贸易指数的分析》，本书聚焦云南与RCEP成员国重点产品进出口贸易，利用相关贸易指数对云南与RCEP其他成员国重点进出口展品开展贸易现状和贸易特征分析，明确国别结构、产品结构、产品的市场竞争力、产品的比较优势、产业内的贸易水平与结构。

全书共包括五章：第一章为绪论，主要介绍了研究背景及意义、研究内容及方法；第二章为云南与RCEP区域贸易情况，主要介绍了

RCEP 生效实施的背景和历程、主要内容和特点、重要意义和给云南进出口贸易带来的机遇、挑战等基本情况，分析了云南与 RCEP 国家贸易整体情况、市场情况、产品情况；第三章为云南与 RCEP 区域进出口重点产品贸易分析，基于贸易指数重点分析了矿产品、化学工业及其相关工业的产品、植物产品、机电音像设备及其零件附件、塑料及其制品和橡胶及其制品、贱金属及其制品的贸易现状和贸易特征等，并得出结论提出建议；第四章基于前文分析，总结提出促进云南与 RCEP 其他成员国重点产品贸易发展的建议；第五章为结论及展望。

本书撰写过程中，得到了本人所在单位云南省商务研究院的全力支持，得到了云南省内从事国际贸易研究相关机构和朋友的鼎力相助，在此表示诚挚的谢意。此外，本书的问世也要感谢中国商务出版社同事的专业、细致和谨慎的编辑与出版工作。

由于时间仓促，研究能力有限，不足之处在所难免，还请广大读者批评指正。

作　者
2024 年 2 月

目 录
CONTENTS

第一章 01

绪 论

第一节　研究背景及意义

　　进入21世纪以来，世界多极化、经济全球化、社会信息化、文化多样化深入发展，国际秩序和全球治理体系加速变革，新兴经济体与发展中国家整体力量抬升，各国相互联系和依存日益加深。与此同时，世界面临的挑战与风险日益增加，世界经济发展不平衡问题突出，逆全球化、孤立主义、民粹主义、单边主义等思潮不断抬头，治理赤字、信任赤字、和平赤字、发展赤字等全球性挑战日趋严重。在此背景下，国家之间的经济互动日益频繁，经贸合作关系错综复杂。在世界经济严重衰退、国际贸易冲突加剧的背景下，推进多边贸易协定谈判、实现互联互通的区域经济一体化发展具有重要意义。

　　为了加强各国之间的经贸往来，实现区域经济一体化，历经多年的谈判，《区域全面经济伙伴关系协定》（Regional Comprehensive Economic Partnership，RCEP）于2020年11月15日正式签署，于2022年1月1日正式生效，作为全球经济规模最大、覆盖人口最广的多边自由贸易协定，RCEP的签署标志着东亚、东南亚地区有关国家之间货物贸易、服务贸易和投资的高标准开放，极大地提升了区域贸易投资自由化、便利化水平，为促进地区发展繁荣增添了新动力。特别是在新冠疫情全球蔓延，世界经济受到严重冲击，国际贸易和投资萎缩，保护主义、单边主义不断加剧的背景下，RCEP历经8年多谈判得以签署，不仅为克服疫情的影响、促进全球经济复苏带来希望，极大地提振了各方的信心，也充分表明有关国家支持开放、公平、共赢的全球贸易体系，摒弃保护主义和单边主义，携手应对各种风险挑战的意愿和决心。

　　RCEP是东亚经济一体化建设近20年来最重要的成果，RCEP的签订能够推动世界各国形成利益共同体，在国际社会中发挥引领作用。RCEP也是目前中国参与面最广、参与成员最多元化、影响颇深远的区域自由贸易协定，是我国在习近平新时代中国特色社会主义思想指引下实施自由贸易区战略取得的重大进展，将为我国在新时期构建开放型经济新体制，形成以国内大循环为主体、国内国际双循环相互促进的新发展格局提供巨大助力。随着 RCEP 的加快实施，围绕 RCEP 开展货物贸易、服务贸易、海关程序和通关便利化、营商环境等方面的研究，尤其是研究不同区域与 RCEP 其他成员国间的进出口贸易发展，成为社会各界关注的重要话题。

云南是中国面向南亚、东南亚的辐射中心，面向南亚、东南亚和环印度洋地区开放的大通道，与东盟国家有天然接壤的开放优势，与 RCEP 其他成员国长期保持密切的经贸往来。云南与 RCEP 其他成员国进出口额基本占据全省进出口额的半壁江山，是全国除广西外，对 RCEP 其他成员国外贸依赖度最高的省份，2021 年，云南与 RCEP 其他成员国进出口额占全省进出口额的比重为46.06%，2023 年为 48.39%，比 RCEP 生效实施前的 2021 年提高 2.33 个百分点，高于全国 18.22 个百分点。但同时，近 3 年来，云南与 RCEP 其他成员国进出口额同比增速不尽如人意，2022 年云南与 RCEP 其他成员国进出口额为 1 438.18 亿元，同比增长 2.12%，低于全国 5.3 个百分点；2023 年同比下降 1.35%，低于全国 8.38 个百分点。如何进一步扩大云南与 RCEP 其他成员国进出口贸易，对云南进出口整体发展和建设面向南亚东南亚辐射中心都具有重要意义。

2018—2022 年，云南与 RCEP 其他成员国的主要进出口产品排名前十（排名从高到低）：第五类矿产品；第六类化学工业及其相关工业的产品；第二类植物产品；第十六类机电、音像设备及其零件、附件；第七类塑料及其制品，橡胶及其制品；第十五类贱金属及其制品；第二十类杂项制品；第十一类纺织原料及纺织制品；第四类食品，饮料、酒及醋，烟草及制品；第十三类矿物材料制品，陶瓷品，玻璃及制品。对云南与 RCEP 其他成员国重点进出口展品开展贸易现状和贸易特征分析，明确国别结构、产品结构、产品的市场竞争力、产品的比较优势、产业内的贸易水平与结构，可以更加有针对性地开拓 RCEP市场，挖掘进出口贸易潜力，进一步扩大云南与 RCEP 其他成员国之间的进出口额。

第二节 研究内容及方法

一、研究内容

研究内容主要涵盖以下5个章节：

第一章为绪论。本章首先介绍本书的选题背景及意义，其次叙述了本文的研究内容和研究方法，并罗列了本书所运用的相关指数，基于国内外学者针对RCEP内容的研究、RCEP的经济收益和贸易效应研究、RCEP区域内的经贸关系研究进行了文献综述，最后明确了相关研究的基础理论。

第二章为云南与RCEP其他成员国贸易情况。从RCEP生效实施的背景及历程、RCEP的主要内容和特点、RCEP的重要意义、RCEP给云南进出口贸易带来的机遇和挑战4个方面介绍了RCEP的基本情况；之后从贸易规模、贸易产品和贸易国别3个维度分析了2018—2022年云南与RCEP其他成员国的贸易情况，并依据HS2的分类角度对21类产品的贸易额进行排序，为后文的重点产品贸易分析奠定基础。

第三章为云南与RCEP其他成员国进出口重点产品贸易分析。根据第二章的分析，选取2022年贸易额在50亿美元以上的6类产品进行深入分析，一是从贸易规模、贸易结构的角度分析云南与RCEP其他成员国重点产品贸易现状；二是利用市场占有率指数、显示性比较优势指数、产业内贸易指数对云南与RCEP其他成员国重点产品贸易特征进行研究；三是梳理近年来相关产品贸易面临的技术性贸易壁垒；四是提出发展该类产品贸易合作的建议。

第四章为促进云南与RCEP其他成员国重点产品贸易发展的建议。

第五章为结论与展望。

进出口贸易数据来自联合国商品贸易统计数据库（UN Comtrade）和海关总署海关统计数据查询平台，时间为2018—2022年。本研究产品分类按照《中华人民共和国海关统计商品目录（2022年版）》分类，具体如下：

第二类：植物产品。包括第6章活树及其他活植物，鳞茎、根及类似品，插花及装饰用簇叶；第7章食用蔬菜、根及块茎；第8章食用水果及坚果，甜瓜或柑橘属水果的果皮；第9章咖啡、茶、马黛茶及调味香料；第10章谷物；第11章制粉工业产品，麦芽，淀粉，菊粉，面筋；第12章含油子仁及果实，杂项子仁及果仁，工业用或药用植物，稻草、秸秆及饲料；第13章虫胶，树胶、树脂及其他植物液、汁；第14章编结用植物材料，其他植物产品。

第五类：矿产品。包括第25章盐，硫磺，泥土及石料，石膏料、石灰及水泥；第26章矿砂、矿渣及矿灰；第27章矿物燃料、矿物油及其蒸馏产品，沥青物质，矿物蜡。

第六类：化学工业及其相关工业的产品。包括第28章无机化学品，贵金属、稀土金属、放射性元素及其同位素的有机及无机化合物；第29章有机化学品；第30章药品；第31章肥料；第32章鞣料浸膏及染料浸膏，鞣酸及其衍生物，染料、颜料及其他着色料，油漆及清漆，油灰及其他类似胶粘剂，墨水、油墨；第33章精油及香膏，芳香料制品及化妆盥洗品；第34章肥皂、有机表面活性剂、洗涤剂、润滑剂、人造蜡、调制蜡、光洁剂、蜡烛及类似品、塑型用膏、"牙科用蜡"及牙科用熟石膏制剂；第35章蛋白类物质，改性淀粉，胶，酶；第36章炸药，烟火制品，引火合金，易燃材料制品；第37章照相及电影用品；第38章杂项化学产品。

第七类：塑料及其制品，橡胶及其制品。包括第39章塑料及其制品；第40章橡胶及其制品。

第十五类：贱金属及其制品。包括第72章钢铁；第73章钢铁制品；第74章铜及其制品；第75章镍及其制品；第76章铝及其制品；第78章铅及其制品；第79章锌及其制品；第80章锡及其制品；第81章其他贱金属、金属陶瓷及其制品；第82章贱金属工具、器具、利口器、餐匙、餐叉及其零件；第83章贱金属杂项制品。

第十六类：机电、音像设备及其零件、附件。包括第84章核反应堆、锅炉、机器、机械器具及零件；第85章电机、电气设备及其零件，录音机及放声机、电视图像、声音的录制和重放设备及其零件、附件。

本书产品的贸易现状及贸易特征中的市场占有率、显示性比较优势和产业内贸易指数分析，都是基于《中华人民共和国海关统计商品目录（2022版）》中的分类开展的。

二、研究方法

文献分析法。充分利用中国知网及各种网络文库，系统检索国内外关于云南与RCEP其他成员国贸易、市场占有率、显示性比较优势、产业内贸易等主题的研究成果。在研读文献的基础上，运用文献研究中的云南与RCEP其他成员国贸易主题分析法，对已有云南与RCEP其他成员国贸易资料进行归纳与分析。梳理国内外学者对云南与RCEP其他成员国贸易研究的历史过程、研究方向与方法，发现近年来围绕云南与RCEP其他成员国贸易发展相关领域的研究中存在的问题和不足，进而在本研究中进行补充、丰富和完善。

实证分析法。运用统计分析法对云南与RCEP其他成员国贸易特征的相关问题进行实证分析。其中，市场占有率用于分析云南与RCEP市场重点进出口产品的市场竞争力，比较优势指数用于分析云南与RCEP市场重点进出口产品优势的比较，产业内贸易指数用于测量云南与RCEP其他成员国产业内的贸易水平与结构。

比较分析法。在数据分析的基础上，采用比较分析法进行研究。相对于单一横截面或纵向研究，比较分析更能直观观测云南重点进出口产品贸易的数据是否具有竞争力。本书收集云南与RCEP其他14个成员国6类重点进出口产品贸易的相关数据，作为产品贸易现状和贸易特征的研究对象，更加准确地定位云南产品在RCEP区域市场的竞争地位。本书从进口和出口两个视角对贸易现状和贸易特征进行综合考察，以得出更加精准的结果。同时，本书选用的多项指标，包括市场占有率、显示性比较优势指数、产业内贸易指数等的相互联系，也存在着许多需要对比分析的客观问题。

系统分析法。本书采用系统分析法，从多角度、多思维对本书核心问题进行研究，遵循提出问题、分析问题、解决问题的逻辑思路，同时运用大量数据和经济学基本理论对云南与RCEP其他成员国重点进出口产品贸易进行系统分析。

三、指数说明

（一）市场占有率

市场占有率测算的是云南出口到 RCEP 其他成员国的货物占进口货物总额的比重。

$$MS_i = \frac{IM_{iC}}{IM_{iW}}.$$ （1.1）

式中：MS_i 表示第 i 个国家的市场占有率；IM_{iC} 表示第 i 个国家自云南的进口额，IM_{iW} 表示第 i 个国家自全世界的进口货物总额。

$$MS_i^k = \frac{IM_{iC}^k}{IM_{iW}^k}.$$ （1.2）

式中：MS_i^k 表示自第 i 个国家进口的第 k（$k=1$，2，…，10）类商品的市场占有率；IM_{iC}^k 表示第 i 个国家自云南进口的第 k 类商品额；IM_{iW}^k 表示第 i 个国家自全世界进口的第 k 类商品额。市场占有率的数值越大，自云南进口的商品在 RCEP 其他成员国的市场份额越高，该商品的市场竞争力越强；反之则越弱。

（二）显示性比较优势

1. 云南出口单类货物显示性比较优势

$$RCA_y^k = \frac{\dfrac{IM_{yC}^k}{IM_{yC}}}{\dfrac{IM_{yW}^k}{IM_{yW}}}.$$ （1.3）

式中：RCA_y^k 表示云南出口第 k（$k=1$，2，…，10）类货物在 RCEP 其他成员国的比较优势；IM_{yC}^k 表示 RCEP 其他成员国自云南进口的第 k 类商品总额；IM_{yW}^k 表示 RCEP 其他成员国自全世界进口的第 k 类货物总额；IM_{yC} 表示 RCEP 其他成员国自云南的总进口额；IM_{yW} 表示 RCEP 其他成员国自全世界的总进口额。

2. RCEP 出口单类货物显示性比较优势

$$RCA_r^k = \frac{\dfrac{IM_{rC}^k}{IM_{rC}}}{\dfrac{IM_{rW}^k}{IM_{rW}}}.$$ （1.4）

式中：RCA_r^k 表示 RCEP 出口第 k（$k=1$，2，…，10）类货物在云南的比较优势；IM_{rC}^k 表示云南自 RCEP 进口的第 k 类商品总额；IM_{rW}^k 表示云南自全世界进口的第 k 类货物总额；IM_{rC} 表示云南自 RCEP 的总进口额；IM_{rW} 表示云南自全世界的总进口额。

（三）产业内贸易指数

与其他指数相比，该指数从产业内部的角度，衡量一个国家产品的贸易结构、贸易水平等，不同的贸易结构代表着国家之间贸易优势、劣势的情况，蕴含社会分工理论，更能有效反映一个国家的贸易水平与整体产品质量。

$$GL_i = 1 - \frac{|X_i - M_i|}{(X_i + M_i)}$$ （1.5）

式中：GL_i 表示某种产品 i 的产业内贸易水平。X_i 表示某种产品 i 的进口额，M_i 表示某种产品 i 的出口额。GL_i 指数介于 0 和 1 之间，数值越大表明产业内贸易水平越高。

第三节　文献综述

对 RCEP 的研究，签署前大部分集中在该协定对各成员国预期带来的机遇挑战分析。随着 RCEP 在 2020 年成功签署，迅速引起学术界的集中讨论，成为当前的研究热点。本书从 RCEP 内容、RCEP 带来的效应、RCEP 区域内的经贸关系 3 个方面进行梳理和回顾。

一、针对 RCEP 内容的研究

针对 RCEP 内容学者们大多从两个角度进行研究：一方面，针对 RCEP 内容的某些独具特色的规则与标准进行详细解读；另一方面，针对 RCEP 与其他自贸协定的对比分析，其中大部分学者选择的是同为亚太地区且自贸协定水平较高的 CPTPP。

一是对 RCEP 内容的解析。马冉（2022）从 RCEP 规则设置与架构搭建角度分析后，认为 RCEP 平衡了跨境移徙自由化的利益与接受国移徙监管的风险，但同时存在便利化改进的空间[1]。陆建明等（2022）通过分析 RCEP 协定中不同类型负面清单不符措施在清单 A、清单 B 中的数量和涉及的行业分布特征，发现使用第二类负面清单的国家在不符措施数量上较多，不符措施主要覆盖服务业，而使用第一类负面清单的国家则重点关注农业、矿业和制造业[2]。

二是与其他自贸协定的对比分析。全毅（2022）认为 CPTPP 重视以规制融合为主要内容的边境内政策协调，具有全面性且高标准的特征，而 RCEP 更加关注货物贸易与投资便利化[3]。姜跃生（2022）通过对比 RCEP 与 CPTPP 的协定目的、一般规定、货物贸易、服务贸易与投资、营商环境等，得出自贸协定市场开放程度越高，争议解决机制越强，税收措施适用的范围就越广，税收在自贸协定区域发展中的作用就越大[4]。孟晓华等（2022）采用递归动态 GTAP 模型，发现 RCEP 与 CPTPP 对各自区域内成员国的宏观经济指标、各行业产出均提升明显，且会对非成员国的经济造成一定的负面冲击，但 RCEP 对 CPTPP 的不利影响有明显的冲抵效果[5]。韩剑等（2021）研究发现，RCEP 和 CPTPP 表现出明显的相互竞争与制衡关系，原因是亚太地区自由贸易协定网络的复杂程度远高于世界整体水平[6]。

二、RCEP 的经济收益和贸易效应研究

RCEP 带来的经济收益和贸易效应被学者们广泛研究，大致可分为货物贸易、服务贸易方面的贸易效应研究，对区域内产业链、价值链影响研究，以及

其他方面的经济效应研究。

一是货物贸易方面的贸易效应研究。洪小羽等（2023）[7]利用结构模型定量分析RCEP关税削减对全要素生产率带来的影响，发现RCEP关税削减对全要素生产率的作用在地区影响中对东部和广西等地的提升更为突出，在行业影响中对高新技术行业、纺织品和服装行业以及农林牧渔行业的增幅更为显著。王春宇等（2022）[8]认为，短期内，我国与澳大利亚、新西兰、东盟的关税减免较当前有所下降；中长期看，我国与RCEP国家，尤其是与日本、韩国的贸易将显著提升。施锦芳等（2022）[9]研究认为RCEP的生效将有利于加强中日韩的经贸合作，对中日韩乃至亚太区域经济合作将产生重要影响。Zainuddin et al（2020）[10]重点研究了非关税壁垒对RCEP各成员国的出口产生的影响，并提出非关税壁垒对贸易的影响会因研究主体而改变。

二是服务贸易方面的贸易效应研究。廖若凡等（2024）[11]基于2007—2021年RCEP各成员国数字服务贸易格局，运用时变随机前沿引力模型，发现数字服务贸易的促进因素有贸易国经济发展水平的提高、服务业发展水平、法律健全程度和政府监管程度的提高，不利因素有经济自由度水平、政治稳定程度。李清如等（2023）[12]认为日本和韩国是中国服务业建立有效进口贸易联系的首要选择，知识密集型服务业的中介能力提升整体增强了中国服务业中介能力，中国服务业在贸易网络中的中介能力已经超过日本。邱斌等（2022）[13]认为RCEP将加强我国与其他成员国间的服务贸易联系，关键性行业的服务贸易进口将带动其占比也将得以提高。

三是对区域内产业链价值链带来的影响研究。Kawasaki（2015）[14]认为RCEP中有关对关税及非关税措施的进一步削减会为各成员国经济发展带来益处。钱国军等（2023）[15]通过构建贸易一般均衡模型研究发现，RCEP生效实施后进一步深化了全球价值链分工，我国绝大多数制造业的上游程度和下游程度同时得到显著提高，其中，最为明显的是电脑、电子和光学产品的制造。董婉璐等（2023）[16]认为在电子产业上，RCEP成员国间价值链活动，尤其是复杂价值链活动更为活跃，国内各区域在电子产业的产业链内部的流通与合作也显著增长。张晓兰（2022）[17]指出 RCEP 协定为国纺织服装、家具等劳动密集型产业链与电子产品、汽车、光伏等资本密集型产业链带来积极影响，推动提升我国全球价值链分工地位。

四是其他方面的经济效应研究。张群等（2023）[18]认为，RCEP 生效首年中国的实际工资、福利效应分别上升0.63%、0.02%，RCEP 的生效将提高所有成员国的实际工资水平及大部分成员的福利效应水平。彭水军等（2022）[19]指出 RCEP 对东盟各国的福利改进将显著提升，而中国和日本的福利效应相对较小。王孝松等（2022）[20]通过数值模拟结果表明，RCEP 将对我国的产出、外贸、收入、社会福利等多个方面带来促进效应。

三、RCEP 区域内的经贸关系研究

针对 RCEP 区域内的经贸关系研究，主要以实证研究为主，其中，主要围绕 RCEP 整个区域内的经贸关系、中国与 RCEP 其他成员国间的经贸关系、各地区与 RCEP 其他成员国间的经贸关系。

一是 RCEP 区域内成员国间的经贸关系。黄孝岩等（2023）[21]指出 RCEP 成员国农产品贸易网络呈现以中国为绝对核心的"核心—边缘"特征，RCEP 成员国农产品贸易网络演变的重要因素有互惠效应、多重连通效应及稳定效应。成新轩等（2023）[22]利用全球多区域投入产出模型得出 RCEP 成员国间的中间品贸易呈现愈加密切的趋势，RCEP 关税削减将显著提升区域内成员的全球价值链参与度。

二是中国与 RCEP 其他成员国间的经贸关系。王铁山等（2022）[23]认为中国对 RCEP 成员国服务贸易的竞争优势体现在建筑、电信、计算机和信息、其他商务服务行业，进口互补性以建筑、运输、保险及电信、计算机和信息行业为主，出口服务贸易互补性则以运输、旅游和建筑行业为主。赖敏等（2022）[24]研究认为中国与 RCEP 其他成员国双边贸易的正向促进因素有创新能力、市场环境及交通物流等综合条件的改善。

三是省域与 RCEP 其他成员国间的经贸关系。李鸿阶等（2022）[25]评估了

福建与RCEP其他成员国双边贸易、双向投资情况。肖玉婷等（2023）[26]指出新疆农产品出口对日本、印度尼西亚、马来西亚的潜力较大，对菲律宾、越南的潜力最低。涂颖（2023）[27]认为川渝地区与RCEP其他成员国贸易潜力都在逐步上升，其中，同越南贸易潜力绝对数额最大，同文莱贸易潜力数值最小。

综合来看，随着RCEP实施的不断深化，针对RCEP的研究重点也从最初的协定文本解读过渡到经济收益和经贸效应研究，再逐步转移到区域内的经贸关系研究。此外，细分领域下的中国战略提升、营商环境的改善、RCEP的影响因素研究越来越受到学者们的关注。从研究方法看，GTAP模型被广泛应用到RCEP协定将带来的经济收益和贸易效应分析中，此外，应用较多的有随机前沿引力模型、一般均衡模型、竞争性和互补性指数、合成控制法等，研究方法趋于多样化。从研究视角看，不管是RCEP区域内的整体研究，还是中国与东盟、日韩之间的细分研究，以及省份、地区与RCEP其他成员国间的研究都被广泛关注，但从云南视角梳理与RCEP其他成员国间经贸关系的文章还尚未全面出现，仍缺少高水平的理论总结。

第四节　相关研究的理论基础

关于云南与RCEP其他成员国货物贸易重点产品研究，包含一系列以国际贸易为基础的理论体系。充分明确研究的相关基础理论，可以为后续研究内容的开展提供充分的理论支撑和借鉴。本书在开展相关研究中选取新新贸易理论、区域经济一体化理论、贸易竞争性相关理论、贸易互补性相关理论作为研究的理论基础。

一、新新贸易理论

国际贸易理论在于揭示国际贸易产生的原因、结构以及贸易利益的分配问题，其发展已经有200多年的历史，主要经历了古典贸易理论、新古典贸易理论、新贸易理论、新兴古典贸易理论和新新贸易理论这几个阶段。新新贸易理论是在20世纪末与21世纪初兴起的理论，其演化过程较为复杂，众多学者针对异质性的企业模型以及内生边界等关键条件进行考虑，与传统的国际贸易理论相结合，形成了理论的雏形。2001年后，该理论逐步得到了发展，其核心研究范畴将原有的国际贸易转向国际贸易背景下具体产业贸易差异化的相关研究[28]。

传统的相关贸易理论主要假设企业内部是同质性的，即更多地考虑了宏观因素，对企业内部的差距并没有深入研究，侧重于假设企业内部同质性来探索外部环境差异因素，以及如何去影响国家贸易竞争水平。新新贸易理论则认为，企业内部的差异性是不能忽视的，国家间的贸易是建立在企业贸易的基础上，因此，企业贸易应从更加微观的角度进行考虑。

新新贸易理论有两个主要模型。一是以Melitz（2003）[29]为代表的学者提出的异质企业贸易模型，他在所发表的《贸易对行业内资源再配置与行业整体生产率的影响》一文中，分析了企业生产率异质性对企业生产决策、进出口决策和社会总福利的影响，该文章认为企业之间的差异性势必影响国际贸易绩效，并利用模型进一步证实了企业异质性的关键作用，他的模型是通过Hopenhayn's 所研究的在一般均衡的情况下，企业在进行垄断竞争的模型所建立的。其强调了FDI的重要性，如在贸易成本低时，可选择在国内生产然后出口，这在一定意义上可看成FDI对出口的替代[30]，该研究将国际贸易学的研究视角从中观行业层面引至微观企业层面，继续完善和发展了国际贸易理论，对国际贸易理论研究作出了开创性的贡献。二是以Antras为代表的学者提出的企业内生边界模型，其研究的是一个企业在边界下应该对其企业自身的定位是怎么样的，以及该企业进入国际市场的决策[31]。Antras（2003）认为新新贸易理论中的权衡主要在设计优化的背景下进行了研究，假设新新贸易理论设计者有一个总体偏好函数，可以客观或主观地评估，并通过尝试找到最大化偏好函数的解决方案来管理设计权衡，设计新新贸易理论优化方法接受权衡是不可避免的，并试图确定一个最优解或一组帕累托最优解。

聚焦于本书的具体研究对象，应考虑新新贸易理论是否能够适用于云南与RCEP其他成员国货物贸易重点产品研究，结合相关文献进行梳理，本书认为新新贸易理论可以用作本研究的基础理论。一是现有大量研究已经将新新贸易理论应用于各类产品的国际贸易研究，如企业之间的重点产品贸易、国家间的贸易规模、贸易程度等，众多学者的文献为本书的理论应用提供了理论支撑。二是新新贸易理论强调企业之间的异质性，可以应用于本书涉及的各类产品行业，云南与RCEP其他成员国从事相关产品国际贸易的主体在企业规模、机械化程度、生产能力、产品类型等方面存在差异性，符合新新贸易理论的内涵。三是云南与RCEP其他成员国开展国际贸易的时间较长，随着相关产品的市场波动，在不同时期各国的生产率、产品需求等发生重大变化，不同的变化带来不同产品贸易战略的调整，为下一阶段的农产品生产与进出口提供了有利前提。四是RCEP的生效实施进一步为云南与RCEP其他成员国重点产品贸易提供了关键政策因素。综上所述，新新贸易理论适用于本书涉及的相关产品贸易行业。

二、区域经济一体化理论

区域经济一体化现象出现于20世纪50年代后期，指同一地区的两个以上国家逐步让渡部分甚至全部经济主权，以保护自身经济利益为目的，减少与消除彼此间的贸易壁垒，在经济上联合起来，通过相互磋商形成统一的经济联盟，促进资源的最佳利用，从而建立可实现产品、资本、人力资源等多个方面自由流通的跨国、跨区域经济体的过程[32]，是国际经济关系中显著的发展趋势之一。区域经济一体化的定义最早是由荷兰经济学家丁伯根（J. Tinbergen）在1954年提出的，他认为区域经济一体化是一定区域范围内国家通过相互协调合作来打破贸易壁垒，从而形成最有效的经济结构。美国著名经济学家比拉·巴拉沙提出可根据组织程度来对区域经济一体化的形式进行划分，主要有关税同盟、自由贸易区、共同市场、经济同盟、完全经济一体化；后经济学教授理查德·利普西在此基础上，增加了优惠贸易安排（特惠关税地区）的形式，并认为该形式应当排在第一位。

结合相关文献，关于区域经济一体化的相关理论主要有关税同盟理论和共同市场理论，Viner 提出了关税同盟的理论[33]，该理论的特点是同盟内实现贸易不同程度的自由化，但对同盟外执行对外的统一关税政策，这种对外的排他性和关税差异歧视是阐述维纳关税同盟理论的基本前提，这保证了贸易偏转现象不被诱导发生[34]。该理论认为，在国际贸易活动中，主要关注贸易创造和贸易转移，其中，贸易创造即关税同盟国之间相互消除关税壁垒与非关税壁垒，从而使国内原来生产的受关税等政策保护的高成本商品，被成员国生产的低成本的商品所替代，从而产生贸易创造效应。贸易转移指由于关税同盟对内取消关税，对外实行统一的保护关税从而发生了同盟成员的高成本（低效率）生产取代非同盟成员的低成本（高效率）生产，即在差别关税的影响下，某一同盟成员国把原来向非成员国的低成本进口转向同盟成员国的高成本进口，以及由此而产生的进口成本增加的损失[35]。

共同市场理论是在关税同盟理论的基础上发展起来的，指由若干个国家或区域组成的经济联盟基于共同市场目标的实现，联盟国通过协调形成的经济政策协议而创建的一种经济市场。参与该种协调政策的成员国不但要让渡劳动力、商品、资本的控制权和干预权，还需要向区域经济联盟组织上缴经济调控的政策工具[32]。Corden 等[36]学者强调共同市场理论递减，认为贸易保护更多的是维持个别国家的利益，而其他国家需要进行连接与集成，在贸易保护市场外进行合作与竞争，实现跨网络结构的利益创造。

结合上述相关区域一体化理论，RCEP 的本质是区域经济一体化，为更好推动 RCEP 区域实现区域的经济整合，需要最大限度地降低贸易成本、提高各国之间的贸易效率。云南与 RCEP 其他成员国是具有典型区域经济一体化特征国家和地区间的合作区域，具有高度区域经济一体化特征的新的国际经济合作范式，该理论对云南与 RCEP 其他成员国之间各类产品贸易的科学研究提供了充分的理论支撑。

三、贸易竞争性相关理论

（一）国际竞争优势理论

著名学者迈克尔·波特在前人比较优势理论的基础上，在其著作《国家竞争优势》中，提出了国家竞争优势理论，充实了国际贸易关于竞争性方面的相关理论。他认为国家竞争力在很大程度上取决于国内企业的市场竞争力，有4种途径可以通过培育国内企业竞争优势增强国家竞争力，分别是要素条件，需求条件，相关扶持产业，企业经营战略、组织结构和竞争策略[37]。

（1）要素条件：一国改善配套环境为自身优势的能力，如通过教育、基础设施等改善国民经济环境，转换成特殊优势。目前，多数国家具有完备的通信网络和交通系统，也有高素质的人力资源，因此，基本的配套设施已不再是一国的特殊优势。随着各国纷纷实施了上述战略，基本配套设施的完善已经无法显著扩张国家的国际竞争优势。此时，许多国家逐渐将发展重心转移到了本土特色方面，以国家需要挖掘自身特色，如荷兰对花卉产业专业化的打造，通过设立专门的花卉培育、包装和运输研究机构，掌握该行业较高的专业技巧与运用技术，从而实现国家综合竞争优势的提升[38]。

（2）需求条件：国内需求偏好对该产业所提供的产品或服务的要求。一般而言，国内产业在国内市场需求的优胜劣汰中得到特殊的竞争优势。例如，因为日本地狭人稠，居住面积狭小，所以，其家电行业如电视、音响、录像设备等向小型、便携方向发展[39]。

（3）相关扶持产业：产业发展离不开供应商，一个产业的发展必定是在一个相关供应链的支撑下实现的，而产业的发展能力很大程度上取决于产业链上供应商的发展能力，如果某产业的供应商处于全球顶尖水平，产业可以通过将供应商的比较优势转化为自身的比较优势，从而在各国相同产业中脱颖而出。因此，要提高某产业的国际竞争力，可扶持上游供应商。一个行业如果有了全球一流的供应商，企业可以从相关产业的国际竞争中获取独有优势，而这些企业也和供应商形成了一个牢固的产业生态群聚。

（4）企业经营战略、组织结构和竞争策略：企业的组织形式、管理和竞争方式都受到当地历史和环境的影响。如果一个企业的当地政府鼓励创新，采取相应政策和措施刺激企业采用先进技术、增加固定资产投资，培育自身特有的竞争优势，当地企业自然具有特别的竞争力。而且，当地政府可以通过引进国际一流企业参与到本地竞争，带动当地产业不断发展和创新。

以上4个因素构成了一国竞争力"钻石"，它代表了一国的某个行业在国际竞争中脱颖而出的竞争力和独有优势。首先，政府必须给予最大的扶持，其次，产业本身要具备对市场机遇的高度敏感，同时要有将机遇转化为实际竞争优势的能力。国家要实现对产业竞争优势的有效扶持，一方面可以通过完善产业发展所需的政策环境，另一方面可以针对产业特征制定相应的产业标准，通过标准化、规范化产业发展来培育产业规模经济的出现，从而实现竞争优势的不断扩张。

（二）战略性贸易政策理论

20世纪80年代，布兰德（Brander）以及斯潘塞（Spencer）等经过长期的研究后提出了战略性贸易政策理论，而后保罗·克鲁格曼（P. Krugman）等[40]结合大量实际案例对其进行了有效补充，是目前应用较为广泛的一种贸易思想。战略性贸易政策理论可分为利润转移理论和外部经济理论两大内容。其中，利润转移理论认为在不完全竞争的市场环境中，政府应当加大对进入本土市场国际寡头型企业的关税收取力度，额外关税用于对本土出口型企业的补贴，以此在保护本土企业国际竞争力的基础上促进其竞争优势的进一步提升；外部经济理论主张产业可以通过技术外溢或市场规模效应提高生产率，降低成本。因此，国家需要加大高科技企业研发的资金投入强度获取技术外溢，并通过鼓励战略产业规模的扩大获取外部经济，最终增强相应产业的国际竞争力。战略性贸易政策理论和其他理论完全不同的是，没有完全否认政府干预的必要性，反而认为政府的适当干预对产业发展而言必不可少[41]。

四、贸易互补性相关理论

（一）比较优势理论

比较优势理论最早来源于亚当·斯密的绝对优势理论，而绝对优势理论的前提是专业分工，进行专业分工是由于不同企业或部分的工作效率不同。英国古典政治经济学大家大卫·李嘉图（David Ricardo）在亚当·斯密理论的基础上发展提出比较优势理论，他认为贸易的两国在各种产品上的生产力差距不可能都一样，这种生产力差距的不同就反映了两国各自的相对优势。各种商品的生产处于绝对劣势地位的国家可以专业化生产劳动生产率差距较低的商品，而所有生产都处于绝对优势地位的国家可以专业化生产劳动生产率差距较大的产品。在比较优势理论指导下，国家间的贸易基础是生产技术和资源禀赋的相对差别，各国基于自身条件和禀赋，在贸易的各个环节发挥各自作用，基于专业化的分工从而在国际贸易中获得利润[42]。通过比较优势理论论证了自由的市场制度可以让每个国家节约其劳动力和生产资料，专业分工于某一领域，使整个世界的生产力水平得到提高，从而增加各国的财富数量。

（二）产业内贸易理论

传统的国际贸易理论，如比较优势理论、H—O理论等都是解释劳动力差异较大或者不同类型产业之间的贸易现象，即两国的产业间贸易。前文分析的各种理论都是从不同产业之间的贸易活动角度或者是国家之间的贸易层面展开的分析，现实中国际贸易往往发生在发达国家之间，而发达国家之间往往相互进口同一产业的产品，前文的贸易理论无法解释这种产业内贸易的现象。

产业内贸易是指一个国家既出口又进口同一个产业内的产品交易行为。产业内贸易主要分为两种情况：一是同质产品产业内贸易，指消费者对产品消费偏好完全一样的可相互替代的产品，同质产品的国际贸易常发生在产业间贸易，受市场时间、区位等因素的影响，也可出现产业内贸易，如国家间的大宗产品交叉产业内贸易、季节性贸易、转口贸易、贸易倾销、政府外贸干预政策、跨国公司内贸易等；二是异质产品产业内贸易，指产品性质不同且不能完全替代的产品。在产业内贸易理论下，可将异质产品分为3类：水平差异产业内贸易，主要受消费者对同类商品相同属性的不同组合偏好的因素影响；技术差异产业内贸易，主要受产品技术差异和产品生命周期因素影响；垂直差异产业内贸易，主要受产品质量差异、消费者不同层次的消费需求等因素影响[43]。

　　随着经济全球化和世界经济一体化、全球贸易自由化以及科学技术的不断进步、以大型跨国集团为主体的新型国际贸易主体的崛起等，为节约生产成本、提高生产效率、迎合人们日益复杂和细化的各方面需要，国际分工日趋细化、专业化和标准化，国际合作也日趋深入和复杂，加之各新兴发展中国家经济实力的不断提升，在国际分工中竞争力的不断加强，垂直型产业内贸易理论的拓展成为国际贸易思想中的主流具有历史的必然性[44]。

第二章

02

云南与RCEP其他成员国贸易情况

第一节 RCEP基本情况

一、RCEP 生效实施的背景及历程

东亚区域经济一体化的思想萌芽于1990年，马来西亚总理马哈蒂尔提出东亚贸易集团（EATG）设想。1997年亚洲金融危机时期，大范围货币危机席卷亚洲各国，西方国家对亚洲各国遭受的金融重创冷眼旁观，亚太国家反思后提出理应加强亚洲区域内部之间的信息分享和经济合作，避免对以美国为首的西方国家经济过度依赖，从而摆脱美国对亚太地区经济控制的企图。1997年，东南亚国家联盟（以下简称"东盟"）与中日韩"9+3"领导人非正式会议举行，启动合作进程。在柬埔寨加入东盟后，1999年发布《东亚合作联合声明》，2001年在"10+3"会议上提出建立东亚共同体，2002年发布《东亚研究小组最终报告》，2005年在"10+3"基础上举行第一次东亚峰会，2007年发布《第二份东亚合作联合声明》。

基于东亚区域经济一体化发展和应对跨太平洋伙伴关系协定冲击的迫切需求，2012年东盟提议发起《区域全面经济伙伴关系协定》（RCEP），希冀于构建全面、多元、互利互惠的高质量区域自贸协定。RCEP历经8年多达31轮的艰苦谈判，以及20余次领导人、部长级会议，直到2020年才最终敲定下来，成员国包括东盟10国和中国在内的非东盟5国。

RCEP最早源于亚太地区出现的多种区域一体化安排与构想。1997年，亚洲金融危机打破了亚洲经济快速发展的局面，许多国家的大型企业倒闭，一些国家的政局甚至因此产生动荡。这场经济浩劫让东亚国家意识到全球经济一体化过程在带来经济快速增长和国际竞争优势的同时，也可能蕴含巨大风险。于是，东亚各国转而寻求区域经济合作来应对风险和挑战。1997年12月，东盟邀请中日韩3国领导人在马来西亚举行非正式对话与合作会议，从

而开启了"10+3"对话。2001年，由"10+3"各国专家组成的东亚展望小组（EAVG）提交报告，建议以东盟及中日韩为基础建立东亚自贸区（"10+3"模式，EAFTA），通过长期合作实现建立"东亚共同体"的目标。在2004年年底的"10+3"领导人会议上，中国牵头启动东亚自由贸易区的可行性学术研究。然而，由于担心中国在东亚经济合作中的影响力进一步增加，日本于2006年否定了这一方案，转而提出邀请印度、澳大利亚和新西兰共同加入，建立"东亚全面经济伙伴关系"（"10+6"模式，CEPEA）。由于当时东盟更关注自身共同体的建设，加之中日韩3国之间存在矛盾分歧，东亚区域性合作进程受阻。

就在东亚区域性合作进程受阻的另一边，2009年，奥巴马政府宣布美国正式参与并主导《跨太平洋伙伴关系协定》（TPP）谈判，这引起了亚太周边国家的高度关注。TPP作为一个高标准的贸易协定，东盟成员中只有4个国家加入该谈判，其余6国皆因不满足条件而被排除在外，东盟十国之间的向心力和东盟在亚洲地区的核心影响力因此面临巨大挑战。

与此同时，中日韩3国领导人也开始在"10+3"框架外建立3国领导人峰会机制，而中日韩FTA发展前景严重威胁到东盟在东亚经济合作中的主导地位。在这样的背景下，RCEP应运而生。2011年11月，东盟接受了以东盟为主导的中日共同提案——RCEP，并同意设立与RCEP相关的3个工作组（货物贸易、服务贸易、投资）。

二、RCEP 的主要内容和特点

（一）RCEP 的主要内容

RCEP主要包括20个章节和4个市场准入承诺表附件，既包含货物贸易、服务贸易、投资、原产地规则等传统自贸协定章节（见表2.1），又增加了知识产权、竞争政策、电子商务等规则领域的新议题，体现了现代的新型自由贸易协定的发展方向，是全面、现代化、高质量、互惠的自贸协定。

表2.1　RCEP主要内容概览

领域	覆盖章节	主要目的
货物贸易	第2—7章，共包括6章和4个附件以及各成员国具体的关税承诺表	旨在取消或降低区域内关税和非关税壁垒，促进原产地规则、海关程序、检验检疫、技术标准等统一规则的实施，提高货物贸易自由化和便利化水平
服务贸易	第8—9章，共包括25个条款和金融服务、电信服务、专业服务3个附件，以及自然人临时移动	旨在全面、高质量，并实质性地消除成员国之间的限制和歧视性措施
投资	第10章，共包括18个条款和2个附件，以及15个RCEP成员国列出的投资领域不符措施的具体承诺表	致力于打造自由、便利、具有竞争力的区域投资环境
经贸新规则	第1章；第11—20章	大致可分为三类：一是与提升营商环境相关的规则，包括知识产权、电子商务、竞争政策和政府采购；二是与经济合作相关的规则，包括中小企业和经济技术合作；三是其他法律程序性规则，包括初始条款和一般定义、一般条款和例外、机构条款、争端解决、最终条款等

（二）RCEP的主要特点

RCEP是目前全球体量最大的自贸区。2019年，RCEP的15个成员国总人口达22.7亿，GDP达26万亿美元，出口总额达5.2万亿美元，均占全球总量约30%。RCEP自贸区的建成意味着全球约1/3的经济体量将形成一体化大市场。RCEP囊括了东亚地区主要国家，将为区域和全球经济增长注入强劲动力。

RCEP是区域内经贸规则的"整合器"。RCEP整合了东盟与中国、日本、韩国、澳大利亚、新西兰多个"10+1"自贸协定以及中国、日本、韩国、澳大利亚、新西兰5国之间已有的多对自贸伙伴关系，还在中日和日韩间建立了新的自贸伙伴关系。RCEP通过采用区域累积的原产地规则，深化了域内产业链、价值链；利用新技术推动海关便利化，促进了新型跨境物流发展；采用负面清单推进投资自由化，提升了投资政策透明度，促进了区域内经贸规则的优化和整合。

RCEP实现了高质量和包容性的统一。货物贸易最终零关税产品数整体上将超过90%，服务贸易和投资总体开放水平显著高于原有"10+1"自贸协定，还纳入了高水平的知识产权、电子商务、竞争政策、政府采购等现代化议题。同时，RCEP还照顾到不同国家国情，给予最不发达国家特殊与差别待遇，通过规定加强经济技术合作，满足了发展中国家和最不发达国家的实际需求。可以说RCEP最大限度地兼顾了各方诉求，将促进本地区的包容均衡发展，使各方都能充分共享RCEP成果。

三、RCEP 的重要意义

（一）对中国的重要意义

RCEP自贸区的建成是中国在习近平新时代中国特色社会主义思想指引下实施自由贸易区战略取得的重大进展，将为中国在新时期构建开放型经济新体制，形成以国内大循环为主体、国内国际双循环相互促进的新发展格局提供巨大助力。

RCEP将成为新时期中国扩大对外开放的重要平台。中国与RCEP成员国贸易总额约占中国对外贸易总额的1/3，来自RCEP成员国的实际投资占中国实际吸引外资总额的比重超过10%。RCEP一体化大市场的形成将释放巨大的市场潜力，进一步促进区域内贸易和投资往来，这将有助于中国通过更全面、更深入、更多元的对外开放，进一步优化对外贸易和投资布局，不断与国际高标准贸易投资规则接轨，构建更高水平的开放型经济新体制。

RCEP将助力中国形成国内国际双循环新发展格局。RCEP将促进中国各产业更充分地参与市场竞争，提升在国内国际两个市场配置资源的能力。这将有利于中国以扩大开放带动国内创新、推动改革、促进发展，不断实现产业转型升级，巩固中国在区域产业链供应链中的地位，为国民经济良性循环提供有效支撑，加快形成国际经济竞争合作新优势，推动经济高质量发展。

RCEP将显著提升中国自由贸易区网络"含金量"。加快实施自由贸易区战略是中国新一轮对外开放的重要内容。RCEP签署后，中国对外签署的自贸协定将达到 19 个，自贸伙伴将达到 26 个。通过 RCEP，中国与日本建立了自贸关系，这是中国首次与世界前十的经济体签署自贸协定，是中国实施自由贸易区战略取得的重大突破，大幅提升中国自由贸易区网络的含金量。

（二）对推动东亚区域经济增长的作用

RCEP 将有力提振各方对经济增长的信心。在当前全球经济面临困难的背景下，RCEP 自贸区的建成发出了反对单边主义和贸易保护主义、支持自由贸易和维护多边贸易体制的强烈信号，必将有力提振各方对经济增长的信心。据国际知名智库测算，到 2025 年，RCEP 有望带动成员国出口、对外投资存量、GDP 分别比基线增长 10.4%、2.6%、1.8%。

RCEP 将显著提升东亚区域经济一体化水平。RCEP 自贸区的建成是东亚区域经济一体化新的里程碑，将显著优化域内整体营商环境，大幅降低企业利用自贸协定的制度性成本，进一步提升自贸协定带来的贸易创造效应。RCEP 还将通过加大对发展中和最不发达经济体的经济与技术援助，逐步弥合成员国间发展水平差异，有力促进区域协调均衡发展，推动建立开放型区域经济一体化发展新格局。

RCEP 将促进区域产业链、供应链和价值链的融合。RCEP 成员国间经济结构高度互补，域内资本要素、技术要素、劳动力要素齐全。RCEP 使成员国间货物、服务、投资等领域市场准入进一步放宽，原产地规则、海关程序、检验检疫、技术标准等逐步统一，将促进域内经济要素自由流动，强化成员国间生产分工合作，拉动区域内消费市场扩容升级，推动区域内产业链、供应链和价值链进一步发展。

四、RCEP 给云南进出口贸易带来的机遇和挑战

（一）RCEP 给云南进出口贸易带来的机遇

1. RCEP 区域贸易市场发展潜力较大

RCEP 的全面生效实施，将进一步放大市场规模效应，激发区域产业链、

供应链合作的潜力，为 RCEP 成员国间的经贸合作带来新的机遇。可以预见，在 RCEP 成员国的共同努力下，随着 RCEP 框架下货物产品关税减免幅度逐年扩大、服务和投资领域开放承诺的逐步落实、规则标准领域的融合互通，以及企业对 RCEP 的深入了解，未来企业对 RCEP 的利用水平将进一步提高，RCEP 对区域贸易投资增长的红利也将进一步释放。

2. 助力打造周边合作影响力输出渠道

在全球经济下行压力增加，逆全球化趋势不减的背景下，RCEP 的签署是多边主义和自由贸易的胜利，将有力提振区域发展和合作的信心，促进区域内更广更深的合作，其他合作机制也将享受 RCEP 的红利进一步深化拓展。中国积极推动 RCEP 的谈判和签署，是为了发展商品和要素流动型开放，更是为了促进制度型开放，从而实现更高水平的对外开放和区域合作。云南处于国内国际双循环"内圈""外圈"的战略交汇点，在区域开放合作中的位置十分重要，是不少区域双边、多边合作机制的主体省份，RCEP 将带来区域经贸活动的增加，货物、资本、人员、技术、信息等要素的跨境流动也将增加，形成重大发展机遇的累积叠加。云南拥有与东盟国家接壤的沿边开放优势，有构筑要素流动通道的天然条件，RCEP 将有利于推动云南深化沿边开放，破除要素流动和贸易壁垒，提高贸易和投资便利化水平，在区域合作中话语权的不断扩大，打造中国在对南亚东南亚区域合作影响力的输出渠道。

3. 推动更好地融入区域经贸产业链、供应链

2020 年 11 月 27 日，习近平主席在第十七届中国—东盟博览会和中国—东盟商务与投资峰会的开幕式上指出，"中方视东盟为周边外交优先方向和高质量共建'一带一路'重点地区"，并表示中国将继续推动双方产业链、供应链、价值链深度融合，推动澜湄合作、中国—东盟东部增长区合作走深走实。新冠疫情之后全球产业"靠近市场、区域化布局"的趋势不会变化，RCEP 将进一步加强区域内这一趋势。RCEP 成员国间经济结构高度互补，域内资本要素、技术要素、劳动力要素齐全，投资自由化、透明化程度提高，区域内经济要素自由流动将强化 RCEP 成员国间生产分工合作，推动区域内产业链、供应链和价值链进一步发展。同时，RCEP 中的原产地规则采用区域成分累积原则，

在确定出口产品原产资格时，来自RCEP任一缔约方的价值成分都可能被认定为原产，并明确了能够享受各成员优惠关税承诺的区域内生产产品增加值的比率，会极大地促进RCEP内部成员的专业化分工，将创造更多附加值的产业链环节集聚至RCEP内部，使区域内价值链更为有效地发展。

4.边贸政策与RCEP衔接带来贸易发展红利

中国与RCEP成员国间，尤其是与东盟间本就有巨大的贸易往来。2019年，中国对RCEP成员国出口规模为6 683亿美元，占我国出口总额比例的27%；对RCEP成员国进口规模为7 588亿美元，占我国进口总额比例超过37%。2020年第一季度，东盟首次成为中国最大的贸易伙伴，贸易额突破1 400亿美元。东盟也是云南最大的贸易伙伴。相对于现有的中国—东盟、中国—韩国、中国—澳大利亚等自由贸易协定，RCEP是扩大的、统一的、更高标准的自贸协定，将简化当前成员国间错综复杂的经贸关系，进一步削减各国间的贸易壁垒，消除各国间的贸易障碍，促进在成员国范围内建立更高水平的贸易投资自由化便利化规则，加速商品流动、技术流动、服务流动、资本流动，并在一定程度上减轻中美贸易摩擦和全面与进步跨太平洋伙伴关系协定（CPTPP）对中国的影响，形成贸易创造效应。

（二）RCEP给云南进出口贸易带来的挑战

1.将面临更为激烈的地区大市场竞争

RCEP生效后，各成员国相应地降低关税、打破贸易壁垒，地区统一大市场逐步形成。在地区大市场中，多样化的合作渠道和贸易通道将打开，生产和贸易成本大幅下降，日韩等先进制造业强国、澳新等原材料出口大国和我国各省市都将充分发挥各自优势，快速抢占各地区和领域市场高地，云南省面临的将会是更大市场范围的竞争，而且竞争将异常激烈。此外，在乌克兰危机持续、多国通胀高企、金融市场动荡加剧以及粮食、气候危机等多重因素影响下，世界经济增长乏力、需求收缩，全球贸易投资均面临较大的困难和不确定性。欧美等外部市场需求低迷，经济增长放缓，也影响RCEP区域的货物贸易发展。

2. 对外开放能力有待提升

云南对外开放发展与东部地区相比仍存在较大差距。近年来，云南进出口贸易总额虽然持续增长，引进和利用外资也有所增加，但总量偏小、结构不优等问题仍然突出，外延式扩张、粗放式增长的现状并没有得到根本改变。同时，云南与西部其他省份由于产业层次较低，经济联系较弱，产业组织协作化水平低，产业同构程度较高，在实施 RCEP 和承接东部产业转移时容易存在低水平竞争。

3. 外贸发展的基础有待进一步夯实

云南缺少优势明显的外向型产业集群支撑，出口商品长期以初级产品为主，可供出口的高附加值产品较少。云南与周边国家互联互通基础设施建设"堵点"尚未打通。而且云南货物出入境主要以公路运输为主，铁路、水路运输为辅，产生运力小、运距长、效率低、成本高等问题。云南口岸均为陆路口岸，陆路口岸与海港的货物吞吐能力存在巨大差距。

4. 融入区域贸易产业分工的难度加大

习近平总书记两次考察云南，指出云南许多产业处于国际产业分工低端，要在产业升级上下功夫。云南经济基础长期薄弱，近年来，虽取得长足发展，但转型升级速度还需加快。在 RCEP 背景下，云南在产业集群、产能扩大、核心技术、产品质量、品牌影响力等方面竞争优势不明显，提高国际产业分工地位形势严峻，迫切需要推动产业结构由中低端向中高端迈进。近年来，云南抓住加工贸易梯度转移机遇，取得显著成效。RCEP 生效后，承接产业转移的难度将加大。东盟国家，如越南、柬埔寨等具有明显优于云南的低生产成本，更利于大企业集群，更便于规避贸易保护主义风险、避免贸易争端，更利于出口欧美导向等诸多优势，会有更多企业向东盟国家转移。

第二节　云南与RCEP其他成员国贸易基本情况

一、云南与RCEP其他成员国贸易整体情况

（一）进出口整体情况

2018—2022年，云南与RCEP其他成员国的进出口贸易总额整体呈现平稳上升趋势，如表2.2所示。具体来看，进出口贸易总额由2018年的146.39亿美元逐年增长至2020年的194.44亿美元，2021年突破200亿美元大关，达到210.92亿美元，为近5年最高值，2022年出现下滑，进出口贸易总额为200.97亿美元，年均增长率为8.24%。从同比增速来看，2019年增长率最高达到20.03%，此后3年，增长率逐年下降，2022年降至−4.72%。

（二）出口情况

2018—2022年，云南对RCEP其他成员国的出口额整体呈现平稳上升趋势（见表2.2）。具体来看，出口额由2018年的75.50亿美元逐年增长至2021年的122.57亿美元，为近5年最高值，2022年出现下滑，出口额为106.78亿美元，年均增长率为9.05%。从同比增速来看，2020年增长率最高达到29.63%，此后开始下降，2022年降至−12.88%。

（三）进口情况

2018—2022年，云南自RCEP其他成员国的进口额整体呈现波动上升趋势（见表2.2）。具体来看，进口额由2018年的70.89亿美元增长至2019年的84.67亿美元，同比增长19.44%；2020年出现下滑，进口额下降至76.42亿美元，同比增长−9.74%；2021年再次回升至88.36亿美元，同比增长15.62%；2022年保持上升，进口额为94.19亿美元，同比增长6.61%，年均增长率为−6.86%。

表2.2　2018—2022年云南与RCEP其他成员国进出口贸易情况

单位：亿美元

年份	进出口额	同比	出口额	同比	进口额	同比
2018	146.39	5.10%	75.50	5.62%	70.89	4.54%
2019	175.71	20.03%	91.04	20.58%	84.67	19.44%
2020	194.44	10.66%	118.02	29.63%	76.42	−9.74%
2021	210.92	8.48%	122.57	3.86%	88.36	15.62%
2022	200.97	−4.72%	106.78	−12.88%	94.19	6.60%

二、云南与RCEP其他成员国贸易市场情况

（一）进出口整体情况

2018—2022年云南与RCEP其他成员国贸易最大市场是缅甸，越南和泰国紧随其后，如表2.3所示。具体来看，缅甸为云南与RCEP其他成员国贸易往来的第一大市场，2018—2022年，云南与缅甸贸易额均在65亿美元以上，年均增长率为2.74%，2020年为近5年贸易额最高值，达到81.29亿美元。越南为云南与RCEP其他成员国贸易往来的第二大市场，2018—2022年，云南与越南贸易额均在30亿美元以上，年均增长率−6.80%；2021年为近5年贸易额最高值，达到51.35亿美元。泰国为云南与RCEP其他成员国贸易往来的第三大市场，2018—2022年，云南与泰国的贸易额均在10亿美元以上，年均增长率为21.95%，2022年为近5年贸易额最高值，达到22.84亿美元。老挝为云南与RCEP其他成员国贸易往来的第四大市场，2018—2022年，云南与老挝贸易额均超过10亿美元，年均增长率为13.20%，2022年为近5年贸易额最高值，达到17.43亿美元。

表2.3　2018—2022年云南与RCEP其他成员国进出口贸易情况

单位：亿美元

国别	2018年	2019年	2020年	2021年	2022年	年均增长
缅甸	65.85	81.28	81.29	71.99	73.38	2.74%
越南	41.54	44.73	50.86	51.35	31.34	−6.80%

（续表）

国别	2018年	2019年	2020年	2021年	2022年	年均增长
泰国	10.33	15.81	16.18	19.17	22.84	21.95%
老挝	10.61	12.60	11.32	13.04	17.43	13.20%
马来西亚	2.53	2.71	4.94	12.29	18.60	64.67%
澳大利亚	4.45	5.79	7.51	8.53	9.78	21.74%
印度尼西亚	3.58	4.48	5.12	7.32	5.96	13.60%
新加坡	2.11	2.15	5.65	8.70	5.76	28.58%
日本	1.99	2.43	4.45	8.31	5.50	28.86%
韩国	1.88	1.49	3.45	5.59	4.67	25.49%
菲律宾	0.85	1.66	2.53	3.16	3.59	43.11%
柬埔寨	0.42	0.32	0.73	0.88	1.49	37.02%
新西兰	0.21	0.24	0.38	0.54	0.58	28.55%
文莱	0.03	0.01	0.03	0.05	0.06	24.24%

（二）出口情况

2018—2022年云南与RCEP其他成员国贸易最大出口市场是越南，缅甸位居第二，第三是泰国，如表2.4所示。具体来看，越南是云南与RCEP国家贸易出口的第一大市场，2018—2022年，云南对越南出口额呈现先增后降趋势，由2018年的22.55亿美元逐年增长至2021年的38.97亿美元后，2022年下降至25.34亿美元，年均增长率为2.96%。缅甸是云南与RCEP国家贸易出口的第二大市场，2018—2022年，云南对缅甸出口额呈现倒"V"形发展趋势，由2018年的30.13亿美元增长至2020年的最高值37.37亿美元后，逐年下降至2022年的21.14亿美元，年均增长率为-8.48%。泰国是云南与RCEP国家贸易出口的第三大市场，2018—2022年，云南对泰国出口额呈现逐年增长趋势，由2018年的6.55亿美元逐年升至2022年的11.46亿美元，年均增长率为15.02%。此外，马来西亚是云南与RCEP国家贸易出口的第四大市场，2021年和2022年出口贸易额突破10亿美元大关。云南对其余国家年出口额均低于10亿美元。

表2.4 2018—2022年云南对 RCEP 其他成员国贸易出口市场情况

单位：亿美元

国别	2018年	2019年	2020年	2021年	2022年	年均增长
越南	22.55	27.85	38.40	38.97	25.34	2.96%
缅甸	30.13	33.48	37.37	25.60	21.14	−8.48%
泰国	6.55	8.95	10.39	10.93	11.46	15.02%
马来西亚	2.17	2.58	4.73	11.56	15.76	64.23%
新加坡	1.67	2.01	5.40	8.41	5.55	35.07%
印度尼西亚	3.53	4.38	4.03	5.22	5.10	9.61%
澳大利亚	1.76	2.70	4.79	4.59	4.45	26.09%
日本	1.58	1.74	3.92	4.71	4.40	29.11%
老挝	2.88	4.00	2.52	3.18	3.70	6.49%
韩国	1.42	1.34	2.87	5.13	4.21	31.31%
菲律宾	0.76	1.55	2.53	2.85	3.56	47.29%
柬埔寨	0.42	0.32	0.73	0.88	1.49	37.50%
新西兰	0.09	0.13	0.32	0.48	0.54	55.27%
文莱	0.00	0.01	0.03	0.05	0.06	86.43%

（三）进口情况

2018—2022年云南与 RCEP 其他成员国贸易最大进口市场是缅甸，第二是越南，老挝位居第三，如表2.5所示。具体来看，缅甸是云南与 RCEP 国家贸易进口的第一大市场，2018—2022年，云南自缅甸进口贸易额由2018年的35.72亿美元增长至2022年的52.24亿美元后，年均增长率为9.97%。越南是云南与 RCEP 国家贸易进口的第二大市场，2018—2022年，云南自越南进口额呈现逐年下降趋势，由2018年的18.99亿美元下降至2022年的6亿美元，年均增长率为−25.02%。老挝是云南与 RCEP 国家贸易进口的第三大市场，2018—2022年，云南自老挝进口额呈现逐年增长趋势，由2018年的7.73亿美元逐年增长至2022年的13.72亿美元，年均增长率为15.41%。此外，泰国是云南与 RCEP 国家贸易进口的第四大市场，2022年进口额突破10亿美元大关。云南自其余国家年进口额均低于10亿美元。

表2.5 2018—2022年云南自RCEP其他成员国贸易进口情况

单位：亿美元

国别	2018年	2019年	2020年	2021年	2022年	年均增长
缅甸	35.72	47.81	43.92	46.39	52.24	9.97%
越南	18.99	16.88	12.46	12.38	6.00	−25.02%
老挝	7.73	8.59	8.80	9.85	13.72	15.41%
泰国	3.78	6.87	5.80	8.24	11.37	31.72%
澳大利亚	2.69	3.09	2.72	3.94	5.32	18.61%
日本	0.41	0.69	0.53	3.60	1.10	27.91%
马来西亚	0.36	0.13	0.21	0.72	2.84	67.21%
印度尼西亚	0.04	0.10	1.09	2.10	0.86	109.43%
韩国	0.47	0.15	0.57	0.46	0.46	−0.53%
新加坡	0.44	0.14	0.25	0.29	0.21	−17.08%
菲律宾	0.10	0.11	0.00	0.32	0.02	−29.94%
新西兰	0.12	0.11	0.06	0.06	0.04	−25.73%
柬埔寨	0.01	0.00	0.00	0.00	0.01	−3.40%
文莱	0.02	—	—	—	—	—

三、云南与RCEP国家贸易产品情况

2022年云南与RCEP国家贸易的21类产品中，贸易额排名前十的产品类别分别为第五类矿产品270.48亿美元；第六类化学工业及其相关工业的产品230.12亿美元；第二类植物产品214.14亿美元；第十六类机电、音像设备及其零件、附件131.21亿美元；第七类塑料及其制品，橡胶及其制品75.34亿美元；第十五类贱金属及其制品57.20亿美元；第二十类杂项制品47.42亿美元；第十一类纺织原料及纺织制品44.79亿美元；第四类食品，饮料、酒及醋，烟草及其制品30.85亿美元；第十三类矿物材料制品，陶瓷品，玻璃及其制品16.10亿美元，如表2.6所示。其中，第五类矿产品贸易额由2018年的28.73亿美元提高到2022年的270.48亿美元；第六类化学工业及其相关工业的产品贸易额由2018年的12.29亿美元提高到2022年的230.12亿美元，占比提高7.8个百分点；

第二类植物产品贸易额由 2018 年的 22.78 亿美元提高到 2022 年的 214.14 亿美元；第十六类机电、音像设备及其零件、附件贸易额由 2018 年的 19.07 亿美元提高到 2022 年的 131.21 亿美元；第七类塑料及其制品、橡胶及其制品贸易额由 5.38 亿美元提高到 2022 年的 75.34 亿美元，占比提高 1.32 个百分点；第十五类贱金属及其制品贸易额由 2018 年的 5.22 亿美元，提高到 2022 年的 57.2 亿美元，占比基本持平。

表2.6 2018 年、2022 年云南与 RCEP 其他成员国产品贸易整体情况

单位：亿美元

排名	2018 年			2022 年		
	产品类别	贸易额	占比	产品类别	贸易额	占比
1	第五类 矿产品	28.73	26.22%	第五类 矿产品	270.48	22.36%
2	第二类 植物产品	22.78	20.78%	第六类 化学工业及其相关工业的产品	230.12	19.02%
3	第十六类 机电、音像设备及其零件、附件	19.07	17.40%	第二类 植物产品	214.14	17.70%
4	第六类 化学工业及相关工业的产品	12.29	11.22%	第十六类 机电、音像设备及其零件、附件	131.21	10.85%
5	第七类 塑料及其制品、橡胶及其制品	5.38	4.91%	第七类 塑料及其制品、橡胶及其制品	75.34	6.23%
6	第十五类 贱金属及其制品	5.22	4.76%	第十五类 贱金属及其制品	57.20	4.73%
7	第十一类 纺织原料及纺织制品	4.71	4.30%	第二十类 杂项制品	47.42	3.92%
8	第四类 食品；饮料、酒及醋；烟草及制品	4.30	3.92%	第十一类 纺织原料及纺织制品	44.79	3.70%
9	第十七类 车辆、航空器、船舶及运输设备	1.79	1.63%	第四类 食品；饮料、酒及醋；烟草及制品	30.85	2.55%
10	第二十类 杂项制品	1.12	1.03%	第十三类 矿物材料制品；陶瓷品；玻璃及其制品	16.10	1.33%
11	第九类 木及制品；木炭；软木；编结品	1.04	0.95%	第九类 木及制品；木炭；软木；编结品	15.92	1.32%
12	第十八类 光学、医疗等仪器；钟表；乐器	0.90	0.82%	第十四类 珠宝、贵金属及其制品；仿首饰；硬币	14.81	1.22%

（续表）

排名	2018年			2022年		
	产品类别	贸易额	占比	产品类别	贸易额	占比
13	第十三类　矿物材料制品；陶瓷品；玻璃及制品	0.69	0.63%	第十七类　车辆、航空器、船舶及运输设备	11.93	0.99%
14	第十类　木浆等；废纸；纸、纸板及其制品	0.49	0.45%	第十类　木浆等；废纸；纸、纸板及其制品	11.63	0.96%
15	第十二类　鞋帽伞等；羽毛品；人造花；人发	0.31	0.28%	第十二类　鞋帽伞等；羽毛品；人造花；人发	11.24	0.93%
16	第一类　活动物；动物产品	0.30	0.27%	第一类　活动物；动物产品	10.35	0.86%
17	第十四类　珠宝、贵金属及制品；仿首饰；硬币	0.26	0.24%	第十八类　光学、医疗等仪器；钟表；乐器	8.32	0.69%
18	第八类　革、毛皮及其制品；箱包；肠线制品	0.18	0.17%	第八类　革、毛皮及其制品；箱包；肠线制品	7.45	0.62%
19	第三类　动、植物油、脂、蜡；精制食用油脂	0.03	0.03%	第三类　动、植物油、脂、蜡；精制食用油脂	0.30	0.03%
20	第二十一类　艺术品、收藏品及古物	0.01	0.01%	第二十一类　艺术品、收藏品及古物	0.05	0.00%
21	第十九类　武器、弹药及其零件、附件	0.00	0.00%	第十九类　武器、弹药及其零件、附件	0.00	0.00%

四、小结

（一）整体情况

2018—2022年，云南与RCEP其他成员国间的进出口贸易额展现出稳健的增长态势。进出口贸易额由2018年的146.39亿美元逐年攀升，至2022年达到200.97亿美元，2021年突破200亿美元大关，高达210.92亿美元，为近5年来之最，年均增长率为8.24%。这一增长不仅反映了云南与RCEP其他成员国间经济合作的不断深化，也预示着区域内贸易潜力的进一步释放。

（二）贸易市场

2018—2022年，云南与RCEP国家贸易主要集中在缅甸、越南和泰国市场。云南与缅甸的贸易额一直保持在65亿美元以上，年均增长率为2.74%。这主要得益于云南与缅甸地理位置的邻近以及经济合作的不断深化。云南与越南的贸易额也稳定在39亿美元以上，2021年双方贸易额达到近5年来的峰值，为51.35亿美元。云南与泰国的贸易额也超过10亿美元，年均增长率高达13.20%；2022年双方贸易额达到近5年来的最高点，为22.84亿美元。从出口市场来看，越南是云南最大的出口市场，缅甸位居第二，泰国是第三。从进口市场来看，缅甸是最大的进口市场，越南紧随其后，老挝位列第三。

（三）贸易产品

2022年，云南与RCEP国家贸易的21类产品中，贸易额排名前十的产品类别涵盖领域广泛。其中，矿产品，化学工业及其相关工业的产品，植物产品，机电、音像设备及其零件、附件4类产品贸易额均超过100亿美元，在贸易产品中占据重要地位。此外，塑料及其制品、橡胶及其制品，贱金属及其制品等也位列前茅。这些产品类别的成倍增长趋势不仅反映了云南与RCEP其他成员国间产业结构的互补性，也进一步凸显了双方在贸易合作中的潜力和机遇。

综上所述，2018—2022年，云南与RCEP其他成员国贸易呈现良好的发展趋势，不仅贸易额稳步增长，而且贸易市场多元化、产品类别丰富化。这些积极因素为云南与RCEP其他成员国的未来贸易合作奠定了坚实基础，预示着未来双方在更广泛领域和更深层次上的合作前景。此外，根据2022年云南与RCEP其他成员国贸易产品情况，将选取排名前六位、贸易额均在50亿美元以上的产品展开详细分析。

第三章 03

云南与RCEP其他成员国进出口
重点产品贸易分析

第一节　矿产品

矿产资源是人类经济社会发展的物质基础，是工业、农业、国防等行业的"粮食"和主要动力来源。战略性关键矿产资源对每个国家来说都非常宝贵，特别是稀有矿产资源不可再生，各个国家都非常重视稀有矿产资源的勘测和开采。全球矿产资源总量虽然丰富，供应充裕，但在百年未有之大变局下，越来越多的国家更加重视和关注矿产初级原材料供应问题，尤其是在全球资源治理"区域化""集团化"，以及一些国家为了提高矿业收益而出台逆全球化矿业政策情形下，叠加金融资本的影响，全球矿产资源市场震荡加剧。

我国拥有的矿产资源种类比较丰富。截至2022年年底，全国已发现173种矿产，其中，能源矿产13种、金属矿产59种、非金属矿产95种、水气矿产6种。2022年我国油气勘查在塔里木、准噶尔、渤海湾和四川等大型含油气盆地的新层系、新类型和新区带获得重大突破，非油气矿产中煤、铁、铜、金、"三稀"等矿产勘查取得重大进展。云南地处特提斯成矿域与滨太平洋成矿域交汇部位，地质构造复杂，岩浆活动频繁，成矿条件优越，矿产资源极为丰富，被誉为"有色金属王国"，是得天独厚的矿产资源宝地，矿产勘查和探明资源量全国领先。探明资源量居全国第一位的有锡矿、钛铁砂矿、钪矿、铌矿（褐钇铌矿）、铍矿（绿柱石）、铟、铊、镉；居全国第二位的有铅、锌、铜、银；居全国第三位的有锗；居全国第四位的有铌矿（伴生矿）、锆矿（锆英石）；居全国第五位的有金。但云南矿产业小散弱、基础条件薄弱、产业链延伸不足，精深加工产品缺失等问题依然存在，长期积累的结构性矛盾和粗放的发展方式在一定程度上制约了云南矿产业的发展。而东盟国家所处的地域由于地球板块活动剧烈等原因形成了著名的矿产资源富集地带，但它们的冶炼能力不强，常需要与他国进行合作开发。

矿产品是矿山用于销售的各类矿产资源产品的总称。具体是指由原矿经选（洗）矿或初步加工形成的初级加工产品，如洗精煤、筛选块煤、铁矿石成品矿、铜精矿、锌精矿、氧化铝、花岗石板材等。基于云南与RCEP其他成员国矿产品进出口贸易的实际情况，本节将利用前文介绍的贸易指数计算云南—RCEP矿产品的市场占有率、产品比较优势、产业内互补性等指数，以期通过对云南—RCEP矿产品贸易竞争性与互补性进行深入分析，提出改进云南与RCEP其他成员国在矿产品贸易上的国际分工和贸易关系的建议。

根据HS2分类，矿产品具体包含以下3类商品：第25章盐，硫磺，泥土及石料，石膏料、石灰及水泥；第26章矿砂、矿渣及矿灰；第27章矿物燃料、矿物油及其蒸馏产品，沥青物质，矿物蜡。

一、云南与 RCEP 其他成员国矿产品贸易现状

（一）云南矿产品贸易概况

整体来看，在出口方面，2018年云南矿产品的出口额为3.15亿美元，而2022年出口额为2.23亿美元，出现了一定程度的下滑，年均增长率为−8.31%。这表明云南矿产资源虽然丰富，但是出口不多，近年来，还有逐步减少的趋势。在进口方面，2018年云南矿产品的进口额为104.26亿美元，2022年为159.44亿美元，进口额远高于出口额，这表明云南的矿产品以进口为主，其进口的年均增长率达到了11.20%，显示云南有较大的矿产品进口需求。

1.贸易产品概况

云南矿产品的出口主要集中在矿物燃料、矿物油及其蒸馏产品，沥青物质，矿物蜡。2018年和2022年该类产品出口额排名均为第一，如表3.1所示，具体来看，2018年和2022年云南出口矿物燃料等出口额分别达2.97亿美元、1.94亿美元，这是云南省唯一一类出口额超过1亿美元的矿产品，然而出口额也出现了明显下滑。此外，矿物燃料等产品的出口占比由2018年的94.32%下滑至2022年的87.02%，说明云南省在该领域产品的出口集中度虽保持在较高水平但也有所降低，其他矿类产品的出口额逐步提高。2018年出口额排名第二的是盐，硫磺，泥土及石料，石膏料、石灰及水泥，该产品的出口额为0.16亿美

元，占比5.06%；到2022年该产品出口额小幅增长至0.26亿美元，增幅不大但占比明显上升，达到11.68%。矿砂、矿渣及矿灰是出口额最小的矿产品，出口额由2018年的0.02亿美元增长至2022年的0.03亿美元，占比由2018年的0.63%增长至2022年的1.30%，出口额和占比虽均实现了大幅增长，但数值和占比均较小。由云南矿产品的出口结构可以看出，矿产品的整体出口不多，且主要出口加工制品而非资源型产品。

表3.1　2018年、2022年云南各类矿产品出口情况

单位：亿美元

排名	2018年			2022年		
	产品类别	出口额	占比	产品类别	出口额	占比
1	第27章　矿物燃料、矿物油及其蒸馏产品；沥青物质；矿物蜡	2.97	94.32%	第27章　矿物燃料、矿物油及其蒸馏产品；沥青物质；矿物蜡	1.94	87.02%
2	第25章　盐；硫磺；泥土及石料；石膏料、石灰及水泥	0.16	5.06%	第25章　盐；硫磺；泥土及石料；石膏料、石灰及水泥	0.26	11.68%
3	第26章　矿砂、矿渣及矿灰	0.02	0.63%	第26章　矿砂、矿渣及矿灰	0.03	1.30%

与出口结构相似，矿物燃料、矿物油及其蒸馏产品，沥青物质，矿物蜡同样是云南省主要进口的矿产品种类（见表3.2）。2018年和2022年，该产品进口额占60%左右。具体来看，2018年和2022年，云南省进口最多的矿产品是矿物燃料等，其进口额由66.35亿美元大幅增长至93.61亿美元，增量约30亿美元，但占比出现了小幅度的下滑，由2018年的63.64%回落至2022年的58.71%，这说明在结构方面进口趋势与出口相似，进口结构进一步由单一性产品转向为多样性产品。进口额排名第二的是矿砂、矿渣及矿灰，也是云南省主要进口的矿产品，进口额从2018年的34.08亿美元大幅增长至2022年的60.89亿美元，占比由2018年的32.69%上升至2022年的38.19%，这在一定程度上分走了矿物燃料的市场份额。2018年进口额排名第三的是盐，硫磺，泥土及石料，石膏料、石灰及水泥，该产品的进口额为3.83亿美元，占比3.67%，但到2022年该产品进口额小幅增长至4.94亿美元，占比基本平稳至3.10%，金额虽远低

于其他 2 类产品，但也高于出口金额。由云南矿产品的进口结构可以看出，矿产品的整体进口规模较大，加工制品以及资源型产品均较多。

表3.2 2018年、2022年云南各类矿产品进口情况

单位：亿美元

排名	2018年			2022年		
	产品类别	进口额	占比	产品类别	进口额	占比
1	第27章 矿物燃料、矿物油及其蒸馏产品；沥青物质；矿物蜡	66.35	63.64%	第27章 矿物燃料、矿物油及其蒸馏产品；沥青物质；矿物蜡	93.61	58.71%
2	第26章 矿砂、矿渣及矿灰	34.08	32.69%	第26章 矿砂、矿渣及矿灰	60.89	38.19%
3	第25章 盐；硫磺；泥土及石料；石膏料、石灰及水泥	3.83	3.67%	第25章 盐；硫磺；泥土及石料；石膏料、石灰及水泥	4.94	3.10%

2. 贸易市场概况

云南矿产品的主要出口市场集中在 RCEP 其他成员国，并以周边国家为主。由表3.3可以看出，2018年第一大出口市场为越南，云南对其出口的矿产品出口额达2.45亿美元，占比77.60%，金额及占比均远高于其他市场；但到2022年对越南矿产品的出口额下滑至0.70亿美元，同时占比下降至31.24%，降幅较为明显，排名全球第二，这说明从市场结构看，云南省矿产品出口市场单一性的特征有所减弱。2018年排名第二至第四的分别是缅甸、老挝、泰国，出口额分别为0.60亿美元、0.04亿美元、0.03亿美元，占比分别为18.89%、1.24%、1.06%，到2022年对缅甸出口则一跃增长为第一，出口额达1.25亿美元，占比上升为56.12%，其余两个市场的出口也有所上升，但是幅度并不大。

在排名前十的出口市场中，2018年 RCEP 成员国的数量有8个，2022年则为7个，均超过一半，分别有越南、缅甸、老挝、泰国、韩国、日本、柬埔寨、印度尼西亚，占前十市场的比重由2018年的99.23%小幅下滑至2022年的96.95%。由云南矿产品出口的国别结构可以看出，出口规模虽然不大，但是目标市场均为与云南地缘相近的 RCEP 国家，几乎所有的矿产品出口至 RCEP 地区，尤其是与云南相邻的越南和缅甸。

表3.3 2018年、2022年云南矿产品出口排名前十的市场

单位：亿美元

排名	2018年			2022年		
	国家/地区	出口额	占比	国家/地区	出口额	占比
1	越南	2.45	77.60%	缅甸	1.25	56.12%
2	缅甸	0.60	18.89%	越南	0.70	31.24%
3	老挝	0.04	1.24%	马来西亚	0.07	3.18%
4	泰国	0.03	1.06%	泰国	0.04	2.02%
5	巴布亚新几内亚	0.01	0.21%	老挝	0.04	1.94%
6	中国澳门	0.01	0.17%	日本	0.03	1.41%
7	韩国	0.01	0.16%	中国台湾	0.03	1.25%
8	日本	0.004	0.13%	印度尼西亚	0.02	1.04%
9	柬埔寨	0.003	0.09%	美国	0.01	0.29%
10	印度尼西亚	0.002	0.06%	印度	0.01	0.27%

云南矿产品的主要进口来源地集中在西亚、南美等地区，RCEP成员国中仅有缅甸和澳大利亚进入前十。具体来看，2018年和2022年前两大进口来源地分别为沙特阿拉伯和缅甸。其中，自沙特阿拉伯进口的矿产品金额由2018年的31.49亿美元增长至2022年的40.56亿美元，市场占比由2018年的30.20%下滑至2022年的25.44%；自缅甸进口的矿产品金额由2018年的20.93亿美元增长至2022年的28.31亿美元，市场占比由2018年的20.08%下滑至2022年的17.76%。我们可以发现两个主要进口来源地均呈现金额上升但占比减小的情况，这说明云南省的矿产品进口来源地逐步向多元化的趋势发展，同时与主要来源地的贸易合作保持稳定发展。2022年，云南自科威特、秘鲁进口的矿产品金额也均超过了10亿美元，分别为20.51亿美元、11.52亿美元，占比分别为12.87%、7.22%，金额及占比较2018年均有上升。其余主要进口来源地有伊拉克、卡塔尔、智利、澳大利亚等。从云南矿产品进口的市场结构看，云南的矿产品进口市场主要集中在西亚、南美等石油资源丰富的地区，主要是由于沙特阿拉伯有丰富的石油资源。此外，中缅油气管道是经缅甸若开邦、马圭省、曼德勒省和掸邦，从云南瑞丽进入中国，中缅油气管道是继中哈原油管道、中亚

天然气管道和中俄原油管道之后又一条重要能源进口通道，可跨越马六甲海峡，对保障能源安全有重大意义。中缅油气管道已累计输送天然气超过421亿标方，输送原油6 830万吨，为保障国家能源安全贡献了管网力量。同时，2009年12月，中国石油天然气集团有限公司与缅甸能源部签署了中缅原油管道权利与义务协议，并落地中石油云南石化炼油工程项目，即云南省1 000万吨/年炼油项目，保障了原油的进口贸易合作。而且，缅甸拥有丰富的矿产资源，为云南输送了较多的矿砂资源。

在排名前十的进口市场中，2018年和2022年RCEP成员国的数量均为2个，仅有缅甸排名较好，如表3.4所示。进入排名前十的RCEP成员国分别为缅甸和澳大利亚，一方面云南矿产进口原油产品占据较大的份额，而原油资源的地区集中在RCEP以外的国家；另一方面缅甸、澳大利亚等国家也提供较多的矿砂资源。

表3.4 2018年、2022年云南矿产品进口排名前十的市场

单位：亿美元

排名	2018年			2022年		
	国别	进口额	占比	国别	进口额	占比
1	沙特阿拉伯	31.49	30.20%	沙特阿拉伯	40.56	25.44%
2	缅甸	20.93	20.08%	缅甸	28.31	17.76%
3	伊朗	8.73	8.37%	科威特	20.51	12.87%
4	阿曼	7.13	6.84%	秘鲁	11.52	7.22%
5	秘鲁	6.46	6.20%	伊拉克	8.00	5.02%
6	阿联酋	5.54	5.32%	卡塔尔	7.26	4.56%
7	科威特	4.54	4.35%	智利	7.14	4.48%
8	智利	4.19	4.02%	澳大利亚	4.97	3.12%
9	卡塔尔	3.00	2.87%	刚果民主共和国	4.64	2.91%
10	澳大利亚	2.37	2.27%	墨西哥	3.51	2.20%

（二）云南与RCEP其他成员国矿产品贸易规模

整体来看，云南与RCEP其他成员国矿产品贸易额呈上升趋势，如表3.5所示。2018—2019年贸易额由28.73亿美元上升至35.76亿美元；但2020年受

新冠疫情等因素影响贸易额出现一定程度的下滑，为30.22亿美元；2021年起开始恢复增长态势，达35.61亿美元，基本恢复至2019年水平；2022年增长至40.72亿美元。2018—2022年，云南与RCEP其他成员国矿产品贸易额年均增速为9.11%，增长较为平稳。

从出口额看，云南对RCEP其他成员国矿产品出口额呈现波动式的下滑。2018—2019年基本保持在3亿美元左右，分别为3.13亿美元、3.02亿美元；2020—2021年出现下滑，分别为2.48亿美元、1.80亿美元；2021年达到近5年的最低点，2022年又回升至2.17亿美元，但也低于2018年的水平。2018—2022年，云南对RCEP其他成员国矿产品出口额年均增速为–8.74%。

从进口额看，云南自RCEP其他成员国矿产品进口额实现明显的增长。2018—2019年呈现增长趋势，分别为25.60亿美元、32.74亿美元；2020年下滑至27.73亿美元，2021年起又恢复增长趋势，2022年回升至38.55亿美元，高于2018年的水平。2018—2022年，云南自RCEP其他成员国矿产品进口额年均增速为10.78%，增长较为平稳。

云南与RCEP其他成员国矿产品贸易长期处于较明显的逆差。云南的矿产品贸易以进口资源为主，因此，贸易长期处于逆差。从2018—2022年的数据来看，其逆差额逐年增大，由2018年的22.47亿美元扩大为2022年的36.38亿美元，也体现云南矿产品的出口减少而进口增加。2018—2022年，云南与RCEP其他成员国矿产品贸易额逆差的年均增速为12.80%。

表3.5 2018—2022年云南与RCEP其他成员国矿产品进出口情况

单位：亿美元

年份	进出口额	出口额	进口额	贸易差额
2018	28.73	3.13	25.60	−22.47
2019	35.76	3.02	32.74	−29.72
2020	30.22	2.48	27.73	−25.25
2021	35.61	1.80	33.81	−32.01
2022	40.72	2.17	38.55	−36.38
年均增速	9.11%	−8.74%	10.78%	12.80%

数据来源：海关总署。

（三）云南与 RCEP 其他成员国矿产品贸易产品结构

1. 出口结构分析

从市场占比结构看，云南对 RCEP 其他成员国出口矿产品占比结构较为稳定，最主要的出口产品种类是矿物燃料、矿物油及其蒸馏产品，沥青物质，矿物蜡。2022 年，矿物燃料、矿物油及其蒸馏产品，沥青物质，矿物蜡占云南对 RCEP 其他成员国出口矿产品的比重为 89.31%，较 2018 年下降 5.68%，说明云南出口的矿产品大多为矿物燃料等；次要的是盐，硫磺，泥土及石料，石膏料、石灰及水泥，占比为 9.59%，较 2018 年上升 5.18%；矿砂、矿渣及矿灰占比为 1.11%，较 2018 年略微增长 0.52%，变化并不明显，如表 3.6 所示。

表 3.6　2018 年、2022 年云南对 RCEP 其他成员国各类矿产品出口情况

单位：亿美元

产品类别	2018年	占比	2022年	占比
第27章 矿物燃料、矿物油及其蒸馏产品；沥青物质；矿物蜡	2.97	94.99%	1.94	89.31%
第25章 盐；硫磺；泥土及石料；石膏料、石灰及水泥	0.14	4.41%	0.21	9.59%
第26章 矿砂、矿渣及矿灰	0.02	0.59%	0.02	1.11%

从主要产品出口情况看，云南对 RCEP 其他成员国出口最主要的矿产品是矿物燃料、矿物油及其蒸馏产品；沥青物质；矿物蜡。具体分析其出口趋势：2018—2020 年，云南对 RCEP 其他成员国出口矿物燃料稳定在 2 亿～3 亿美元并出现小幅下滑，出口额分别为 2.97 亿美元、2.81 亿美元、2.21 亿美元，2021 年跌破 2 亿美元，为 1.65 亿美元，2022 年又小幅回升至 1.94 亿美元。2018—2022 年云南对 RCEP 其他成员国矿物燃料等出口的年均增长率为 -10.14%。

云南对 RCEP 其他成员国出口的第二大类矿产品是盐；硫磺；泥土及石料；石膏料、石灰及水泥。具体分析其出口趋势：2018—2020 年实现逐年上升，出口额分别为 0.14 亿美元、0.21 亿美元、0.27 亿美元，2021 年下滑至 0.15 亿美元，2022 年又回升至 0.21 亿美元，高于 2018 年的水平。2018—2022 年云南对 RCEP 其他成员国盐等出口的年均增长率为 10.80%。

云南对 RCEP 其他成员国出口的第三大类矿产品是矿砂、矿渣及矿灰。具

体分析其出口趋势:2018—2022年整体出口额均较小,2018年为0.019亿美元,2019—2021年均不足0.01亿美元,2022年又上升至0.024亿美元,略高于2018年的水平。2018—2022年云南对RCEP其他成员国矿砂、矿渣及矿灰出口的年均增长率为6.55%,如表3.7所示。

表3.7 2018—2022年云南对RCEP其他成员国各类矿产品出口情况

单位:亿美元

产品类别	2018年	2019年	2020年	2021年	2022年	年均增长
第27章 矿物燃料、矿物油及其蒸馏产品;沥青物质;矿物蜡	2.97	2.81	2.21	1.65	1.94	−10.14%
第25章 盐;硫磺;泥土及石料;石膏料、石灰及水泥	0.14	0.21	0.27	0.15	0.21	10.80%
第26章 矿砂、矿渣及矿灰	0.019	0.006	0.000 3	0.002	0.024	6.55%

2.进口结构分析

从市场占比结构看,云南自RCEP其他成员国进口矿产品占比主要集中在2类产品,最主要的进口产品种类是矿砂、矿渣及矿灰,如表3.8所示。2022年,矿砂、矿渣及矿灰占云南自RCEP其他成员国进口矿产品的比重为59.61%,较2018年上升6.11个百分点。对比云南自全球进口矿产品的产品结构可以发现,云南自全球进口最多的是矿物燃料,而自RCEP区域进口最多的是矿砂,主要原因是云南进口最多的是原油,但原油产地均不在RCEP区域,云南进口第二大类矿砂则多来源于RCEP区域;其次是矿物燃料、矿物油及其蒸馏产品,沥青物质,矿物蜡,占比为39.01%,较2018年下降6.20个百分点;盐,硫磺,泥土及石料,石膏料、石灰及水泥占比为1.38%,与2018年相比变化并不明显。

表3.8 2018、2022年云南自RCEP其他成员国各类矿产品进口情况

单位:亿美元

产品类别	2018年	占比	2022年	占比
第26章 矿砂、矿渣及矿灰	13.70	53.50%	22.98	59.61%
第27章 矿物燃料、矿物油及其蒸馏产品;沥青物质;矿物蜡	11.58	45.21%	15.04	39.01%
第25章 盐;硫磺;泥土及石料;石膏料、石灰及水泥	0.33	1.29%	0.53	1.38%

从主要产品进口情况看，云南自 RCEP 其他成员国进口最主要的矿产品是矿砂、矿渣及矿灰。根据表 3.9 具体分析其进口趋势：除 2020 年外整体实现上升，2018—2019 年进口额由 13.70 亿美元上升至 14.28 亿美元，2020 年下滑至 12.37 亿美元，2021 年又恢复增长趋势至 18.60 亿美元，2022 年延续增长态势至 22.98 亿美元。2018—2022 年云南自 RCEP 其他成员国矿砂、矿渣及矿灰进口的年均增长率为 13.81%。

云南自 RCEP 其他成员国进口的第二大类矿产品是矿物燃料、矿物油及其蒸馏产品；沥青物质；矿物蜡。具体分析其进口趋势：2018—2019 年进口额由 11.58 亿美元增长至 18.12 亿美元，为 5 年中的最高值，2020—2021 年出现下滑，分别为 15.00 亿美元和 14.91 亿美元，2022 年又回升至 15.04 亿美元。2018—2022 年云南自 RCEP 其他成员国矿物燃料等进口的年均增长率为 6.76%。

云南自 RCEP 其他成员国进口的第三大类矿产品是盐；硫磺；泥土及石料；石膏料、石灰及水泥。具体分析其进口趋势：2018—2021 年进口额均保持在 0.3 亿～0.4 亿美元，分别为 0.33 亿美元、0.35 亿美元、0.36 亿美元、0.31 亿美元，2022 年又小幅上升至 0.53 亿美元。2018—2022 年云南自 RCEP 其他成员国盐等进口的年均增长率为 12.75%。

表 3.9　2018—2022 年云南自 RCEP 其他成员国各类矿产品进口情况

单位：亿美元

产品类别	2018年	2019年	2020年	2021年	2022年	年均增长
第26章 矿砂、矿渣及矿灰	13.70	14.28	12.37	18.60	22.98	13.81%
第27章 矿物燃料、矿物油及其蒸馏产品；沥青物质；矿物蜡	11.58	18.12	15.00	14.91	15.04	6.76%
第25章 盐；硫磺；泥土及石料；石膏料、石灰及水泥	0.33	0.35	0.36	0.31	0.53	12.75%

数据来源：海关总署。

（四）云南与 RCEP 其他成员国矿产品贸易国别结构

1. 出口结构分析

从市场占比结构看，云南出口的矿产品市场集中在越南和缅甸，但区域市场份额均不大。2022年，云南对缅甸市场出口矿产品占云南对RCEP其他成员国出口的比重为57.61%，较2018年的市场占比上升38.59%，一跃超过越南成为第一大出口市场；2022年越南市场占比为32.08%，较2018年出现了明显的下滑，降幅达46.08%；马来西亚、泰国、老挝、日本、印度尼西亚市场在2022年的占比均在1%~5%，其中，马来西亚、印度尼西亚、日本的市场占比均有一定的上升；其余市场的占比则整体较小，如表3.10所示。

表3.10　2018年、2022年云南对RCEP其他成员国矿产品出口情况

单位：亿美元

排名	2018年			2022年		
	国别	出口额	占比	国别	出口额	占比
1	越南	2.45	78.16%	缅甸	1.25	57.61%
2	缅甸	0.60	19.02%	越南	0.70	32.08%
3	老挝	0.04	1.24%	马来西亚	0.07	3.26%
4	泰国	0.03	1.06%	泰国	0.04	2.07%
5	马来西亚	0.000 6	0.02%	老挝	0.04	2.00%
6	印度尼西亚	0.002 0	0.07%	日本	0.03	1.45%
7	菲律宾	0.001 2	0.04%	印度尼西亚	0.02	1.07%
8	日本	0.004 2	0.14%	菲律宾	0.001 0	0.05%
9	韩国	0.01	0.16%	韩国	0.00	0.16%
10	澳大利亚	0.000 0	0.00%	澳大利亚	0.004 0	0.18%
11	柬埔寨	0.002 8	0.09%	柬埔寨	0.000 0	0.00%
12	新加坡	0.000 0	0.00%	新加坡	0.000 0	0.00%
13	文莱	0.000 0	0.00%	文莱	0.001 5	0.07%
14	新西兰	0.000 0	0.00%	新西兰	0.000 0	0.00%

从主要出口市场情况看，RCEP其他成员国中云南矿产品最大的出口市场是越南，如表3.11所示。具体分析出口趋势：整体呈现逐年减少的趋势，出口额由2018年的2.45亿美元下滑至2022年的0.70亿美元，自2021年起被排名第二的缅甸超过，显示越南市场在云南矿产品出口中的份额逐步减少。2018—2022年，云南对越南出口矿产品的年均增长率为−26.96%，降幅较为明显。

RCEP其他成员国中云南矿产品第二大出口市场是缅甸。具体分析出口趋势：2018—2022年的出口趋势与越南市场相反，呈现逐年增长的态势，出口额由2018年的0.60亿美元增长至2022年的1.25亿美元，增长较为稳定。2018—2022年，云南对缅甸出口矿产品的年均增长率为20.39%。

RCEP其他成员国中云南矿产品第三大出口市场是老挝。具体分析出口趋势：2018—2019年出口额实现小幅上升，由0.04亿美元增长至0.08亿美元，2020—2021年连续出现下降，分别为0.07亿美元、0.01亿美元，2022年又回升至0.04亿美元，与2018年基本持平。2018—2022年，云南对老挝出口矿产品的年均增长率为2.69%。

表3.11　2018—2022年云南对RCEP其他成员国矿产品出口情况

单位：亿美元

国别	2018年	2019年	2020年	2021年	2022年	年均增长
越南	2.45	2.17	1.37	0.76	0.70	−26.96%
缅甸	0.60	0.72	0.86	0.92	1.25	20.39%
老挝	0.04	0.08	0.07	0.01	0.04	2.69%
泰国	0.03	0.04	0.04	0.05	0.04	7.77%
马来西亚	0.000 6	0.001 0	0.07	0.000 7	0.07	234.93%
印度尼西亚	0.002 0	0.001 7	0.000 0	0.04	0.02	83.76%
菲律宾	0.001 2	0.001 1	0.06	0.002 3	0.001 0	−3.63%
日本	0.004 2	0.01	0.01	0.000 8	0.03	65.04%
韩国	0.01	0.01	0.00	0.02	0.00	−9.03%
澳大利亚	0.000 0	0.000 7	0.000 3	0.001 7	0.004 0	76.11%
柬埔寨	0.002 8	0.000 0	0.000 0	0.000 9	0.000 0	—
新加坡	0.000 0	0.000 0	0.001 9	0.000 2	0.000 0	—
文莱	0.000 0	0.000 0	0.000 0	0.000 1	0.001 5	—
新西兰	0.000 0	0.000 1	0.000 0	0.000 0	0.000 0	—

2.进口结构分析

从市场占比结构看，云南进口的矿产品来源地中缅甸占比最大，主要进口市场有缅甸、澳大利亚、老挝、越南、印度尼西亚等，如表3.12所示。2022年，云南自缅甸市场进口矿产品占云南自RCEP其他成员国进口的比重为73.45%，较2018年的市场占比降低8.31个百分点，说明进口市场逐步向缅甸以外的来源地分散；澳大利亚市场占比为12.89%，较2018年上升3.65个百分点；老挝、越南、印度尼西亚的市场占比分别为7.15%、3.80%、1.65%，较2018年分别增长6.49%、-1.05%、1.54%；其余市场的占比均不大，2022年均不足1%。前五大市场合计占云南自RCEP其他成员国进口矿产品的98.94%，较2018年增长2.32%。

表3.12　2018年、2022年云南自RCEP其他成员国矿产品进口情况

单位：亿美元

国别	2018年	占比	2022年	占比
缅甸	20.93	81.76%	28.31	73.45%
澳大利亚	2.37	9.24%	4.97	12.89%
老挝	0.17	0.66%	2.76	7.15%
越南	1.24	4.85%	1.46	3.80%
印度尼西亚	0.03	0.11%	0.63	1.65%
韩国	0.43	1.69%	0.01	0.02%
菲律宾	0.09	0.35%	0.00	0.00%
马来西亚	0.32	1.23%	0.04	0.12%
新加坡	0.02	0.07%	0.05	0.13%
泰国	0.01	0.04%	0.31	0.79%
日本	0.00	0.00%	0.001	0.00%
新西兰	0.00	0.00%	0.00	0.00%
柬埔寨	0.00	0.00%	0.00	0.00%
文莱	20.93	0.00%	28.31	0.00%

从主要进口市场情况看，RCEP其他成员国中云南矿产品最大的进口来源地是缅甸，如表3.13所示。具体分析进口趋势：2018—2019年实现逐年增长，进口额由20.93亿美元大幅增长至27.55亿美元，2020年下滑至22.04亿美元，2021—2022年连续两年实现增长，进口额分别为24.18亿美元、28.31亿美元。2018—2022年，云南自缅甸进口矿产品的年均增长率为7.84%。

RCEP其他成员国中云南矿产品第二大进口来源地是澳大利亚。具体分析

进口趋势：整体呈现增长趋势，2018—2019年进口额由2.37亿美元增长至2.83亿美元，2020年小幅下滑至2.57亿美元，2021—2022年连续两年实现增长，进口额分别为3.88亿美元、4.97亿美元。2018—2022年，云南自澳大利亚进口矿产品的年均增长率为20.40%。

RCEP其他成员国中云南矿产品第三大进口来源地是老挝。具体分析进口趋势：整体呈现增长趋势，2018—2022年实现逐年增长，进口额由0.17亿美元增长至2.76亿美元。2018—2022年，云南自老挝进口矿产品的年均增长率为101.34%。

表3.13　2018—2022年云南自RCEP其他成员国矿产品进口情况

单位：亿美元

国别	2018年	2019年	2020年	2021年	2022年	年均增长
缅甸	20.93	27.55	22.04	24.18	28.31	7.84%
澳大利亚	2.37	2.83	2.57	3.88	4.97	20.40%
老挝	0.17	0.60	0.91	2.09	2.76	101.34%
越南	1.24	1.62	0.87	1.13	1.46	4.23%
印度尼西亚	0.03	0.01	1.00	2.03	0.63	118.62%
韩国	0.43	0.04	0.23	0.04	0.01	−62.69%
菲律宾	0.09	0.09	0.00	0.26	0.00	−94.09%
马来西亚	0.32	0.00	0.01	0.02	0.04	−38.66%
新加坡	0.02	0.00	0.10	0.19	0.05	26.68%
泰国	0.01	0.001	0.000 4	0.002	0.31	140.89%
日本	0.00	0.000 2	0.00	0.00	0.001	—
新西兰	0.00	0.00	0.00	0.00	0.00	—
柬埔寨	0.00	0.00	0.00	0.00	0.00	—

数据来源：海关总署。

二、云南与 RCEP 其他成员国矿产品贸易特征分析

（一）云南与 RCEP 其他成员国矿产品贸易市场占有率分析

1. 云南与 RCEP 其他成员国矿产品贸易市场占有率概述

云南与RCEP其他成员国矿产品贸易市场占有率在近5年相对较为平稳，进口市场和出口市场的波动均不大，进口市场占有率虽然高于出口市场占有率，但相对其他重点贸易产品领域，如矿产品在2018—2022年的进口市场占有率均在20%以上，相对不高，而出口市场占有率则不足0.1%。

具体来看，云南对RCEP其他成员国的出口市场占有率整体较小，甚至出现了小幅度的下滑，主要是出口额的整体下滑，出口市场占有率由2018年的0.05%下滑至2022年的0.02%，最大值为2020年的0.06%，但整体较小；云南自RCEP其他成员国矿产品的进口市场占有率呈现倒"V"字形发展趋势，先由2018年的24.56%增长至2020年的29.24%，为5年中的最高值，2021—2022年出现连续两年的下滑，分别为26.63%、24.18%，基本回到2018年的水平。

表3.14　2018—2022年云南与RCEP其他成员国矿产品贸易整体的进出口市场占有率

市场占有率	2018年	2019年	2020年	2021年	2022年
出口	0.05%	0.05%	0.06%	0.03%	0.02%
进口	24.56%	28.66%	29.24%	26.63%	24.18%

2.云南对RCEP其他成员国矿产品出口市场占有率分析

从国别均值来看，云南对RCEP其他成员国矿产品出口市场占有率排名前三的是缅甸、越南、老挝，其出口市场占有率均值分别为1.88%、0.86%、0.57%，其中，缅甸的出口市场占有率均值是RCEP其他成员国中唯一超过1%的。同时，云南对越南虽然出口额高于缅甸，但出口市场占有率却低于缅甸，由此可知缅甸对云南矿产品的市场依赖要高于越南。之后为马来西亚、菲律宾、泰国、柬埔寨，这些市场的出口市场占有率在0.005%～0.5%，说明云南的矿产品对这些市场的渗透率较低，尤其是泰国、马来西亚等进口矿产品规模较大的市场。其余RCEP成员国中，云南矿产品的出口市场占有率均小于0.005%，说明云南的矿产品在RCEP区域仍有较大的市场开拓空间，尤其是2018—2022年RCEP区域进口规模排名前三的日本、韩国、新加坡等市场。

从各国市场占有率趋势来看，云南出口到缅甸的市场占有率发展呈现先增后减的趋势，2018—2020年逐年增长，2020年最高达3.044%，2021年基本保持，达到3.043%，2022年小幅下滑至2.36%，但也高于2018年的水平，说明缅甸对云南矿产品的市场依赖度总体保持稳定，虽然从数值来看并不具有很大的优势，但也显示云南的产品在缅甸市场有一定的份额和竞争力；越南市场的占有率出现了一定程度的下滑，2018—2019年分别为1.50%、1.27%，但自2020年起跌破1%，到2022年出口市场占有率为0.24%，显示近5年来对越南出口矿产品虽然出口额相对较高，但是已有明显的下滑，其市场竞争力不足；老挝市场的占有率还未超过1%，最高值为2020年的0.97%，结合对老挝出口额较小的贸易现状，老挝市场还有较大的拓展潜力。其余国家的出口市场占有率均较小，但从变化趋势来看，马来西亚、印度尼西亚、日本、澳大利亚等有一定的上升，后期也值得进一步关注和拓展，如表3.15所示。

表3.15　2018—2022年云南对RCEP其他成员国矿产品出口市场占有率

国别	2018年	2019年	2020年	2021年	2022年	国别均值
缅甸	1.434 0%	1.877 7%	3.043 7%	3.042 5%	2.362 2%	1.879 8%
越南	1.503 0%	1.266 4%	0.9213%	0.377 0%	0.235 5%	0.860 6%
老挝	0.397 6%	0.747 8%	0.966 2%	0.149 5%	—	0.565 3%
马来西亚	0.000 2%	0.000 3%	0.026 2%	0.000 2%	0.011 9%	0.477 8%
菲律宾	0.000 8%	0.000 7%	0.059 2%	0.001 3%	0.000 4%	0.012 5%
泰国	0.007 8%	0.010 6%	0.015 0%	0.010 8%	0.007 0%	0.009 3%
柬埔寨	0.013 2%	0.000 0%	—	0.003 7%	—	0.005 6%
印度尼西亚	0.000 6%	0.000 7%	—	0.012 3%	0.004 8%	0.004 6%
日本	0.000 2%	0.000 5%	0.000 6%	0.000 0%	0.001 1%	0.001 7%
文莱	—	—	—	0.000 2%	0.002 4%	0.001 3%
澳大利亚	—	0.000 3%	0.000 2%	0.000 6%	0.000 8%	0.000 5%
韩国	0.000 3%	0.000 4%	0.000 0%	0.001 1%	0.000 1%	0.000 4%
新西兰	0.000 1%	0.000 2%	—	—	—	0.000 2%
新加坡	—	0.000 0%	0.000 4%	0.000 0%	—	0.000 1%

3.云南自RCEP其他成员国矿产品进口市场占有率分析

从国别均值来看，云南自RCEP其他成员国矿产品进口市场占有率排名前三的是缅甸、澳大利亚、越南，其进口市场占有率均值分别为20.848%、2.727%、1.065%，如表3.16所示。与出口情况相同，进口市场占有率第一的也是缅甸，且占有率指标远高于其他市场，显示云南矿产品的进口来源地集中在缅甸，对缅甸的市场依赖度较高，其主要原因：一是云南与缅甸相邻，贸易往来频繁加之运输便利；二是缅甸拥有丰富的矿产资源，且种类繁多，主要有锡、钨、锌、铝、锑、锰、金、银等，宝石在世界上享有盛誉。缅甸矿物储藏量丰富，如铅、锌、银矿，最大矿床为掸邦北部的包德温矿，储藏量约为 1 000 万吨；缅甸的铁矿、铜矿以及翡翠等资源矿产已知矿量约为 9.55 亿吨。此外，从云南与缅甸贸易情况来看，云南自缅甸进口大量的天然气和稀土，其中，稀土被誉为"高科技的命脉"，是高科技产业不可或缺的战略资源，根据美国地质调查局数据，缅甸稀土资源 2021 年产量占全球产量的近 1/5。随着国内稀土产业持续发展，相关矿产开采人员和技术逐渐外溢到缅甸，将缅甸稀土矿资源以贸易形式运输到国内进行加工分离，融入国内稀土产业链。如今，缅甸已经成为我国稀土产品进口的最重要的稳定来源地。排名第二的是澳大利亚，进口市场占有率均值达到 2.73%，说明澳大利亚的矿产资源在云南市场也有一定的份额，澳大利亚拥有丰富的矿产资源，先进的采矿设备、技术和服务，并且毗邻快速发展的亚洲市场，独特的优势使其成为世界领先的矿业大国。澳大利亚拥有世界上丰富的矿产资源，铁矿石、煤炭、黄金、铜、铝等为其主要矿产品，特别是铁矿石，澳大利亚是全球最大的铁矿石出口国之一。其余市场中，仅有越南、老挝的进口市场占有率均值超过 1%，分别为 1.065%、1.004%。

从表 3.16 中各国市场占有率趋势来看，云南自缅甸进口矿产品的市场占有率略有下降，最高是 2019 年的 24.12%，此后，就出现了逐年下滑，2022 年进口市场占有率为 17.76%，跌破了 20%，说明缅甸的矿产品在云南市场虽然占据较大的份额，但其份额逐步减小，市场依赖度降低，产品的竞争力也有一定的下滑，结合云南进口矿产品规模的上升趋势，也反映出云南矿产品的进口来源地向其他市场转移；自澳大利亚进口矿产品的市场占有率则有一定幅度的上升，由 2018 年的 2.27% 小幅上升至 2022 年的 3.12%，也是近 5 年的最高值，显示澳大利亚的矿产品在云南市场的份额有所上升，其产品竞争力较大；其余国家中，自老挝、印度尼西亚、新加坡、泰国进口矿产品的市场占有率总体实现上升，自越南、韩国、菲律宾、马来西亚进口矿产品的市场占有率总体出现下滑，可进一步提升进口来源的多样性。

表3.16 2018—2022年云南自RCEP其他成员国矿产品进口市场占有率

国别	2018年	2019年	2020年	2021年	2022年	国别均值
缅甸	20.078%	24.121%	23.240%	19.040%	17.759%	20.848%
澳大利亚	2.269%	2.478%	2.710%	3.058%	3.117%	2.727%
越南	1.191%	1.414%	0.915%	0.887%	0.919%	1.065%
老挝	0.161%	0.526%	0.959%	1.646%	1.730%	1.004%
印度尼西亚	0.027%	0.010%	1.058%	1.596%	0.398%	0.618%
韩国	0.416%	0.036%	0.238%	0.032%	0.005%	0.145%
菲律宾	0.087%	0.078%	——	0.204%	0.000%	0.092%
马来西亚	0.302%	——	0.014%	0.014%	0.028%	0.089%
新加坡	0.018%	——	0.109%	0.146%	0.031%	0.076%
泰国	0.009%	0.001%	0.000%	0.001%	0.192%	0.041%
日本	——	0.000%	——	——	0.000%	0.000%
新西兰	0.000%	0.000%	——	——	——	0.000%

4.小结

整体来看，出口方面，云南出口的矿产品在RCEP市场的占有率整体较小，也侧面印证了云南的矿产品并不以出口为主。进口方面，云南平均20%以上的矿产品来自RCEP其他成员国，但整体上较为平稳，说明RCEP其他成员国的矿产品在云南市场的份额较为平稳，但并不是主要的进口来源，其产品还面临来自区域外的竞争压力。

具体来看，云南出口的矿产品市场份额占RCEP其他成员国的份额不大，排名第一的缅甸最高的年份也没超过5%，由此可以看出云南的矿产品出口不多且不具有市场优势，尤其是矿产品需求大的国家，云南较少开拓。进口方面，缅甸的矿产品在云南市场保持较高的市场占有率但有所下滑，说明缅甸产品在云南市场的份额并不稳定且有被取代的趋势，市场来源的单一性不断弱化；同时澳大利亚产品的市场份额则实现上升，说明其产品具有更强的竞争力。

（二）矿产品贸易竞争性分析

1.云南对 RCEP 其他成员国矿产品的出口显示性比较优势分析

从 2018—2022 年各类矿产品的 RCA（Revealed Comparative Advantage）均值来看（见表3.17），云南对 RCEP 其他成员国矿产品出口的3类产品均没有比较优势。盐；硫磺等；矿物燃料等；矿砂、矿渣及矿灰3类产品的 RCA 均值分别为0.78、0.13、0.02，均未超过1，显示云南的矿产品在 RCEP 区域的市场上不具有出口显示性比较优势，也反映出 RCEP 各国对各类矿产品的需求并不小，每年的进口规模较大，但其多数并不来源于云南，而且云南的矿产品也较少出口。

从各类矿产品的出口显示性比较优势趋势来看（见表3.17），盐；硫磺等的 RCA 均值在5年来出现小幅波动，2018—2020 年由0.72增长至0.98，为5年来的最高值，2021年下滑至0.50，2022年又回升至0.77；矿物燃料等的 RCA 均值则出现了下滑，2018年为0.20，2022年仅有0.08，显示其向下趋势，其出口显示性比较优势进一步减小；矿砂、矿渣及矿灰则在5年中整体较小，2018年和2022年 RCA 均值分别为0.02和0.01，中间3年为0，不具有出口显示性比较优势。

表3.17　2018—2022 年云南对 RCEP 其他成员国各类矿产品的出口显示性比较优势

产品类别	2018年	2019年	2020年	2021年	2022年	均值
第25章　盐；硫磺；泥土及石料；石膏料、石灰及水泥	0.72	0.93	0.98	0.50	0.77	0.78
第27章　矿物燃料、矿物油及其蒸馏产品；沥青物质；矿物蜡	0.20	0.17	0.14	0.08	0.08	0.13
第26章　矿砂、矿渣及矿灰	0.02	0.00	0.00	0.00	0.01	0.02

从 2018—2022 年各市场的 RCA 均值来看（见表3.18），云南矿产品对泰国市场的出口显示性比较优势近5年的 RCA 均值达到2.137，相对有一定的出口显示性比较优势，说明云南的矿产品在泰国市场有一定的竞争力。其余市场的 RCA 均值均小于1，说明云南的矿产品在这些市场没有出口显示性比较优势，其中，排名第二至第五的是越南、缅甸、老挝、菲律宾，其近5年的 RCA 均值分别为0.487、0.123、0.066、0.047，显示云南矿产品在 RCEP 区域

并不具有出口显示性比较优势，也反映出云南的矿产品出口并不突出。

从各国的出口显示性比较优势趋势来看（见表3.18），可以发现泰国的RCA均值虽然在1以上，但主要是由于2020年的RCA均值达到了10.58，而在其他4年中的RCA均值均在1以内，这可能是由于2020年受新冠疫情等因素影响，云南矿产品在泰国的竞争有所上升，其他来源地的产品进口不足，但这仅是受国际环境因素影响的结果，并不能反映长期的情况，说明云南的矿产品对泰国并不具有出口显示性比较优势；越南市场在2018—2019年的RCA均值分别达到了1.579、1.152，可知云南的矿产品具有一定的出口显示性比较优势，但自2020年起其RCA均值跌破1，后3年的出口RCA均值分别为0.627、0.320、0.334，表现出向下的趋势；缅甸、老挝的出口RCA均值基本平稳，始终保持在较低的水平，其余国家的出口RCA均值则更小，说明云南不具有出口显示性比较优势。

表3.18　2018—2022年云南对RCEP其他成员国矿产品的出口显示性比较优势

国别	2018年	2019年	2020年	2021年	2022年	均值
泰国	0.030	0.026	10.584	0.027	0.019	2.137
越南	1.579	1.152	0.627	0.320	0.334	0.487
缅甸	0.092	0.104	0.146	0.170	0.194	0.123
老挝	0.081	0.108	0.192	0.028	—	0.066
菲律宾	0.011	0.005	0.223	0.006	0.001	0.047
马来西亚	0.002	0.002	0.105	0.000	0.022	0.026
印度尼西亚	0.003	0.003	—	0.046	0.023	0.014
日本	0.010	0.019	0.010	0.001	0.022	0.010
文莱	—	—	—	0.002	0.036	0.008
韩国	0.012	0.015	0.000	0.013	0.003	0.006
柬埔寨	0.055	0.000		0.012		0.002
澳大利亚		0.002	0.001	0.003	0.006	0.002
新西兰	0.003	0.008	—			0.002
新加坡	—	0.000	0.002	0.000	—	0.000

2.云南自RCEP其他成员国矿产品的进口显示性比较优势分析

从2018—2022年各类矿产品的RCA均值来看（见表3.19），云南自RCEP

其他成员国矿产品进口的3类产品均没有进口显示性比较优势，"矿砂、矿渣及矿灰""矿物燃料等""盐；硫磺等"3类产品的RCA均值分别为0.85、0.52、0.31，均未超过1，显示RCEP其他成员国的矿产品在云南市场上不具有进口显示性比较优势，也反映出云南的矿产品的主要来源地并不是RCEP其他成员国，云南进口矿产品的规模虽然大，但RCEP区域的产品占比并不多，进口显示性优势不大。

从各类矿产品的趋势来看，"矿砂、矿渣及矿灰"的RCA均值在5年来呈现先减后增的趋势，2018—2020年由0.97下滑至0.71，2021年开始增长，至2022年达到1.02，超过了1，说明在2022年该产品有一定的进口显示性比较优势；"矿物燃料等"的RCA均值则整体较为稳定，5年中基本保持在0.5上下，最高值为2020年的0.61；"盐；硫磺等"的RCA均值则在5年中整体保持低位，但有一定的上升，2018年和2022年分别为0.21和0.29。

表3.19　2018—2022年云南自RCEP其他成员国各类矿产品的进口显示性比较优势

产品类别	2018年	2019年	2020年	2021年	2022年	均值
第26章 矿砂、矿渣及矿灰	0.97	0.78	0.71	0.77	1.02	0.85
第27章 矿物燃料、矿物油及其蒸馏产品；沥青物质；矿物蜡	0.42	0.56	0.61	0.55	0.43	0.51
第25章 盐；硫磺；泥土及石料；石膏料、石灰及水泥	0.21	0.26	0.50	0.26	0.29	0.30

从2018—2022年各市场的RCA均值来看（见表3.20），云南矿产品仅有自澳大利亚市场进口的显示性比较优势均值超过1，显示澳大利亚的产品在云南市场具有一定优势，5年的RCA均值达到了1.666；之后为菲律宾、印度尼西亚、缅甸、韩国，RCA均值分别为0.930、0.811、0.751、0.559，这些市场的RCA均值均在0.5～1之间，其余市场的RCA均值均在0.5以下，说明这些市场的矿产品在云南市场均不具有比较优势，这也从另一方面反映出云南进口矿产品的主要来源地并不是RCEP成员国。

从各国的趋势来看，澳大利亚的进口显示性比较优势在2018—2021年呈现向上的趋势，由 1.44 逐步增长至 2.21，这也是 5 年中的最高值，2021 年显示澳大利亚的矿产品在云南市场的进口显示性比较优势最为明显，说明澳大利亚有丰富的矿产资源。除 2020 年无相关数据之外，2018 年、2019 年和 2021 年自菲律宾进口矿产品的 RCA 均值均在 1 以上，分别为 1.51、1.30、1.84，说明在这 3 个年份菲律宾的矿产品在云南市场也有一定的进口显示性比较优势，但由于 2022 年其进口显示性比较优势均值为 0，带动 RCA 均值下滑；排名第三的印度尼西亚也有 3 个年份的进口显示性比较优势均值在 1 以上，分别为 2018 年、2020 年和 2022 年，达 1.019、1.648、1.181；缅甸则一直保持在接近 1 的水平，最高值为 2018 年的 0.958；其余国家中，韩国和马来西亚在 2018 年的进口显示性比较优势均值达到了 1 以上，分别为 1.525、1.418，但在后面的年份均未超过 1，进口显示性比较优势整体下滑。

表 3.20 2018—2022 年云南自 RCEP 其他成员国矿产品的进口显示性比较优势

国别	2018年	2019年	2020年	2021年	2022年	均值
澳大利亚	1.438	1.496	1.692	2.213	1.491	1.666
菲律宾	1.505	1.304	—	1.841	0.000	0.930
印度尼西亚	1.019	0.179	1.648	0.027	1.181	0.811
缅甸	0.958	0.942	0.899	0.090	0.865	0.751
韩国	1.525	0.439	0.702	0.100	0.029	0.559
马来西亚	1.418	—	0.109	0.008	0.025	0.312
新加坡	0.071	—	0.748	0.032	0.378	0.246
越南	0.107	0.156	0.125	0.001	0.390	0.156
老挝	0.035	0.114	0.185	0.119	0.321	0.155
泰国	0.004	0.000	0.000	0.000	0.043	0.009
日本	—	0.001	—	—	0.001	0.000
新西兰	0.000	0.000	—	—	—	0.000

3. 小结

从产品上看，云南和 RCEP 其他成员国均没有具有比较优势的矿产品。无论是进口还是出口，3 类矿产品的显示性比较优势在 5 年中均没有达到 1，显示各自的矿产品在对方的市场上均没有比较优势。其主要原因：出口方面，云南的矿产品出口不多，尤其是各国市场需求大的资源型矿砂、矿石等，云南的需求同样很大；进口方面，RCEP成员国有部分国家拥有丰富的矿产资源，但相对原油，云南矿砂类的产品进口相对较少，而原油类产品的主要产地并不在RCEP成员国之中。因此，各类矿产品的进出口显示性比较优势均不大。

从国别来看，无论是出口还是进口，仅有一个国家的比较优势指数在1以上。具体来看，出口方面，虽然泰国的RCA均值在1以上，但主要是单一年份的高指标带动其年均值较高，从5年的具体情况看RCA均值大多都较小，说明其出口显示性比较优势总体并不大。进口方面，澳大利亚连续5年的RCA均值均在1以上，说明其矿产品有一定的进口显示性比较优势，同时菲律宾、越南等也有3年的RCA均值在1以上，但是其余年份的均值较小，说明其在特定时间具有一定进口显示性比较优势但并不稳定。

（三）矿产品贸易互补性分析

1.计算与分析

表3.21给出了2018—2022年云南与RCEP其他成员国矿产品产业内贸易指数的细分指标。从表3.23可以看出，除去没有进出口贸易的年份，云南与RCEP其他成员国矿产品产业内贸易指数均值整体较小，甚至有许多数值为0，说明云南与各国在该类别产品上更趋向产业间贸易，甚至趋近为完全的产业间贸易，具有极强的贸易互补性。

表3.21 2018—2022年云南与RCEP其他成员国矿产品产业内贸易指数

年份	国别	第25章	第26章	第27章
	文莱	—	—	—
	缅甸	0.545	0.000	0.089
	柬埔寨	—	—	0.000
2018	印度尼西亚	0.000	0.000	—
	日本	0.000	0.000	0.000
	老挝	0.027	0.001	0.734
	马来西亚	0.000	0.000	—
	菲律宾	0.000	0.000	—

（续表）

年份	国别	第25章	第26章	第27章
2018	新加坡	0.000	—	—
	韩国	0.000	0.000	0.001
	泰国	0.000	0.000	0.000
	越南	0.143	0.026	0.008
	澳大利亚	0.000	0.000	—
	新西兰	0.000	—	0.000
2019	文莱	—	—	—
	缅甸	0.493	0.000	0.066
	柬埔寨	—	—	0.000
	印度尼西亚	0.000	—	0.000
	日本	0.077	0.000	0.000
	老挝	0.344	0.005	0.479
	马来西亚	0.000	—	—
	菲律宾	0.000	0.000	—
	新加坡	0.000	—	—
	韩国	0.000	0.000	0.000
	泰国	0.000	0.353	—
	越南	0.473	0.004	0.000
	澳大利亚	0.000	0.000	0.090
	新西兰	0.000	—	0.000
2020	文莱	—	—	—
	缅甸	0.494	0.000	0.100
	柬埔寨	—	—	—
	印度尼西亚	—	0.000	0.000
	日本	0.000	—	0.000
	老挝	0.332	0.000	0.722
	马来西亚	0.000	—	0.000
	菲律宾	0.000	—	—
	新加坡	0.000	—	0.000
	韩国	0.000	—	0.000
	泰国	0.000	0.000	0.000
	越南	0.215	0.000	0.000
	澳大利亚	—	0.000	0.000

（续表）

年份	国别	第25章	第26章	第27章
2020	新西兰	—		
2021	文莱	0.000	—	—
	缅甸	0.346	0.000	0.113
	柬埔寨	0.000	—	—
	印度尼西亚	0.000	0.000	
	日本	0.000	0.000	
	老挝	0.704	0.000	0.413
	马来西亚	0.000	0.000	
	菲律宾	0.000	0.000	—
	新加坡	0.000	—	0.000
	韩国	0.000	0.000	0.000
	泰国	0.000	0.000	0.000
	越南	0.146	0.001	0.000
	澳大利亚	0.000	0.000	
	新西兰	—	—	—
2022	文莱	0.000	—	—
	缅甸	0.725	0.000	0.149
	柬埔寨	—	—	—
	印度尼西亚	0.001	0.000	
	日本	0.166	0.000	
	老挝	0.887	0.000	0.587
	马来西亚	0.000	—	0.029
	菲律宾	0.000	0.000	
	新加坡	—	—	0.000
	韩国	0.587		
	泰国	0.046	0.000	0.000
	越南	0.028	0.000	0.000
	澳大利亚	0.000	0.000	
	新西兰	—	—	—

　　根据细分表格，可以分别从产品和国别的角度整理出 2018—2022 年云南与 RCEP 其他成员国各类矿产品 GL 在 0.5 以上，即趋向于产业内贸易的数量。

由表3.22和表3.23可知，2018—2022年，云南与RCEP其他成员国矿产品贸易表现为产业内贸易为主（GL≥0.5）的值共有8个，其余值均在0.5以内。

从产品来看，3类产品中有2类存在GL在0.5以及以上的情况，分别是第25章盐，硫磺，泥土及石料，石膏料、石灰及水泥；第27章矿物燃料、矿物油及其蒸馏产品，沥青物质，矿物蜡，云南与RCEP其他成员国在该2类产品的贸易GL≥0.5数量分别为5个、3个，数量虽然并不多，但也说明在该2类贸易产品领域，云南的产品与RCEP其他成员国的产品均有一定的市场份额和竞争能力；而资源型的矿砂类产品没有相关指标，说明云南与RCEP其他成员国在该类产品的贸易存在仅出口或仅进口的现象，从贸易的具体情况来看，主要是云南自RCEP其他成员国进口相关产品。

表3.22　2018—2022年云南与RCEP其他成员国在矿产品上GL≥0.5的数量

产品类别	GL≥0.5数量
第25章 盐；硫磺；泥土及石料；石膏料、石灰及水泥	5
第26章 矿砂、矿渣及矿灰	0
第27章 矿物燃料、矿物油及其蒸馏产品；沥青物质；矿物蜡	3

从国别来看，仅有3个国家的GL在0.5及以上，分别是老挝、缅甸和韩国，云南以上国家在矿产品的贸易GL≥0.5数量分别为5个、2个、1个。主要集中在与云南邻近的老挝，表现云南和老挝之间较为紧密的贸易关系和扎实的贸易基础；与其余国家则全部为产业间贸易，是缘于贸易额本身不大，同时也说明双方之间的贸易互补性较高。具体来看，与老挝偏向于产业内贸易的产品是"盐；硫磺等""矿物燃料等"；与缅甸和韩国偏向于产业内贸易的产品都是"盐；硫磺等"。

表3.23　2018—2022年云南与RCEP其他成员国在矿产品上GL≥0.5的数量

国别	GL≥0.5数量
文莱	0
缅甸	2
柬埔寨	0

（续表）

国别	GL≥0.5数量
印度尼西亚	0
日本	0
老挝	5
马来西亚	0
菲律宾	0
新加坡	0
韩国	1
泰国	0
越南	0
澳大利亚	0
新西兰	0

2.小结

根据测算产业内贸易指数可以看出，在矿产品领域，云南与RCEP其他成员国在各类矿产品上的产业内贸易水平较低，即大多产品出现只出口或只进口的现象，总体上贸易互补关系十分密切，互补性较为显著。产品方面主要是矿产加工产品，如"盐；硫磺等""矿物燃料等"；从国别上来看，与云南偏向产业内贸易的国家主要是周边的老挝，与其他RCEP成员国主要偏向于产业间贸易。

三、技术性贸易壁垒分析

目前，全球战略性关键矿产资源集中分布在少数几个国家。例如，刚果（金）的钴占全球产量的60%左右，莫桑比克、卢旺达、刚果（金）、埃塞俄比亚等非洲国家生产了全球70%以上的钽。鉴于战略性关键矿产资源的重要性，世界各国近年来纷纷制定清单，界定战略性关键矿产资源的范围，用以防范产业链、供应链风险。关于矿产品贸易，不仅欧美日等发达经济体高度依赖矿物和金属的进口，中国也是全球矿产的进口大国。近年来，为了建立更具韧性和多元化的矿产供应链，世界主要经济体纷纷调整本国矿产的投资和安全政策，通过提供更多的财政激励，加大技术创新，支持本土化供应链的建设，加强矿产伙伴关系和国际合作。

同时，鉴于云南的矿产品主要以进口为主，中国 WTO/TBT—SPS 国家通报咨询网上各国关于矿产品的通报较少。因此，本节主要介绍我国在重点矿产品贸易的相关政策以及进口环节的一些相关规定。

政策方面，一是 2023 年 11 月，商务部发布关于印发《大宗产品进出口报告统计调查制度》的通知，其中提到，将实施进口许可证管理的原油、铁矿石、铜精矿、钾肥纳入《实行进口报告的能源资源产品目录》，将实施出口许可证管理的稀土纳入《实行出口报告的能源资源产品目录》。进口、出口上述产品的对外贸易经营者应履行有关进出口信息报告义务。二是矿产品"先放后检"政策，"先放"是指进口矿产品经现场检验检疫并符合要求后才可以提离海关监管作业场所；"后检"是指进口矿产品提离后实施实验室检测并签发证书。进口铁矿、进口锰矿、进口铬矿、进口锌矿及其精矿、进口铅矿及其精矿等产品均适用。三是进口矿产品"依企业申请实施"。海关总署 2023 年 8 月 30 日发布第 108 号公告，将现行由海关对进口铅矿砂及其精矿、锌矿砂及其精矿逐批实施抽样品质检验调整为依企业申请实施；必要时，海关实施监督检验，该公告自 2023 年 9 月 1 日起施行。四是依企业申请实施重量鉴定。进口大宗商品由逐批实施重量鉴定调整为依企业申请实施；必要时，海关依职权实施。

进口通关方面，主要介绍铜矿进口相关通关流程（在 2022 年云南矿砂类进口额中排名第一）。按照进口税，进口铜矿可分为黄金价值部分（HS2603000010，关税 0%，增值税 0%）和非黄金价值部分（HS2603000090，关税 0%，增值税 13%）。企业在申报时需要准备以下资料：装箱单/发票/合同；海运提单；检测报告（质量证、重量证等）；自动进口许可证；定价方式说明；申报要素；其他资料。根据《中华人民共和国海关进出口商品规范申报目录及释义》（2021 年）相关要求，进口企业在填报进出口货物报关单"商品名称"和"规格型号"时需要规范申报以下要素：品名；方法（破碎、磨碎、磁选、重力分离、浮选、筛选等）；成分含量；含水率；来源（原产国及矿区名称）；签约日期；定价方式（公式定价、现货价等）；需要二次结算、无须二次结算；计价日期；有无滞期费（无滞期费、滞期费未确定、滞期费已申报）。此外，申报时还需注意：进口铜精矿黄金价值部分和非黄金价值部分要分开申报，可享部分增值税减免；申报时注意定价方式；进口前请提前办理自动进口许可证。

四、结论与建议

根据以上从各角度对云南—RCEP矿产品贸易的简要分析，下文将进行总结并提出一些建议，以期对云南与RCEP其他成员国在矿产品领域的贸易发展有所帮助。

从贸易额来看，近年来，云南与RCEP成员国矿产品贸易呈现出口下滑进口增长的态势，整体上以云南自各国进口为主，长期处于贸易逆差，这样的贸易结构与全国的情况一致。中国是全球矿产品的进口大国，云南的矿产资源虽然丰富，但由于其产业发展水平及大环境影响，仍需进口大量的矿产品。从产品结构来看，出口主要是矿物燃料等，其占比约有90%，但出口金额并不大，不超过3亿美元且近5年出现了明显的下滑；进口则集中在以稀土等为主的矿砂、矿渣及矿灰，这与云南自全球进口矿产品的结构有所不同。云南自全球进口最多的是以原油为主的矿物燃料，这主要也是依托中缅油气管道从云南进入中国，进口了大量的原油，而原油产地主要是RCEP区域以外的西亚、南美等地区。从国别结构看，出口主要是越南市场，而进口则集中在缅甸和澳大利亚，主要是因为缅甸有丰富的稀土资源，而云南自澳大利亚进口大量的铁矿砂及其精矿、锡矿砂及其精矿、金、锌矿砂及其精矿、铅矿砂及其精矿、锰矿砂及其精矿、钛矿砂及其精矿等。整体上，云南与RCEP其他成员国矿产品的贸易有流向集中、产品集中、市场集中的特点，云南可依据自身以及国内市场的需求和产业发展趋势，做好各国矿产资源分布、存量的研究，积极与各国达成贸易合作，稳好矿产资源供应链。例如，继续做好缅甸稀土、澳大利亚铁、锡、金等重要矿产的进口，借助RCEP带来的关税和非关税利好政策，进一步开拓RCEP市场，拓宽进口渠道。

从市场占有率来看，云南对 RCEP 其他成员国矿产品出口市场占有率总体较小，也进一步反映出云南矿产品的出口并不多，且随着出口规模的减小，其出口市场占有率进一步缩减。进口市场占有率稳定在 20%～30%，说明 RCEP 区域并不是云南矿产品的主要进口来源地，其中，仅有缅甸、澳大利亚的进口市场占有率稍高，说明 RCEP 区域中云南矿产品的依赖进口市场集中度较高。结合云南矿产品的贸易结构及市场需求，云南可积极开拓 RCEP 区域中其他国家的矿产资源，提升进口渠道的多样性。例如，老挝自然资源丰富，且矿产资源大多处于未开发的状态，其成矿是中国三江成矿带的延伸，主要包括金、银、铜、铁、钾盐、铝土、铅锌等矿物，目前，老挝已经发现各类金属矿床矿点及矿化点约 450 处，其中，铜矿 68 处，金、银矿 155 处，铅、锌、锑矿 91 处，铁、锰、铬矿 56 处，铝土矿 5 处，钨、锡、钼矿等 69 处；菲律宾矿产储备位列全球第五，其中，黄金储量全球第三，铜储量全球第四，镍储量全球第五，铬铁矿全球第六；印度尼西亚矿产资源丰富，金属矿主要有铝土矿、镍矿、铁矿沙、铜、锡、金、银等；非金属矿主要有煤、石灰石和花岗岩。

从贸易竞争性来看，产品指标反映出 3 类矿产品的进出口均不具有比较优势，因为云南矿产品主要以进口为主，而主要进口来源地是 RCEP 区域以外的市场。产品指标也反映出在进出口方面有比较优势的仅有 1～2 个市场，虽然 RCA 均值在 1 以上但数值不算很大，说明双方的矿产品在各国市场的比较优势并不明显。云南可适当加大其他产品的发展力度，使贸易产品更加多样化，并在进口方面依据国内市场需求积极开拓其他进口来源地，优化市场结构。从贸易互补性来看，云南与 RCEP 其他成员国的各类矿产品贸易基本偏向产业间贸易，甚至是完全的产业间贸易，细看各年的具体 GL 指标，有存在以产业内贸易为主的情况，但较为少见，仅集中在较少的国家，云南可依托 RCEP 成员国在矿产资源方面的优势积极拓展进口贸易合作。

综上所述，云南与 RCEP 其他成员国应继续保持有效沟通，相互取长补短，深入调研对方市场变化，以做好充分应对，提升产品贸易质量，促进贸易发展，积极在产业方面加强合作，依托云南资源优势，聚焦资源经济推动矿产相关的产业升级发展。例如，从产业的角度，云南有色金属资源优势明显，全省已发现各类矿产157种，占全国已发现矿种的91.0%，82种矿产查明资源储量排在全国前十位，31种矿产含量居全国前三位。云南可依托丰富的矿产资源，做好对关键矿产资源的勘查、开发利用与保护，进一步优化矿业开发布局，加快推进绿色矿业转型发展，推进资源集约节约和循环综合利用，增强科技创新能力，发展新型功能材料、先进结构材料和高性能复合材料，延长产业链，推动产业改造升级，加快推动矿产业结构由中低端向中高端迈进。

第二节　化学工业及其相关工业的产品

化学工业及其相关工业的产品是一种运用化学方法改变物质组成、结构或合成新物质所得到的产品，包括化学原料、中间体、成品和副产品等。该类产品种类繁多，广泛应用于各个领域，如医药、农业、能源、建筑、电子、汽车、航空航天等，是现代工业的重要组成部分。近年来，云南与RCEP其他成员国经济和工业发展迅速，该类产品发挥了非常重要的作用，尤其是云南肥料、单晶硅切片等产品占据出口份额较大，2022年，化学工业及其相关工业的产品贸易额排名云南与RCEP其他成员国贸易的第二。

为更好展现云南与RCEP其他成员国在化学工业及其相关工业的产品领域进出口的贸易现状及发展潜力，本节将介绍云南与RCEP其他成员国化学工业及其相关工业的产品贸易现状，并利用前文介绍的贸易指数计算云南与RCEP其他成员国化学工业及其相关工业的产品的市场占有率、产品比较优势、产业内贸易等指数，以期通过对云南与RCEP其他成员国化学工业及其相关工业的产品贸易竞争性与互补性进行深入分析，结合相关产品的贸易技术性壁垒，提出进一步优化云南与RCEP其他成员国在该领域产品贸易上的国际分工和贸易关系的建议。

根据HS2分类，化学工业及其相关工业的产品具体包含以下11类商品：第28章无机化学品，贵金属、稀土金属、放射性元素及其同位素的有机及无机化合物；第29章有机化学品；第30章药品；第31章肥料；第32章鞣料浸膏及染料浸膏，鞣酸及其衍生物，染料、颜料及其他着色料，油漆及清漆，油灰及其他类似胶粘剂，墨水、油墨；第33章精油及香膏，芳香料制品及化妆盥洗品；第34章肥皂、有机表面活性剂、洗涤剂、润滑剂、人造蜡、调制蜡、光洁剂、蜡烛及类似品、塑型用膏、"牙科用蜡"及牙科用熟石膏制剂；第35章蛋白类物质，改性淀粉，胶，酶；第36章炸药，烟火制品，引火合金，易燃材料制品；第37章照相及电影用品；第38章杂项化学产品。

一、云南与 RCEP 其他成员国化学工业及其相关工业的产品贸易现状

（一）云南化学工业及其相关工业的产品贸易概况

从整体来看，在出口方面，2018年云南化学工业及其相关工业的产品的出口额为25.25亿美元，而2022年出口额达到了48.90亿美元，实现了大幅增长，年均增长率为17.97%。在进口方面，2018年云南化学工业及其相关工业的产品的进口额为1.09亿美元，2022年进口额则为8.13亿美元，同样实现了明显增长，年均增长率为65.09%。

1.贸易产品概况

云南化学工业及其相关工业的产品的主要出口种类有肥料、无机化学品等、杂项化学产品，2018年和2022年，该3类产品出口额排名均为前三，如表3.24所示。具体来看，2018年和2022年，云南出口额最大的为肥料，金额分别为17.81亿美元、23.68亿美元，金额虽上涨约6亿美元，但占比却由2018年的70.55%下滑至2022年的48.24%，说明云南在该领域产品的出口集中度有所降低，其他产品的出口份额逐步提高；2018年出口额第二的是无机化学品等，金额为2.62亿美元，占比10.39%，到2022年该产品出口额增长至4.19亿美元，但占比有小幅下滑，为8.56%；杂项化学产品的出口额和占比均实现了大幅增长，金额由2018年的1.43亿美元增长至2022年的15.34亿美元，占比由2018

年的5.65%增长至2022年的31.37%，超过无机化学品等成为第二大出口产品；此外，有机化学品的出口额也实现了大幅增长，金额由2018年的0.99亿美元增长至2022年的2.26亿美元。其余产品中，鞣料浸膏及染料浸膏等在2022年的出口额也突破1亿美元，达到1.44亿美元；而精油及香膏等在2022年的出口额则跌破1亿美元，由2018年的1.09亿美元下滑至2022年的0.80亿美元，占比减少约3%。

表3.24 2018、2022年云南各类化学工业及其相关工业的产品出口情况

单位：亿美元

排名	2018年			2022年		
	产品类别	出口额	占比	产品类别	出口额	占比
1	第31章 肥料	17.81	70.55%	第31章 肥料	23.68	48.42%
2	第28章 无机化学品；贵金属、稀土金属、放射性元素及其同位素的有机及无机化合物	2.62	10.39%	第38章 杂项化学产品	15.34	31.37%
3	第38章 杂项化学产品	1.43	5.65%	第28章 无机化学品；贵金属、稀土金属、放射性元素及其同位素的有机及无机化合物	4.19	8.56%
4	第33章 精油及香膏；芳香料制品及化妆盥洗品	1.09	4.31%	第29章 有机化学品	2.26	4.63%
5	第29章 有机化学品	0.99	3.92%	第32章 鞣料浸膏及染料浸膏；鞣酸及其衍生物；染料、颜料及其他着色剂；油漆及清漆；油灰及其他类似胶粘剂；墨水、油墨	1.44	2.95%
6	第32章 鞣料浸膏及染料浸膏；鞣酸及其衍生物；染料、颜料及其他着色剂；油漆及清漆；油灰及其他类似胶粘剂；墨水、油墨	0.55	2.17%	第33章 精油及香膏；芳香料制品及化妆盥洗品	0.80	1.64%
7	第30章 药品	0.43	1.71%	第30章 药品	0.77	1.58%

（续表）

排名	2018年			2022年		
	产品类别	出口额	占比	产品类别	出口额	占比
8	第34章 肥皂、有机表面活性剂、洗涤剂、润滑剂、人造蜡、调制蜡、光洁剂、蜡烛及类似品、塑型用膏、"牙科用蜡"及牙科用熟石膏制剂	0.16	0.64%	第34章 肥皂、有机表面活性剂、洗涤剂、润滑剂、人造蜡、调制蜡、光洁剂、蜡烛及类似品、塑型用膏、"牙科用蜡"及牙科用熟石膏制剂	0.21	0.44%
9	第35章 蛋白类物质；改性淀粉；胶；酶	0.07	0.30%	第35章 蛋白类物质；改性淀粉；胶；酶	0.14	0.29%
10	第36章 炸药；烟火制品；引火合金；易燃材料制品	0.07	0.28%	第36章 炸药；烟火制品；引火合金；易燃材料制品	0.06	0.12%
11	第37章 照相及电影用品	0.02	0.09%	第37章 照相及电影用品	0.00	0.01%

与出口结构相似，无机化学品等、杂项化学产品同样是云南的主要进口的化学工业及其相关工业的产品种类，2018年和2022年，该2类产品均为前两大进口产品，如表3.25所示。具体来看，2018年和2022年，云南进口额最多的化学工业及其相关工业的产品是无机化学品等，金额由0.35亿美元大幅增长至6.98亿美元，增幅为所有产品中最高，占比也由2018年的32.00%大幅上升至85.84%，说明进口趋势与出口相反，进口结构进一步向单一性产品集中；进口额排名第二的是杂项化学产品，但与出口的情况相反，进口额相对较小，2018年为0.34亿美元，2022年为0.70亿美元，增长并不明显，但占比却由2018年的31.45%下滑至2022年的8.62%；2018年进口额排名第三的是有机化学品，金额为0.24亿美元，占比22.10%，但到2022年该产品进口额减少至0.11亿美元，占比大幅下降至1.37%，排名仅为第五，而排名第三和第四的分别为精油及香膏等、药品，但二者的进口额及占比均不大。其余产品在2018年、2022年的进口额均较小，金额不足0.1亿美元，占比不足1%。

表3.25 2018年、2022年云南各类化学工业及其相关工业的产品进口情况

单位：亿美元

排名	2018年			2022年		
	产品类别	进口额	占比	产品类别	进口额	占比
1	第28章 无机化学品；贵金属、稀土金属、放射性元素及其同位素的有机及无机化合物	0.35	32.00%	第28章 无机化学品；贵金属、稀土金属、放射性元素及其同位素的有机及无机化合物	6.98	85.84%
2	第38章 杂项化学产品	0.34	31.45%	第38章 杂项化学产品	0.70	8.62%
3	第29章 有机化学品	0.24	22.10%	第33章 精油及香膏；芳香料制品及化妆盥洗品	0.15	1.87%
4	第30章 药品	0.13	11.70%	第30章 药品	0.12	1.43%
5	第33章 精油及香膏；芳香料制品及化妆盥洗品	0.02	1.53%	第29章 有机化学品	0.11	1.37%
6	第32章 鞣料浸膏及染料浸膏；鞣酸及其衍生物；染料、颜料及其他着色料；油漆及清漆；油灰及其他类似胶粘剂；墨水、油墨	0.01	0.58%	第32章 鞣料浸膏及染料浸膏；鞣酸及其衍生物；染料、颜料及其他着色料；油漆及清漆；油灰及其他类似胶粘剂；墨水、油墨	0.04	0.50%
7	第34章 肥皂、有机表面活性剂、洗涤剂、润滑剂、人造蜡、调制蜡、光洁剂、蜡烛及类似品、塑型用膏、"牙科用蜡"及牙科用熟石膏制剂	0.005	0.45%	第34章 肥皂、有机表面活性剂、洗涤剂、润滑剂、人造蜡、调制蜡、光洁剂、蜡烛及类似品、塑型用膏、"牙科用蜡"及牙科用熟石膏制剂	0.02	0.19%
8	第31章 肥料	0.001	0.09%	第37章 照相及电影用品	0.01	0.17%
9	第37章 照相及电影用品	0.001	0.08%	第35章 蛋白类物质；改性淀粉；胶；酶	0.001	0.01%
10	第35章 蛋白类物质；改性淀粉；胶；酶	0.000 3	0.02%	—	—	—

2.贸易市场概况

云南化学工业及其相关工业的产品主要出口市场集中在RCEP其他成员国、南亚、南美国家，前十大出口市场排名变化较为明显，如表3.26所示。具体来看，2018年第一大出口市场为印度，出口额达6.03亿美元，远高于其他市场，占比23.90%，但到2022年对印度的出口额下滑至4.32亿美元，占比下

降至8.83%，排名全球第四；2018年排名第二至第四的分别是越南、缅甸、印度尼西亚，出口额均在2亿～3亿美元，占比也均在10%左右，到2022年对越南出口额则一跃增长为第一，金额达7.30亿美元，占比上升到14.92%；2022年，云南对缅甸出口额虽上涨至3.40亿美元，但占比下滑至6.95%，整体排名第六，对印度尼西亚出口额则出现减少，占比降至3%以下，排名第十；值得注意的是马来西亚市场，2018年并非云南化学工业及其相关工业的产品出口的前十大市场，2022年一跃成为第二大市场，出口额和占比分别为7.24亿美元、14.81%，与排名第一的越南相差不大。在其余市场中，排名前十的还有巴西、孟加拉国、阿根廷、泰国、澳大利亚等，出口额均实现了一定程度的增长。

在出口前十市场中，RCEP成员国数量由2018年的5个增长为2022年的6个，占比超过50%。分别是越南、马来西亚、缅甸、泰国、澳大利亚和印度尼西亚，占前十市场的比重由2018年的37.29%增长至2022年的49.46%。

表3.26 2018年、2022年云南化学工业及其相关工业的产品出口前十市场

单位：亿美元

排名	2018年			2022年		
	产品类别	出口额	占比	产品类别	出口额	占比
1	印度	6.03	23.90%	越南	7.30	14.92%
2	越南	2.70	10.70%	马来西亚	7.24	14.81%
3	缅甸	2.45	9.70%	巴西	5.58	11.40%
4	印度尼西亚	2.05	8.13%	印度	4.32	8.83%
5	孟加拉国	1.28	5.07%	孟加拉国	3.43	7.01%
6	澳大利亚	1.25	4.97%	缅甸	3.40	6.95%
7	巴西	1.25	4.95%	阿根廷	2.69	5.50%
8	阿根廷	1.03	4.08%	泰国	2.44	4.98%
9	泰国	0.96	3.79%	澳大利亚	2.35	4.81%
10	巴基斯坦	0.52	2.08%	印度尼西亚	1.46	2.98%

云南化学工业及其相关工业的产品的主要进口来源地集中在RCEP其他成员国，如表3.27所示。具体来看，2018年和2022年的第一大进口市场均为缅甸，进口额由0.38亿美元增长至5.98亿美元，占比也从34.87%大幅增长至

73.47%，进口来源地进一步集中；2018年第二和第三大进口来源地分别是越南和新西兰，2022年由德国和泰国代替，但进口额均不足1亿美元；其余进口市场主要还有RCEP成员国中的日本、马来西亚、印度尼西亚等，但进口额均较小。

在进口前十市场中，RCEP成员国数量由2018年的4个增长为2022年的6个，占比超80%，分别为缅甸、越南、马来西亚、日本、泰国和印度尼西亚。占前十市场的比重由2018年的62.89%增长至2022年的84.01%。

表3.27 2018年、2022年云南化学工业及其相关工业的产品进口前十市场

单位：亿美元

排名	2018年			2022年		
	国家/地区	进口额	占比	国家/地区	进口额	占比
1	缅甸	0.38	34.87%	缅甸	5.98	73.47%
2	越南	0.19	16.97%	德国	0.92	11.37%
3	新西兰	0.08	7.44%	泰国	0.34	4.23%
4	特立尼达和多巴哥	0.08	7.10%	越南	0.31	3.81%
5	中国台湾	0.06	5.25%	日本	0.10	1.17%
6	比利时	0.06	5.18%	阿根廷	0.09	1.14%
7	澳大利亚	0.04	3.61%	马来西亚	0.07	0.88%
8	荷兰	0.03	2.72%	法国	0.04	0.45%
9	德国	0.03	2.36%	印度尼西亚	0.04	0.44%
10	芬兰	0.02	1.87%	荷兰	0.03	0.39%

（二）云南与RCEP其他成员国化学工业及其相关工业的产品贸易规模

整体来看，云南与RCEP其他成员国化学工业及其相关工业的产品贸易额呈逐年上升趋势，2021年起增幅明显，如表3.28所示。2018—2020年贸易额增幅较为平稳，由12.29亿美元增长至16.48亿美元；2021年实现大幅增长，贸易额达到26.52亿美元；2022年延续较好增势至34.21亿美元。2018—2022年进出口贸易的年均增速达29.16%。

从出口额看，云南对RCEP其他成员国化学工业及其相关工业的产品出口

整体实现大幅增长，2022年增幅最大。2018—2019年出口额由11.53亿美元
上升至12.88亿美元；2020年微降至12.81亿美元后实现大幅增长，2021年达
19.32亿美元；2022年实现明显增长，出口额达27.31亿美元。2018—2022年出
口贸易的年均增速为24.06%。

从进口额看，云南自RCEP其他成员国化学工业及其相关工业的产品进口
呈现先增后减趋势。2018—2021年实现逐年增长，由0.76亿美元增长至7.20亿
美元，2021年基本实现成倍增长，2022年又小幅下降至6.90亿美元，但整体仍
保持较高水平。2018—2022年进口贸易的年均增速达73.45%。

云南与RCEP其他成员国化学工业及其相关工业的产品贸易长期处于顺差。
2018—2021年顺差稳定在10亿美元左右并有小幅度的上下波动，2022年由于
出口大幅增长，顺差扩大至20.41亿美元。2018—2022年进出口的贸易差额年
均增速为17.33%。

表3.28　2018—2022年云南与RCEP其他成员国化学工业及其相关工业的产品进出口情况

单位：亿美元

年份	贸易额	出口额	进口额	贸易差额
2018	12.29	11.53	0.76	10.77
2019	14.45	12.88	1.57	11.31
2020	16.48	12.81	3.67	9.14
2021	26.52	19.32	7.20	12.12
2022	34.21	27.31	6.90	20.41
年均增速	29.16%	24.06%	73.45%	17.33%

数据来源：海关总署。

（三）云南与RCEP其他成员国化学工业及其相关工业的产品贸易产品结构

1.出口结构分析

从市场占比结构看，云南对RCEP其他成员国出口的化学工业及其相关工
业的部分产品占比变化明显，主要出口产品种类主要有肥料、杂项化学产品、
无机化学品等，如表3.29所示。2022年，肥料产品占云南对RCEP其他成员国

出口化学工业及其相关工业的产品的比重为29.27%，较2018年下降31.16个百分点；杂项化学产品占比为51.14%，较2018年大幅上升42.56个百分点；无机化学品等占比为8.87%，较2018年下降6.53个百分点。该3类产品合计占云南对RCEP其他成员国出口化学工业及其相关工业的产品的比重达到89.28%，较2018年上升4.87%。

表3.29 2018年、2022年云南对RCEP其他成员国各类化学工业及其相关工业的产品出口情况

单位：亿美元

产品类别	2018年	占比	2022年	占比
第31章 肥料	6.97	60.43%	7.99	29.27%
第38章 杂项化学产品	0.99	8.58%	13.96	51.14%
第28章 无机化学品；贵金属、稀土金属、放射性元素及其同位素的有机及无机化合物	1.78	15.40%	2.42	8.87%
第29章 有机化学品	0.34	2.97%	1.25	4.57%
第33章 精油及香膏；芳香料制品及化妆盥洗品	0.74	6.43%	0.51	1.85%
第32章 鞣料浸膏及染料浸膏；鞣酸及其衍生物；染料、颜料及其他着色料；油漆及清漆；油灰及其他类似胶粘剂；墨水、油墨	0.15	1.31%	0.47	1.70%
第30章 药品	0.28	2.46%	0.36	1.31%
第34章 肥皂、有机表面活性剂、洗涤剂、润滑剂、人造蜡、调制蜡、光洁剂、蜡烛及类似品、塑型用膏、"牙科用蜡"及牙科用熟石膏制剂	0.13	1.15%	0.16	0.60%
第35章 蛋白类物质；改性淀粉；胶；酶	0.06	0.49%	0.13	0.46%
第36章 炸药；烟火制品；引火合金；易燃材料制品	0.07	0.62%	0.06	0.21%
第37章 照相及电影用品	0.02	0.19%	0.002	0.01%

从主要产品出口额情况看，云南对RCEP其他成员国出口的第一大类化学工业及其相关工业的产品是肥料，如表3.30所示。具体分析出口趋势：2018—2022年，云南对RCEP其他成员国出口肥料稳定在7亿美元左右，并整体实现小幅增长，从2018年的6.97亿美元上升至2019年的7.94亿美元，2020年小幅回落至7.91亿美元，2021年增长至5年来最高8.41亿美元，2022年微降为7.99

亿美元，2018—2022 年肥料出口的年均增长率为 3.49%。

　　云南对 RCEP 其他成员国出口的第二大类化学工业及其相关工业的产品是杂项化学产品。具体分析出口趋势：2018—2020 年基本保持在 1 亿美元上下，2021 年明显增长，由 2020 年的 1.07 亿美元上升至 2021 年的 6.07 亿美元，2022 年延续增长态势至 13.96 亿美元，2018—2022 年杂项化学品出口的年均增长率为 93.85%，为前十产品中最高。

　　云南对 RCEP 其他成员国出口的第三大类化学工业及其相关工业的产品是无机化学品等。具体分析出口趋势：2018—2022 年呈现波动上升趋势，从 2018 年的 1.78 亿美元下降至 2020 年的 1.36 亿美元，2021 年增长至 2.37 亿美元，2022 年上升至 2.42 亿美元，2018—2022 年无机化学品等出口的年均增长率为 8.08%。

表 3.30　2018—2022 年云南对 RCEP 其他成员国各类化学工业及其相关工业的产品出口情况

单位：亿美元

产品类别	2018 年	2019 年	2020 年	2021 年	2022 年	年均增长
第 31 章　肥料	6.97	7.94	7.91	8.41	7.99	3.49%
第 38 章　杂项化学产品	0.99	1.09	1.07	6.07	13.96	93.85%
第 28 章　无机化学品；贵金属、稀土金属、放射性元素及其同位素的有机及无机化合物	1.78	1.63	1.36	2.37	2.42	8.08%
第 29 章　有机化学品	0.34	0.94	0.87	0.74	1.25	38.15%
第 33 章　精油及香膏；芳香料制品及化妆盥洗品	0.74	0.59	0.61	0.50	0.51	−9.07%
第 32 章　鞣料浸膏及染料浸膏；鞣酸及其衍生物；染料、颜料及其他着色料；油漆及清漆；油灰及其他类似胶粘剂；墨水、油墨	0.15	0.19	0.40	0.58	0.47	32.61%
第 30 章　药品	0.28	0.24	0.28	0.40	0.36	6.09%
第 34 章　肥皂、有机表面活性剂、洗涤剂、润滑剂、人造蜡、调制蜡、光洁剂、蜡烛及类似品、塑型用膏、"牙科用蜡"及牙科用熟石膏制剂	0.13	0.12	0.19	0.15	0.16	5.53%
第 35 章　蛋白类物质；改性淀粉；胶；酶	0.06	0.06	0.07	0.08	0.13	22.44%
第 36 章　炸药；烟火制品；引火合金；易燃材料制品	0.07	0.05	0.01	0.01	0.06	−5.44%
第 37 章　照相及电影用品	0.02	0.02	0.02	0.003	0.002	−43.64%

2.进口结构分析

从市场占比结构看，云南自 RCEP 其他成员国进口的化学工业及其相关工业的产品趋向于单一性产品，进口产品种类主要有无机化学品等、杂项化学产品、有机化学品，如表3.31所示。2022年，无机化学品等占云南自 RCEP 其他成员国进口化学工业及其相关工业的产品的比重为88.51%，较2018年的占比近乎翻倍，说明进口的产品进一步集中于该类产品；杂项化学产品占比为8.43%，较2018年（占比37.68%）出现明显下滑；有机化学品占比为1.10%，较2018年下降16.08个百分点。该3类产品合计占云南自 RCEP 其他成员国进口化学工业及其相关工业的产品的比重达到98.04%，较2018年小幅下降1.38%。

表3.31　2018年、2022年云南自 RCEP 其他成员国各类化学工业及其相关工业的产品进口情况

单位：亿美元

产品类别	2018年	占比	2022年	占比
第28章　无机化学品；贵金属、稀土金属、放射性元素及其同位素的有机及无机化合物	0.34	44.56%	6.11	88.51%
第38章　杂项化学产品	0.29	37.68%	0.58	8.43%
第29章　有机化学品	0.13	17.18%	0.08	1.10%
第33章　精油及香膏；芳香料制品及化妆盥洗品	0.001	0.07%	0.08	1.10%
第32章　鞣料浸膏及染料浸膏；鞣酸及其衍生物；染料、颜料及其他着色料；油漆及清漆；油灰及其他类似胶粘剂；墨水、油墨	0.000 07	0.01%	0.02	0.35%
第37章　照相及电影用品	0.000 5	0.06%	0.01	0.21%
第34章　肥皂、有机表面活性剂、洗涤剂、润滑剂、人造蜡、调制蜡、光洁剂、蜡烛及类似品、塑型用膏、"牙科用蜡"及牙科用熟石膏制剂	0.003	0.41%	0.01	0.18%
第30章　药品	0.000 001	0.00%	0.01	0.12%
第35章　蛋白类物质；改性淀粉；胶；酶	0.000 2	0.03%	0.000 1	0.00%
第31章　肥料	—	0.00%	—	0.00%

从主要产品进口额情况看，云南自 RCEP 其他成员国进口的第一大类化学工业及其相关工业的产品是无机化学品等，如表3.32所示。具体分析进口

趋势：2018—2021年实现逐年增长，由0.34亿美元上升至6.40亿美元，2022年小幅下滑至6.11亿美元，2018—2022年无机化学品进口的年均增长率为105.90%。

云南自RCEP其他成员国进口的第二大类化学工业及其相关工业的产品是杂项化学产品。具体分析进口趋势：2018—2022年由0.29亿美元增长至0.58亿美元，最高为2021年的0.59亿美元，整体较为平稳，2018—2022年杂项化学产品进口的年均增长率为19.31%。

表3.32　2018—2022年云南自RCEP其他成员国各类化学工业及其相关工业的产品进口情况

单位：亿美元

产品类别	2018年	2019年	2020年	2021年	2022年	年均增长
第28章　无机化学品；贵金属、稀土金属、放射性元素及其同位素的有机及无机化合物	0.34	1.22	3.35	6.40	6.11	105.90%
第38章　杂项化学产品	0.29	0.24	0.16	0.59	0.58	19.31%
第29章　有机化学品	0.13	0.07	0.07	0.13	0.08	−12.68%
第33章　精油及香膏；芳香料制品及化妆盥洗品	0.001	0.02	0.05	0.01	0.08	241.57%
第32章　鞣料浸膏及染料浸膏；鞣酸及其衍生物；染料、颜料及其他着色料；油漆及清漆；油灰及其他类似胶粘剂；墨水、油墨	0.000 07	0.01	0.02	0.04	0.02	324.77%
第37章　照相及电影用品	0.000 5	0.003	0.01	0.02	0.01	135.33%
第34章　肥皂、有机表面活性剂、洗涤剂、润滑剂、人造蜡、调制蜡、光洁剂、蜡烛及类似品、塑型用膏、"牙科用蜡"及牙科用熟石膏制剂	0.003	0.01	0.01	0.01	0.01	41.73%
第30章　药品	0.000 001	—	0.01	0.002	0.01	924.07%
第35章　蛋白类物质；改性淀粉；胶；酶	0.000 2	0.000 05	0.000 1	0.000 003	0.000 1	−17.92%
第31章　肥料	—	—	0.000 03	0.000 1	—	—

数据来源：海关总署。

（四）云南与RCEP其他成员国化学工业及其相关工业的产品贸易国别结构

1.出口结构分析

从市场占比结构看，云南出口的化学工业及其相关工业的产品市场集中在越南和马来西亚，主要出口市场有越南、缅甸、澳大利亚、马来西亚、泰国等，如表3.33所示。2022年，云南对越南市场出口化学工业及其相关工业的产品占云南对RCEP其他成员国出口的比重为26.72%，较2018年的占比上升3.28%；缅甸市场占比为12.45%，较2018年下滑8.78%；澳大利亚市场占比为8.62%，较2018年下降2.26%；马来西亚市场占比则实现大幅上升，由2018年的3.89%增长为2022年的26.52%；泰国市场的占比较为稳定，2018和2022年均在8%～9%。在前五大市场中，云南对RCEP其他成员国化学工业及其相关工业的产品出口合计占比为83.23%，较2018年增长15.48%。

表3.33　2018年、2022年云南对RCEP其他成员国化学工业及其相关工业的产品出口市场情况

单位：亿美元

国别	2018年	占比	2022年	占比
越南	2.70	23.44%	7.30	26.72%
缅甸	2.45	21.23%	3.40	12.45%
澳大利亚	1.25	10.88%	2.35	8.62%
马来西亚	0.45	3.89%	7.24	26.52%
泰国	0.96	8.31%	2.44	8.92%
印度尼西亚	2.05	17.79%	1.46	5.33%
韩国	0.51	4.44%	1.14	4.17%
日本	0.49	4.24%	0.83	3.04%
菲律宾	0.27	2.31%	0.49	1.80%
老挝	0.25	2.15%	0.26	0.96%
新加坡	0.10	0.89%	0.17	0.62%
新西兰	0.05	0.40%	0.19	0.71%
柬埔寨	0.004	0.03%	0.04	0.13%
文莱	—	0.00%	0.001	0.00%

从出口市场情况看，RCEP 其他成员国中云南化学工业及其相关工业的产品最大的出口市场是越南，如表3.34所示。具体分析出口趋势：出口额整体呈现先减后增的趋势，2018—2019年由2.70亿美元下降至2.10亿美元，此后实现逐年增长，2020年微增至2.16亿美元，2021年和2022年分别达5.79亿美元、7.30亿美元，2018—2022年，云南对越南出口化学工业及其相关工业的产品的年均增长率为28.19%。

RCEP 其他成员国中云南化学工业及其相关工业的产品第二大出口市场是缅甸。具体分析出口趋势：2018—2020年出口额由2.45亿美元增长至3.55亿美元，2021年下滑至2.52亿美元，2022年又回升至3.40亿美元，2018—2022年，云南对缅甸出口化学工业及其相关工业的产品的年均增长率为8.56%。

RCEP 其他成员国中云南化学工业及其相关工业的产品第三大出口市场是澳大利亚。具体分析出口趋势：2018—2021年出口额实现逐年上升，由1.25亿美元增长至2.60亿美元，2022年小幅下降至2.35亿美元，2018—2022年，云南对澳大利亚出口化学工业及其相关工业的产品的年均增长率为17.04%。

表3.34　2018—2022年云南对RCEP其他成员国化学工业及其相关工业的产品出口情况

单位：亿美元

国别	2018年	2019年	2020年	2021年	2022年	年均增长
越南	2.70	2.10	2.16	5.79	7.30	28.19%
缅甸	2.45	3.50	3.55	2.52	3.40	8.56%
澳大利亚	1.25	2.18	2.39	2.60	2.35	17.04%
马来西亚	0.45	0.33	0.37	2.08	7.24	100.44%
泰国	0.96	1.45	1.59	2.29	2.44	26.30%
印度尼西亚	2.05	1.67	1.25	1.80	1.46	−8.22%
韩国	0.51	0.39	0.35	1.02	1.14	22.16%
日本	0.49	0.63	0.37	0.60	0.83	14.15%
菲律宾	0.27	0.23	0.41	0.28	0.49	16.47%
老挝	0.25	0.23	0.14	0.12	0.26	1.46%
新加坡	0.10	0.09	0.13	0.10	0.17	13.48%
新西兰	0.05	0.06	0.06	0.04	0.19	42.81%
柬埔寨	0.004	0.03	0.05	0.06	0.04	77.95%
文莱	—	0.000	0.001	0.001	0.001	60.86%

2.进口结构分析

从市场占比结构看，云南进口的化学工业及其相关工业的产品来源地中缅甸占比最大，主要进口市场有缅甸、越南、泰国、日本、韩国等，如表3.35所示。2022年，云南自缅甸市场进口化学工业及其相关工业的产品占云南自RCEP其他成员国进口的比重为86.58%，较2018年的占比增长30%以上，说明进口市场进一步向缅甸集中；越南市场占比为4.49%，较2018年下滑近20个百分点；泰国市场占比为4.99%，较2018年增长4.61%；日韩市场则相对稳定，市场占比不大。前五大市场合计占云南自RCEP其他成员国进口化学工业及其相关工业的产品的97.76%，较2018年增长21.95%。

表3.35　2018年、2022年云南自RCEP其他成员国化学工业及其相关工业的产品进口市场情况

单位：亿美元

国别	2018年	占比	2022年	占比
缅甸	0.38	50.06%	5.98	86.58%
越南	0.19	24.36%	0.31	4.49%
泰国	0.003	0.38%	0.34	4.99%
日本	0.01	0.88%	0.10	1.38%
韩国	0.00	0.13%	0.02	0.32%
马来西亚	0.02	2.02%	0.07	1.04%
印度尼西亚	0.01	0.86%	0.04	0.52%
新西兰	0.08	10.69%	0.000 17	0.00%
新加坡	0.01	1.28%	0.02	0.29%
老挝	0.01	1.49%	0.03	0.37%
澳大利亚	0.04	5.19%	0.001	0.02%
文莱	0.02	2.66%	—	0.00%
菲律宾	—	0.00%	0.000 4	0.01%

如表3.36所示，从进口市场情况看，RCEP其他成员国中云南化学工业及其相关工业的产品第一大进口来源地是缅甸。具体分析进口趋势：2018—2021年进口额实现逐年增长，由0.38亿美元大幅增长至6.21亿美元，2022年小幅下滑至5.98亿美元，保持较高水平，2018—2022年自缅甸进口化学工业及其相

关工业的产品的年均增长率为98.90%。

RCEP其他成员国中云南化学工业及其相关工业的产品第二大进口来源地是越南。具体分析进口趋势：进口额整体呈现增长趋势，2018—2019年由0.19亿美元微降至0.12亿美元，2020年回升至0.24亿美元，2021—2022年稳定在0.31亿美元，2018—2022年，云南自越南进口化学工业及其相关工业的产品的年均增长率为13.66%。

表3.36 2018—2022年云南自RCEP其他成员国化学工业及其相关工业的产品进口情况

单位：亿美元

国别	2018年	2019年	2020年	2021年	2022年	年均增长
缅甸	0.38	1.25	3.20	6.21	5.98	98.90%
越南	0.19	0.12	0.24	0.31	0.31	13.66%
泰国	0.003	0.01	0.08	0.33	0.34	229.66%
日本	0.01	0.04	0.10	0.08	0.10	94.01%
韩国	0.00	0.001	0.01	0.18	0.02	115.83%
马来西亚	0.02	0.03	0.03	0.06	0.07	46.82%
印度尼西亚	0.01	0.08	0.01	0.02	0.04	52.86%
新西兰	0.08	0.000 03	0.000 1	0.000 002	0.000 17	−78.63%
新加坡	0.01	0.01	0.02	0.02	0.02	19.53%
老挝	0.01	0.02	0.00	0.00	0.03	22.51%
澳大利亚	0.04	0.000 01	0.000 04	0.000 02	0.001	−56.69%
文莱	0.02	—	—	—	—	—
菲律宾	—	—	—	—	0.000 4	—

数据来源：海关总署。

二、云南与RCEP其他成员国化学工业及其相关工业的产品贸易特征分析

（一）云南与RCEP其他成员国化学工业及其相关工业的产品市场占有率分析

1.云南与RCEP其他成员国化学工业及其相关工业的产品市场占有率概述

云南与RCEP其他成员国化学工业及其相关工业的产品市场占有率在近5年的波动较为显著，且进口市场占有率远高于出口市场占有率，均在60%以上，而出口市场占有率则不足1%。

从表3.37中具体来看，云南对RCEP其他成员国的出口市场占有率整体较为平稳且实现小幅增长，由2018年的0.47%增长至2022年的0.80%。云南自RCEP其他成员国的进口市场占有率呈现波动上升趋势，由2018年的69.64%增长至2019年的78.50%，2020年下滑至65.31%，2021年回升至85.93%，为近5年来最高点，2022年微降至84.86%。

表3.37　2018—2022年云南与RCEP其他成员国化学工业及其相关工业的产品贸易整体的进出口市场占有率

市场占有率	2018年	2019年	2020年	2021年	2022年
出口	0.47%	0.55%	0.55%	0.64%	0.80%
进口	69.64%	78.50%	65.31%	85.93%	84.86%

2.云南对RCEP其他成员国化学工业及其相关工业的产品出口市场占有率分析

从表3.38中的国别均值来看，云南出口到RCEP其他成员国化学工业及其相关工业的产品市场占有率排名前三的是缅甸、老挝和越南，其市场占有率均值分别为17.90%、4.17%、1.89%，其中，云南对越南虽然出口额高于缅甸，但市场占有率却低于缅甸，说明缅甸对云南化学工业及其相关工业的产品的市场依赖要高于越南；同样，云南对老挝出口化学工业及其相关工业的产品金额

较小,但市场占有率较高。马来西亚、澳大利亚、印度尼西亚、泰国的出口市场占有率在0.5%~1%,显示这4国虽然不是云南的毗邻地区,但仍有一定的渗透率。其余RCEP成员国中,云南出口化学工业及其相关工业的产品的市场占有率均小于0.5%,说明云南的化学工业及其相关工业的产品在RCEP区域仍有较大的市场开拓空间,尤其是RCEP区域进口需求较多的韩国、日本、新加坡等市场仍有待进一步挖掘。

从各国市场占有率趋势来看,云南出口到缅甸的市场占有率总体保持较高水平,2018—2020年逐年增长,2020年最高达20.82%,此后2年出现上下波动,2022年为17.43%,略高于2018年水平,说明缅甸对云南化学工业及其相关工业的产品的市场依赖度总体保持稳定,云南的产品竞争力较高;老挝市场2018—2021年出现逐年下滑,2021年降至2.75%,结合对老挝出口额较小的贸易现状,老挝市场还有较大的拓展潜力;越南市场的占有率处于1%~3%,呈现较为稳定的增长态势,由1.63%增长至2.85%,结合越南在2018—2022年的产品进口额的增长,云南产品在越南市场的竞争力还有较大的提升空间;马来西亚的市场占有率由0.27%增长至3.15%,显示云南产品在其市场的份额有所提升。其余市场中,除印度尼西亚外,出口的市场占有率均有一定的上涨,但占比仍较小,云南产品在其余市场的拓展还需加速。

表3.38 2018—2022年云南对RCEP其他成员国化学工业及其相关工业的产品出口市场占有率

国别	2018年	2019年	2020年	2021年	2022年	国别均值
缅甸	15.17%	20.09%	20.82%	15.97%	17.43%	17.90%
老挝	7.74%	6.24%	4.09%	2.75%	—	4.17%
越南	1.63%	1.23%	1.25%	2.49%	2.85%	1.89%
马来西亚	0.27%	0.21%	0.26%	1.06%	3.15%	0.99%
澳大利亚	0.64%	1.13%	1.16%	1.02%	0.69%	0.93%
印度尼西亚	1.09%	0.99%	0.80%	0.74%	0.60%	0.85%
泰国	0.47%	0.81%	0.87%	0.90%	0.90%	0.79%
菲律宾	0.35%	0.27%	0.52%	0.25%	0.43%	0.36%
柬埔寨	0.04%	0.27%	0.43%	0.30%	0.18%	0.24%
新西兰	0.12%	0.16%	0.17%	0.08%	0.33%	0.17%
韩国	0.11%	0.09%	0.08%	0.18%	0.17%	0.13%

（续表）

国别	2018年	2019年	2020年	2021年	2022年	国别均值
日本	0.07%	0.10%	0.06%	0.08%	0.09%	0.08%
新加坡	0.04%	0.04%	0.06%	0.04%	0.05%	0.05%
文莱	0.00%	0.01%	0.01%	0.03%	0.02%	0.01%

3.云南自RCEP其他成员国化学工业及其相关工业的产品进口市场占有率分析

从表3.39中的国别均值来看，云南自RCEP其他成员国化学工业及其相关工业的产品进口市场占有率排名前三的是缅甸、越南和泰国，3国市场占有率均值分别为60.32%、6.99%、2.07%，其中，自缅甸进口额同样最高，说明云南化学工业及其相关工业的产品的进口来源地集中在缅甸，市场依赖度较高；越南的进口市场占有率虽远低于缅甸但还有一定份额；泰国、新西兰、日本、马来西亚、印度尼西亚的进口市场占有率均值都在1%~3%，整体较为均衡。RCEP其余国家的进口市场占有率均值均不足1%，其化学工业及其相关工业的产品在云南市场的竞争力有限。

从各国进口市场占有率趋势来看，云南自缅甸进口化学工业及其相关工业的产品的市场占有率处于较高水平且整体属于向上趋势，最高是2021年的74.06%，与2018年相比翻了一倍多，说明云南对缅甸产品的市场依赖不断提高，缅甸产品的竞争力加强；云南自越南进口市场占有率则整体出现下滑，由2018年的16.97%下降为2021年的3.75%，2022年小幅回升至3.81%，显示越南产品在云南市场的进口份额下滑明显；在RCEP其余国家中，云南自泰国、日本、韩国进口的市场占有率总体实现上升，云南自新西兰、马来西亚、印度尼西亚、澳大利亚、老挝、新加坡、文莱进口的市场占有率总体出现下滑，可进一步提升进口来源的多样性。

表3.39 2018—2022年云南自RCEP其他成员国化学工业及其相关工业的产品进口市场占有率

国别	2018年	2019年	2020年	2021年	2022年	国别均值
缅甸	34.87%	62.37%	56.84%	74.06%	73.47%	60.32%

（续表）

国别	2018年	2019年	2020年	2021年	2022年	国别均值
越南	16.97%	6.16%	4.27%	3.75%	3.81%	6.99%
泰国	0.27%	0.59%	1.38%	3.90%	4.23%	2.07%
新西兰	7.44%	0.00%	0.00%	0.00%	0.00%	1.49%
日本	0.61%	2.17%	1.73%	0.95%	1.17%	1.33%
马来西亚	1.40%	1.74%	0.47%	0.73%	0.88%	1.04%
印度尼西亚	0.60%	3.76%	0.16%	0.18%	0.44%	1.03%
澳大利亚	3.61%	0.00%	0.00%	0.00%	0.02%	0.73%
韩国	0.09%	0.06%	0.18%	2.12%	0.27%	0.54%
老挝	1.04%	1.06%	0.00%	0.01%	0.32%	0.48%
新加坡	0.89%	0.59%	0.27%	0.24%	0.24%	0.45%
文莱	1.85%	0.00%	0.00%	0.00%	0.00%	0.37%
菲律宾	0.00%	0.00%	0.00%	0.00%	0.00%	0.00%

4. 小结

整体来看，在出口方面，云南出口的化学工业及其相关工业的产品在 RCEP 的市场占有率虽实现上升但还未超过 1%，说明云南的化学工业及其相关工业的产品在 RCEP 市场的占有率并不大，还有较大的发展空间。在进口方面，云南平均 60% 以上的化学工业及其相关工业的产品来自 RCEP 其他成员国，特别是 2021 年起达 80% 以上，说明 RCEP 其他成员国是云南化学工业及其相关工业的产品的重要进口来源地，云南对它们的市场依赖度整体较大，市场地位进一步提升。

具体来看，云南进出口的化学工业及其相关工业的产品市场份额均趋向于集中在单一国家，其中，进口的集中度远高于出口。无论是出口还是进口，缅甸均是市场占有率最高的国家，说明云南与缅甸在该类产品的贸易关系紧密，各自的产品在对方的市场上占有一定份额，竞争力较好。云南出口至越南的贸易额虽排名第一，但在出口市场占有率方面出现下滑，说明云南的产品在越南的市场上面临较大的竞争压力，而在其他国家的份额较小。

（二）化学工业及其相关工业的产品贸易竞争性分析

1.云南对RCEP其他成员国化学工业及其相关工业的产品出口显示性比较优势分析

如表3.40所示，从2018—2022年RCA均值来看，云南对RCEP其他成员国化学工业及其相关工业的产品出口具有出口显示性比较优势的产品有4类，分别是肥料、杂项化学产品、炸药等、无机化学品等。其中，肥料的RCA均值达到19.89，远高于其他产品，最高值为2018年的25.58，显示云南在该类产品的出口显示性比较优势极大，但需注意其总体趋势向下；杂项化学产品的出口显示性比较优势均值达到3.02，且总体趋势向上，2022年达到9.00，说明该类产品的出口显示性比较优势不断加大；炸药等、无机化学品等的RCA均值也出现向下趋势。云南对RCEP其他成员国化学工业及其相关工业的产品出口整体比较优势较小的是照相及电影用品、药品，2018—2022年其出口显示性比较优势均值均未超过0.3；蛋白类物质等、有机化学品、鞣料浸膏及染料浸膏等的出口显示性比较优势实现上升，其中鞣料浸膏及染料浸膏等的出口显示性比较优势自2021年起突破1；无机化学品等、精油及香膏等、肥皂等的出口显示性比较优势整体趋势向下。

表3.40　2018—2022年云南对RCEP其他成员国各类化学工业及其相关工业的产品的出口
显示性比较优势（RCA）

产品类别	2018年	2019年	2020年	2021年	2022年	均值
第31章 肥料	25.58	25.12	18.80	16.15	13.80	19.89
第38章 杂项化学产品	1.05	0.97	0.65	3.45	9.00	3.02
第36章 炸药；烟火制品；引火合金；易燃材料制品	4.75	2.53	0.56	0.61	3.11	2.31
第28章 无机化学品等；贵金属、稀土金属、放射性元素及其同位素的有机及无机化合物	2.38	1.98	1.30	1.95	1.71	1.86
第33章 精油及香膏；芳香料制品及化妆盥洗品	1.55	0.94	0.77	0.71	0.90	0.97
第32章 鞣料浸膏及染料浸膏；鞣酸及其衍生物；染料、颜料及其他着色料；油漆及清漆；油灰及其他类似胶粘剂；墨水、油墨	0.46	0.49	0.77	1.14	1.15	0.80

（续表）

产品类别	2018年	2019年	2020年	2021年	2022年	均值
第34章 肥皂、有机表面活性剂、洗涤剂、润滑剂、人造蜡、调制蜡、光洁剂、蜡烛及类似品、塑型用膏、"牙科用蜡"及牙科用熟石膏制剂	0.71	0.53	0.56	0.48	0.64	0.58
第35章 蛋白类物质；改性淀粉；胶；酶	0.45	0.33	0.30	0.31	0.61	0.40
第29章 有机化学品	0.21	0.51	0.35	0.29	0.60	0.39
第37章 照相及电影用品	0.37	0.35	0.21	0.03	0.03	0.20
第30章 药品	0.20	0.13	0.10	0.13	0.15	0.14

云南对 RCEP 其他成员国整体的出口显示性比较优势较大的是肥料、杂项化学产品2类具体产品。下面将分析云南在该2类产品上对 RCEP 其他成员国的出口显示性比较优势。

第一类：云南对 RCEP 其他成员国肥料的出口显示性比较优势分析（见表3.41）。从 RCA 均值来看，云南对新加坡的出口显示性比较优势最大，虽然2021—2022年未有出口，但 RCA 均值达到228.32，依托2018年的最大值793.87，但2018—2020年总体趋势向下，说明云南产品在新加坡市场的出口显示性比较优势较大但出口存在不稳定；云南对澳大利亚和日本的出口显示性比较优势也较大，RCA 均值分别达到了65.71、31.62，但总体趋势均向下，尤其是澳大利亚的向下趋势较为明显，日本相对平稳；在其余 RCEP 市场中，云南对新西兰、印度尼西亚、泰国、越南、马来西亚的出口显示性比较优势均值均在10以上，但整体趋势均下降，说明云南产品的比较优势有所下滑。

表3.41 2018—2022年云南对 RCEP 其他成员国肥料的出口显示性比较优势

国别	2018年	2019年	2020年	2021年	2022年	均值
新加坡	793.87	302.86	44.85	0.00	0.00	228.32
澳大利亚	88.49	98.15	58.93	49.18	33.81	65.71
日本	30.71	64.64	20.80	13.57	28.37	31.62
新西兰	30.09	33.75	13.34	3.21	19.39	19.96
印度尼西亚	32.47	23.55	15.62	15.11	6.20	18.59
泰国	13.50	16.35	15.12	16.90	13.41	15.06
越南	19.39	14.18	11.12	11.66	13.57	13.98

（续表）

国别	2018年	2019年	2020年	2021年	2022年	均值
马来西亚	28.19	17.32	8.94	2.51	2.02	11.80
菲律宾	8.62	6.82	7.78	1.06	2.33	5.32
韩国	6.35	7.23	7.90	2.46	1.87	5.16
文莱	0.00	0.00	21.84	0.00	0.00	4.37
缅甸	2.18	2.40	2.24	1.72	1.94	2.10
柬埔寨	0.06	3.78	3.39	0.88	0.04	1.63
老挝	3.11	1.65	0.86	1.18	—	1.36

第二类：云南对 RCEP 其他成员国杂项化学产品的出口显示性比较优势分析（见表3.42）。从 RCA 均值来看，云南对菲律宾的出口显示性比较优势最大，RCA 均值达到8.11，整体呈现先减后增的趋势，2022年 RCA 均值为7.48，仍低于2018年水平；云南对马来西亚、韩国的出口显示性比较优势均值均超过了5且总体均为上升趋势，其中，对马来西亚的出口显示性比较优势上升明显，RCA 均值由2018年的0.57上升至2022年的20.41，显示对马来西亚市场的出口水平不断提升；此外，云南对日本、越南、澳大利亚、印度尼西亚、泰国等市场的出口显示性比较优势均值也达到了1以上，对日本、澳大利亚的出口显示性比较优势总体趋势向下，对韩国、印度尼西亚、缅甸的出口显示性比较优势总体较为平稳，对越南、泰国的出口显示性比较优势总体呈现上升的趋势。

表3.42　2018—2022年云南对 RCEP 其他成员国杂项化学产品的出口显示性比较优势

国别	2018年	2019年	2020年	2021年	2022年	均值
菲律宾	17.66	6.94	4.48	4.01	7.48	8.11
马来西亚	0.57	0.60	0.36	7.47	20.41	5.88
韩国	7.54	5.59	2.18	2.44	7.60	5.07
日本	8.60	6.31	1.78	1.59	2.04	4.06
越南	0.25	0.27	0.28	5.67	13.80	4.05
澳大利亚	4.03	3.25	1.15	1.68	1.09	2.24
印度尼西亚	2.04	2.08	1.42	1.70	2.26	1.90
泰国	0.81	0.88	0.67	1.53	1.51	1.08
老挝	0.84	0.82	2.28	0.59	—	0.91

（续表）

国别	2018年	2019年	2020年	2021年	2022年	均值
缅甸	0.90	0.76	0.44	0.53	1.14	0.75
柬埔寨	0.06	0.75	0.14	1.88	0.48	0.66
新西兰	0.10	0.40	0.07	0.76	0.45	0.35
新加坡	0.09	0.10	0.21	0.00	0.17	0.12
文莱	0.00	0.00	0.00	0.00	0.00	0.00

2.云南自RCEP其他成员国化学工业及其相关工业产品的进口显示性比较优势分析

从2018—2022年RCA均值来看，云南自RCEP其他成员国化学工业及其相关工业的产品进口具有比较优势的产品有6类，分别为无机化学品等、照相及电影用品、肥皂等、有机化学品、杂项化学产品、鞣料浸膏及染料浸膏等，如表3.43所示。其中，无机化学品等的进口显示性比较优势均值达到2.27，整体趋势较为平稳；照相及电影用品的进口额虽不大，但其进口显示性比较优势均值达到1.99，且总体趋势向上，说明该类产品在云南市场的优势不断加大；肥皂等的进口显示性比较优势均值也出现向上趋势。

肥料、蛋白类物质等、精油及香膏等、药品是云南自RCEP其他成员国化学工业及其相关工业的产品整体进口显示性比较优势较小的产品，2018—2022年的进口显示性比较优势均值均在1以下。其中，蛋白类物质等的进口显示性比较优势下降明显，2018年的RCA均值为2.17，此后，其RCA均值均低于1，精油及香膏在2022年的进口显示性比较优势均值超过了1，但总体进口显示性比较优势并不明显。

表3.43　2018—2022年云南自RCEP其他成员国各类化学工业及其相关工业的产品的进口显示性比较优势

产品类别	2018年	2019年	2020年	2021年	2022年	均值
第28章　无机化学品；贵金属、稀土金属、放射性元素及其同位素的有机及无机化合物	2.33	2.19	2.22	2.23	2.36	2.27
第37章　照相及电影用品	1.28	1.71	2.02	2.25	2.70	1.99

（续表）

产品类别	2018年	2019年	2020年	2021年	2022年	均值
第34章 肥皂、有机表面活性剂、洗涤剂、润滑剂、人造蜡、调制蜡、光洁剂、蜡烛及类似品、塑型用膏、"牙科用蜡"及牙科用熟石膏制剂	1.52	1.52	1.59	2.37	2.21	1.84
第29章 有机化学品	1.30	1.35	1.46	1.95	1.84	1.58
第38章 杂项化学产品	2.01	1.24	0.21	1.26	2.25	1.39
第32章 鞣料浸膏及染料浸膏；鞣酸及其衍生物；染料、颜料及其他着色料；油漆及清漆；油灰及其他类似胶粘剂；墨水、油墨	0.03	1.17	1.66	1.98	1.60	1.29
第31章 肥料	0.00	—	2.22	2.41	—	0.93
第35章 蛋白类物质；改性淀粉；胶；酶	2.17	0.90	0.52	0.02	0.37	0.80
第33章 精油及香膏；芳香料制品及化妆盥洗品	0.08	1.17	0.52	0.58	1.34	0.74
第30章 药品	0.00	0.00	0.07	0.09	0.19	0.07

云南自 RCEP 其他成员国整体的进口显示性比较优势最大的是无机化学品等。下面将分析云南在该类产品上对 RCEP 其他成员国的进口显示性比较优势。

云南自 RCEP 其他成员国无机化学品等的进口显示性比较优势分析，如表3.44所示。从 RCA 均值来看，云南自印度尼西亚、马来西亚、缅甸、韩国进口无机化学品等显示性比较优势指标均超过了1，首先是印度尼西亚，虽仅在2019年对云南出口无机化学品，但进口显示性比较优势达104，RCA 均值为各国中最大；其次是马来西亚、缅甸、韩国，RCA 均值分别为5.82、3.78、2.22，其中，缅甸为向上趋势；对其他国家进口显示性比较优势均低于1。

表3.44　2018—2022年云南自 RCEP 其他成员国无机化学品等的进口显示性比较优势

国别	2018年	2019年	2020年	2021年	2022年	均值
印度尼西亚	0.00	104.00	0.00	0.00	0.00	20.80
马来西亚	0.00	24.52	4.59	0.00	0.00	5.82
缅甸	3.51	3.52	3.64	4.09	4.11	3.78
韩国	0.00	0.00	0.00	10.65	0.43	2.22
越南	2.10	0.19	0.70	0.20	1.17	0.87
日本	0.32	0.12	0.03	0.06	0.58	0.22
老挝	0.00	0.00	0.00	0.001	0.003	0.001

3. 小结

云南具有出口显示性比较优势的化学工业及其相关工业的产品主要有肥料、杂项化学产品等。具体来看,肥料的出口显示性比较优势远大于其他产品,但云南对所有成员国的出口显示性比较优势整体均为下降趋势,可能受法检、新冠疫情等因素影响,云南化肥的贸易竞争力出现下降。杂项化学产品方面,依托云南单晶硅切片的出口,其出口显示性比较优势自2021年起大幅上升,云南对菲律宾、马来西亚的出口显示性比较优势较大,其中,对马来西亚的出口显示性比较优势呈现上升的趋势,其竞争力进一步上升。综上所述,云南具有出口显示性比较优势的化学工业及其相关工业的产品存在传统产品竞争力减弱、新兴产品竞争力加强的现象。

RCEP其他成员国具有进口显示性比较优势的化学工业及其相关工业的产品主要有无机化学品等、照相及电影用品、肥皂等。具体来看,进口显示性比较优势较大的产品存在年份和国别集中的情况。例如,无机化学品等进口显示性比较优势均值最大的是印度尼西亚,但仅在2019年存在进口比较优势。

(三)化学工业及其相关工业的产品贸易互补性分析

1. 计算与分析

表3.45给出了2018—2022年云南与RCEP其他成员国化学工业及其相关工业的产品产业内贸易指数的细分指标。从表中可以看出,云南与RCEP其他成员国化学工业及其相关工业的产品产业内贸易指数均值大多在0～0.5,说明云南与各国在该类别产品上更趋向产业间贸易,甚至趋近为完全的产业间贸易。

表3.45 2018—2022年云南与RCEP其他成员国化学工业及其相关工业的产品产业内贸易指数

年份	国别	第28章	第29章	第30章	第31章	第32章	第33章	第34章	第35章	第36章	第37章	第38章
2018	文莱	—	0	—	—	—	—	—	—	—	—	—
	缅甸	0.90	0.02	0	0	0	0	0	0	0	0	0.74
	柬埔寨	0	—	0	0	0	0	—	—	—	—	0
	印度尼西亚	0	0.86	0	0	0	0	0	—	—	—	0
	日本	0	0.65	0	0	0	0	0.10	0.91	0	0	0.04

（续表）

年份	国别	第28章	第29章	第30章	第31章	第32章	第33章	第34章	第35章	第36章	第37章	第38章
2018	老挝	0	0	0	0	0	0	0	0	0	—	0.73
	马来西亚	0	0.11	0	0	0	0	0	—	—		0
	菲律宾	0	0	0	0	0	0	—	0			0
	新加坡	0	0	0	0	0	0.01	0.76	0			0.37
	韩国	0	0.10	0	0	0	0.30	0.66	0.21	—		0
	泰国	0	0	0	0	0	0	0.11	0			0
	越南	0.39	0	0	0	0	—	0	0			0.79
	澳大利亚	0	0	0	0	0.13	0	0				0.80
	新西兰	0	0	—	0	—	0	—	0			0
2019	文莱	0	—	—		—	—		—			—
	缅甸	0.28	0.05	0	0	0.40	0	0	0	0	0	0.58
	柬埔寨	0	0	0	0	0	0	0	0			0
	印度尼西亚	0.74	0.73	0	0	0	0	0	0			0
	日本	0	0.72	—	0	0	0.06	0.59	0.27	—	0	0
	老挝	0	0	0	0	0	0	0	0	0	—	0.96
	马来西亚	0.32	0.03	0	0	0.06	0	0	0	—		0.01
	菲律宾	0	0	0	0	0	0	0	0	—	0	0
	新加坡	0	0	0	0	0	0	0	0			0.35
	韩国	0	0.24	0	0	0	0	0	0	—		0
	泰国	0	0	0	0	0	0.01	0.04	0	—		0.06
	越南	0.14	0.77	0	0	0	0	0	0		0	0.96
	澳大利亚	0	0	—	0	0	0	0	0			0
	新西兰	0	0	—	0	—	0	0	0	—		0
2020	文莱	—	—	—	0	—	—	0	0	—		—
	缅甸	0.08	0.06	0	0	0.84	0	0	0	0	0	0
	柬埔寨	0	—	0	0	0	0	0	0	—	—	0
	印度尼西亚	0	0.45	0	0	0	0	0	0			0.06
	日本	0	0.58	0	0	0.01	0.21	0.05	0	—	0	0.35
	老挝	0	0	0	0	0	0	0	0	0	—	0

（续表）

年份	国别	第28章	第29章	第30章	第31章	第32章	第33章	第34章	第35章	第36章	第37章	第38章
2020	马来西亚	0.34	0.15	0	0	0	0	0	0	—	0	0.20
	菲律宾	0	0	0	0	0	0	0	0	—	0	0
	新加坡	0	0.06	0	0	0	0.02	0	0	—	—	0.98
	韩国	0	0.11	0	0	0	0.92	0.82	0.41	—		0.10
	泰国	0	0	0.10	0	0	0.29	0.97	0	—		0.64
	越南	0.81	0.54	0	0	0	0	0	0	—	0	0.63
	澳大利亚	0	0	—	0	0	0.01	0	—			0
	新西兰	0	0	—	0	0	0	0	0.03			0
2021	文莱	0	—	—	—	—	—	—				—
	缅甸	0.03	0.11	0	0	0.71	0	0	0	0	0	0
	柬埔寨	0	—	0	0	0	0	0	0	—	0	0
	印度尼西亚	0	0.29	0	0	0	0.01	0	0			0
	日本	0.04	0.83	0.05	0	0.77	0.83	0.04	0		0	0
	老挝	0.10	0	0	0	0	0.03	0.01	0	0		0
	马来西亚	0	0.05	0	0	0	0	0	0			0.04
	菲律宾	0	0	0	0	0	0	0	0	—		0
	新加坡	0	0.10	0	—	0.60	0	0	0			0.02
	韩国	0.43	0.13	0	0.01	0	0.52	0	0	—		0.09
	泰国	0	0	0.72	0	0	0.65	0.44	0	—		0.88
	越南	0.31	0.86	0	0	0	0	0	0		0	0.12
	澳大利亚	0	0	—	0	0	0	0	—			0
	新西兰	0	0	—	0	—	0	0	—	—		0
2022	文莱	0	—	—	—	—	—	—				—
	缅甸	0.04	0.02	0	0	0.70	0.05	0	0	0	0	0.24
	柬埔寨	0	—	0	0	0	0	0	0			0
	印度尼西亚	0	0.90	0	0	0	0.06	0.02	0			0.06
	日本	0.08	0.67	0.09	0	0.22	0.28	0.63	0.92	—	0	0.12
	老挝	0.31	0	0	0	0	0.14	0	0	—		0.89
	马来西亚	0	0.31	0	0	0	0	0	0			0.02
	菲律宾	0	0	0.48	0	0	0	0	0			0
	新加坡	0	0	0	—	0	0	0	0		0	0.71
	韩国	0.02	0.25	0.96	0	0.04	0.52	0	0	—		0.01

（续表）

年份	国别	第28章	第29章	第30章	第31章	第32章	第33章	第34章	第35章	第36章	第37章	第38章
2022	泰国	0	0	0.17	0	0	0.91	0.50	0	—	0	0.91
	越南	0.82	0.09	0	0	0	0.26	0	0	—	0	0.04
	澳大利亚	0	0	0	0	0	0	0.07	0	—	—	0.02
	新西兰	0	0	—	0	0	0	0	0	—	—	0

根据细分表格可以分别从产品和国别的角度整理出2018—2022年云南与RCEP其他成员国各类化学工业及其相关工业的产品GL值在0.5以上的数量。由表3.46可知，2018—2022年，云南与RCEP其他成员国偏向产业内贸易为主（GL≥0.5）的共有51个，其余GL值均在0.5以内。

从产品来看，主要有杂项化学产品、有机化学品、肥皂等、精油及香膏等、鞣料浸膏及染料浸膏等5类，云南与RCEP其他成员国在这5类产品的贸易中GL≥0.5数量较多，分别为14个、11个、7个、6个、5个，说明在该5类贸易产品领域，云南的产品与RCEP其他成员国的产品均有一定的市场份额和竞争能力；而在肥料、炸药等、照相及电影用品等3类产品上为0个，显示云南与RCEP其他成员国在这3类产品的贸易存在仅出口或仅进口的现象，尤其是云南的肥料产品在出口方面的比较优势较大，表现为极高的贸易互补性。

表3.46　2018—2022年云南与RCEP其他成员国在各类化学工业及其相关工业的产品上GL≥0.5的数量

产品类别	GL≥0.5数量
第28章　无机化学品；贵金属、稀土金属、放射性元素及其同位素的有机及无机化合物	4
第29章　有机化学品	11
第30章　药品	2
第31章　肥料	0
第32章　鞣料浸膏及染料浸膏；鞣酸及其衍生物；染料、颜料及其他着色料；油漆及清漆；油灰及其他类似胶粘剂；墨水、油墨	5
第33章　精油及香膏；芳香料制品及化妆盥洗品	6
第34章　肥皂、有机表面活性剂、洗涤剂、润滑剂、人造蜡、调制蜡、光洁剂、蜡烛及类似品、塑型用膏、"牙科用蜡"及牙科用熟石膏制剂	7

（续表）

产品类别	GL ≥ 0.5数量
第35章 蛋白类物质；改性淀粉；胶；酶	2
第36章 炸药；烟火制品；引火合金；易燃材料制品	0
第37章 照相及电影用品	0
第38章 杂项化学产品	14

从国别来看，主要有日本、泰国、越南、韩国和缅甸等，云南与以上国家在化学工业及其相关工业的产品的贸易GL指标≥0.5数量均在5个以上，分别为11个、8个、8个、6个、6个，如表3.47所示。既有经济水平较高的日本、韩国，也有与云南地缘相近的越南、缅甸等，数量最多的是日本，说明经济水平与是否偏向于产业内贸易并无绝对联系；与马来西亚、菲律宾、新西兰则基本为产业间贸易，这是由于贸易额本身不大，同时双方之间的贸易互补性较高。具体来看，与日本偏向于产业内贸易的产品主要有有机化学品、精油及香膏等、肥皂等、蛋白类物质等；与泰国偏向于产业内贸易的产品主要有精油及香膏等、杂项化学产品、肥皂等；与越南偏向于产业内贸易的产品主要有无机化学品等、有机化学品、杂项化学产品等。

表3.47　2018—2022年云南与RCEP其他成员国在化学工业及其相关工业的产品上GL ≥ 0.5的数量

国别	GL ≥ 0.5数量
文莱	0
缅甸	6
柬埔寨	0
印度尼西亚	4
日本	11
老挝	3
马来西亚	0
菲律宾	0
新加坡	4
韩国	6
泰国	8
越南	8

（续表）

国别	GL ≥ 0.5数量
澳大利亚	1
新西兰	0

2.小结

由测算产业内贸易指数可以看出，在化学工业及其相关工业的产品领域，云南与RCEP其他成员国在各类产品上的产业内贸易水平较低，即大多产品出现只出口或只进口的现象，偏向于产业间贸易，表现出贸易互补关系十分密切，互补性较为显著。具体来看，云南在5类产品与5个国家偏向于产业内贸易，如产品有杂项化学产品、有机化学品、肥皂等，国别有日本、泰国、越南等，可见与这些国家在某类产品的贸易基础也十分扎实。同时，需注意偏向产业间贸易在一定程度上不利于产品在国际市场的竞争以及产业的转型升级，在稳好优势产品的基础上继续在弱势潜力产品上发力。

三、技术性贸易壁垒分析

目前在国际市场，大部分国家已逐步不再用关税等传统方式来构建贸易壁垒，而是通过针对某一产业或某一产业制定一系列技术要求、制造成分或行业法规来实现贸易保护，这通常被称为"技术性壁垒"。关于化学工业及其相关工业的产品的贸易，RCEP各成员国也通过各样的方法制定了一系列技术性贸易保护措施。根据中国WTO/TBT—SPS国家通报咨询网的相关资料，菲律宾在2006年发布了多项包括颜料、油漆在内的工业产品的TBT通报；马来西亚则早在2007年就对在其国内销售的化妆品提出了相关通报要求；印度尼西亚工业部于2013年宣布了所有国内生产及进口、在国内分销和销售的碳酸钙应满足SNI的要求，而在2015年又对化妆品的标准和通报程序作出了规定；越南在2014—2017年共发布了近20项针对不同化工产品的TBT通报；新加坡于2018年初对多种化工原料发布了TBT通报。以上都反映出东盟对化工产品大类的技术规范有一定的标准，同时对外国商品的进入也设置了一些门槛。

四、结论与建议

根据以上从各角度对云南—RCEP化学工业及其相关工业的产品贸易的简要分析，下文将进行总结并提出一些建议，以期对此类产品的贸易发展有所帮助。

从贸易额来看，近年来，云南与RCEP成员国化学工业及其相关工业的产品进出口均实现了明显增长，整体上以云南向各国出口为主，顺差在2022年进一步扩大，显示云南出口的高增长。从产品结构来看，出口集中在各类肥料和以单晶硅切片为主的杂项化学品，这两类产品也是云南的优势出口产品，且从2018—2022年趋势来看，杂项化学品表现更好，进口则集中在以氧化稀土为主的无机化学品。从国别结构看，除越南、缅甸外，澳大利亚成为第三大出口市场，进口则集中在缅甸。整体上，云南与RCEP其他成员国化学工业及其相关工业的产品贸易有流向集中、产品集中、市场集中的特点，云南可依据产品特色和市场需求，在巩固现有市场的基础上开拓新市场。例如，继续推动肥料产品出口到澳大利亚、印度尼西亚、泰国、缅甸等农业大国，同时，日本在2022年大幅提高了肥料的进口，下一步也可重点开拓。

从市场占有率来看，云南出口到RCEP其他成员国的化学工业及其相关工业的产品市场占有率总体较小，说明云南的出口虽已达到一定规模，但在RCEP市场的份额还极小，仅在缅甸的出口市场占有率达到了10%，在其他市场还有很大拓展空间，云南应稳住在缅甸的出口市场占有率，同时积极发展与其他国家的贸易合作，如越南、马来西亚、澳大利亚等处于上升趋势的市场，提升出口市场占有率。进口方面，缅甸、越南是云南的重要进口来源地，其中，缅甸的进口市场占有率近年来实现了大幅上升，2021年以来超过70%，越南则出现明显下滑。云南可积极拓展与其他国家的进口合作，如云南主要进口的稀土化合物，自日本、马来西亚等国的进口额较大。

从贸易竞争性和互补性来看，在竞争性方面，出口指标反映肥料、杂项化学产品是表现较好的产品，其中，以单晶硅切片为代表的杂项化学品处于上升趋势，主要得益于全球以可再生能源为主导的能源转型加速推进，云南省以及

RCEP其他成员国在光伏中上游环节加快发展。同时，国内不少光伏企业加快"走出去"步伐，跨境产业链不断完善。因此，云南一方面可稳好现有产品的出口，重点关注菲律宾、马来西亚、韩国、日本、越南等优势较大的市场，另一方面积极与越南、马来西亚、泰国、柬埔寨等国家深化产能合作，推动产业链升级。需注意的是，肥料的竞争优势虽仍处于较高水平，但近年来出现明显的下滑趋势，云南可积极关注澳大利亚、印度尼西亚、泰国、越南、马来西亚等优势较大且需求较大的市场，同时，可适当加大在其他产品上的发展力度，使贸易产品更加多样化。此外，在进口方面，依据国内市场需求做好稀土化合物等产品的市场调研，积极开拓其他进口来源地，优化市场结构。在互补性方面，从GL指标可以看出，云南与RCEP其他成员国的各类化学工业及其相关工业的产品贸易基本偏向产业间贸易，以产业内贸易为主的集中在5个周边国家和5类产品，其中云南与日本在4类产品上表现为以产业内贸易为主。可见，发展水平不同不是限制双方产业内贸易的绝对因素，不同经济发展水平国家的产业内贸易水平也可以很高，日本是中国的重要贸易伙伴，巨大的贸易基数创造了更多的可能性与选择范围，相似的历史文化创造了相似的市场需求，促进了产业内贸易水平的提升。RCEP是我国与日本首次建立双边自贸关系，对贸易合作带来极大的关税和非关税利好，云南应用好RCEP，与日本在产业和贸易上深化合作。

第三节　植物产品

云南位于中国西南部，被誉为"植物王国"。据统计，云南拥有约2.7万种高等植物，占全国植物种类的近1/3。这些植物资源不仅种类繁多，而且具有很高的经济价值，如茶叶、花卉、药材等；植物资源的丰富性为当地的植物产品贸易提供了得天独厚的条件。近年来，科技水平的快速提升，使植物产品的生产方式愈加先进，生产力得到了大幅提高，为植物产品贸易奠定了重要基础。随着 RCEP 的生效，云南作为中国面向南亚、东南亚的重要门户，与RCEP 其他成员国的植物产品贸易迎来了新的发展机遇。

基于云南与 RCEP 其他成员国植物产品进出口贸易的实际情况，本节将介绍云南与 RCEP 其他成员国植物产品贸易现状，并利用前文列出的贸易数据计算云南与 RCEP 其他成员国植物产品的市场占有率、产品比较优势、产业内贸易指数等，以期通过对云南与 RCEP 其他成员国植物产品贸易竞争性与互补性进行深入分析，结合相关产品的贸易技术性壁垒，提出进一步优化云南与RCEP 其他成员国在该领域产品贸易上的国际分工和贸易关系的建议。

植物产品具体包含以下9类商品：活树、观赏树叶（第6章），食用蔬菜、根和块茎（第7章），食用水果、坚果等（第8章），咖啡、茶和香料（第9章），谷物（第10章），小麦、淀粉、菊粉等（第11章），油籽、杂粮、秸秆和饲料等（第12章），虫胶、树胶、树脂等提取物（第13章），植物编织材料等（第14章）。

一、云南与 RCEP 其他成员国植物产品贸易现状

（一）云南植物产品贸易概况

云南省植物产品在国际市场上一直备受关注。近年来，随着全球经济的不断发展和国际贸易的深入合作，云南省植物产品的进出口呈现蓬勃的发展态势。

出口方面：由表3.48可知，2022年，云南省植物产品出口额排名前十的国家（地区）依次为越南、泰国、中国香港、日本、马来西亚、德国、意大利、墨西哥、缅甸和韩国。其中，RCEP 成员国的占比达到了78.01%，相较于2018年的58.19%，增长近20%。这一数据充分说明了 RCEP 对云南植物产品出口的重要推动作用。从2022年出口额来看，越南和泰国为云南植物产品前两大出口市场。2018年，越南和泰国的出口额排名分别为第二和第三位，2022年，其排名跃升至第一和第二位。这一变化不仅反映出两国对云南植物产品的需求，也体现了云南植物产品在国际市场上的竞争力和影响力。同时，云南对两国的出

口占比有显著提升，由2018年的44.77%增加至2022年的59.71%，增长幅度超过14个百分点。

表3.48　2018年、2022年云南植物产品出口前十市场

单位：亿美元

排名	国家/地区	2018年	占比	国家/地区	2022年	占比
1	中国香港	9.94	33.94%	越南	8.12	40.48%
2	越南	8.98	30.68%	泰国	3.85	19.23%
3	泰国	4.13	14.09%	中国香港	2.42	12.08%
4	缅甸	1.10	3.76%	日本	0.69	3.46%
5	日本	0.69	2.35%	马来西亚	0.68	3.41%
6	马来西亚	0.68	2.31%	德国	0.65	3.26%
7	德国	0.66	2.27%	意大利	0.45	2.24%
8	意大利	0.45	1.52%	墨西哥	0.40	1.99%
9	美国	0.36	1.23%	缅甸	0.32	1.60%
10	印度尼西亚	0.32	1.08%	韩国	0.26	1.32%

进口方面：由表3.49可知，2022年，云南省植物产品进口额排名前十的国家依次为巴西、泰国、缅甸、老挝、美国、荷兰、乌拉圭、乌克兰、越南和印度。其中，RCEP成员国的占比达55.71%，相较于2018年的49.75%，增长超过5个百分点。这一增长趋势表明，随着RCEP的生效和实施，云南省与RCEP其他成员国的植物产品贸易合作日益加强，双方在贸易领域的合作深度和广度也在不断提升。从进口额来看，巴西和泰国是云南省植物产品的前两大进口市场，2018—2022年，始终保持云南植物产品进口额排名第一和第二位。两个国家在植物产品生产和出口方面具有较大实力。具体来看，云南自巴西的进口额由2018年的4.87亿美元增长至2022年的10.49亿美元，增长率达111.25%。而自泰国的进口额由2018年的2.71亿美元增加至2022年的9.32亿美元，增长超2倍。这两个国家进口额的大幅增长，不仅为云南省植物产品的进口市场带来了更多的机遇和挑战，也进一步巩固了云南省与这两个国家在植物产品贸易领域的合作关系。

表 3.49　2018 年、2022 年云南植物产品进口前十市场

单位：亿美元

排名	国别	2018年	占比	国别	2022年	占比
1	巴西	4.87	38.32%	巴西	10.49	13.03%
2	泰国	2.71	21.33%	泰国	9.32	13.31%
3	缅甸	1.75	13.79%	缅甸	5.37	8.85%
4	老挝	1.31	10.30%	老挝	2.27	4.10%
5	美国	0.90	7.04%	美国	1.95	3.68%
6	荷兰	0.51	4.02%	荷兰	0.59	1.15%
7	越南	0.42	3.29%	乌拉圭	0.43	0.85%
8	智利	0.06	0.46%	乌克兰	0.41	0.82%
9	日本	0.05	0.36%	越南	0.40	0.81%
10	新西兰	0.04	0.29%	印度	0.09	0.19%

（二）云南与 RCEP 其他成员国植物产品贸易规模

整体来看，云南与 RCEP 其他成员国植物产品贸易额呈现倒 "V" 形，但整体趋势是向好的。由表 3.50 可知，2018—2022 年，云南与 RCEP 其他成员国植物产品贸易年均增速为 8.80%，2022 年贸易额较 2018 年增长 40.12%。具体来看，2018—2020 年贸易额呈现上升趋势，由 22.78 亿美元增长至 42.17 亿美元，为近 5 年最高值；2021 年和 2022 年由于疫情影响，贸易额出现下滑，分别为 36.68 亿美元、31.92 亿美元，但与 2018 年水平相比整体实现上升。

从出口方面看，云南对 RCEP 其他成员国植物产品出口呈现倒 "V" 形，整体趋势仍处在下降状态。2018—2020 年出口额实现明显上升，由 16.49 亿美元上升至 33.09 亿美元；2021—2022 年出现大幅下滑，下降至 14.43 亿美元，较 2018 年下降 12.49%。

从进口方面看，云南自 RCEP 其他成员国植物产品进口整体呈现上涨趋势。除 2020 年出现小幅下降外，其余年份均呈现上涨态势。其中，2018—2019 年由 6.28 亿美元增长至 9.73 亿美元，2020 年小幅下降至 9.08 亿美元后实现逐年上升，2022 年上升至 17.49 亿美元，较 2018 年增长 178.50%。

云南与RCEP其他成员国植物产品贸易由顺差转为逆差。2018—2021年一直处于顺差，并由顺差10.21亿美元增至24.02亿美元后再减小至14.18亿美元；2022年处于逆差，为3.06亿美元。

表3.50　2018—2022年云南与RCEP其他成员国植物产品进出口情况

单位：亿美元

年份	贸易额	出口额	进口额	贸易差额
2018	22.77	16.49	6.28	10.21
2019	37.05	27.32	9.73	17.59
2020	42.17	33.09	9.08	24.01
2021	36.68	25.43	11.25	14.18
2022	31.92	14.43	17.49	−3.06
年均增速	8.80%	−3.28%	29.18%	——

数据来源：海关总署。

（三）云南与RCEP其他成员国植物产品贸易产品结构

1.出口结构分析

从出口商品种类及规模来看，云南对RCEP其他成员国出口的植物产品种类主要有食用水果及坚果等、食用蔬菜等、活树及其他活植物等。从表3.51中具体来看，2022年，食用水果及坚果等占云南对RCEP其他成员国出口植物产品的比重为50.31%，较2018年下降12.82个百分点；食用蔬菜、根及块茎占比为35.27%，较2018年上升13.32个百分点；活树及其他活植物等占比为6.86%，较2018年上升3.52个百分点；该3类产品合计占云南对RCEP其他成员国出口植物产品的比重为92.44%，较2018年上升4.02个百分点。这一增长趋势的形成源于多种因素的相互作用。首先，随着RCEP的逐步推进，成员国间的关税不断降低，这为云南植物产品的出口提供了更加优越的环境。其次，云南凭借其独特的自然环境和丰富的农业资源，所生产的食用水果及坚果、食用蔬菜等，在品质和口感上均表现出较强的竞争力，因此，受到了RCEP成员国消费者的广泛欢迎。

表3.51　2018年、2022年云南对RCEP其他成员国各类植物产品出口情况

单位：亿美元

产品类别	2018年	占比	2022年	占比
第8章　食用水果及坚果；甜瓜或柑橘属水果的果皮	10.41	63.13%	7.26	50.31%
第7章　食用蔬菜、根及块茎	3.62	21.95%	5.09	35.27%
第6章　活树及其他活植物；鳞茎、根及类似品；插花及装饰用簇叶	0.55	3.34%	0.99	6.86%
第9章　咖啡、茶、马黛茶及调味香料	0.93	5.64%	0.68	4.71%
第12章　含油子仁及果实；杂项子仁及果仁；工业用或药用植物；稻草、秸秆及饲料	0.91	5.52%	0.29	2.01%
第13章　虫胶；树胶、树脂及其他植物液、汁	0.05	0.30%	0.07	0.49%
第14章　编结用植物材料；其他植物产品	0.02	0.12%	0.03	0.21%
第11章　制粉工业产品；麦芽；淀粉；菊粉；面筋	0.01	0.06%	0.03	0.21%
第10章　谷物	0.01	0.06%	0.002	0.01%

　　由表3.52可知，云南对RCEP其他成员国出口的第一大类植物产品是食用水果及坚果等。2018—2022年，云南对RCEP其他成员国的食用水果及坚果等出口呈现波动下降的趋势，出口年均增长率为-8.62%。具体来看，2018—2021年，云南对RCEP其他成员国出口水果稳定在10亿美元以上，从2018年的10.41亿美元上升至2020年的24.15亿美元，再回落至2021年的17.06亿美元；但2022年出现明显下滑，降为7.26亿美元。该下降趋势可能受到国际市场需求的变化、产品质量和竞争力、贸易政策等多种因素的影响。

　　云南对RCEP其他成员国出口的第二大类植物产品是食用蔬菜、根及块茎。2018—2022年，云南对RCEP其他成员国的食用蔬菜、根及块茎的出口呈波动上升趋势，出口年均增长率为8.89%。具体来看，2018—2020年云南对RCEP其他成员国的食用蔬菜、根及块茎出口呈现稳健的增长态势，出口额由3.62亿美元稳步上升至6.97亿美元，然而，从2021年开始，云南对RCEP其他成员国的食用蔬菜、根及块茎出口呈现下滑趋势，2021年出口额微降至6.57亿美元，2022年更是下降至5.09亿美元。

　　云南对RCEP其他成员国出口的第三大类植物产品是活树及其他活植物

等。2018—2022年，活树及其他活植物等的出口额呈现逐年上升的趋势，出口年均增长率为15.83%。具体而言，出口额从2018年的0.55亿美元逐步攀升至2022年的0.99亿美元，增幅整体较为平稳。

表3.52　2018—2022年云南对RCEP其他成员国各类植物产品出口情况

单位：亿美元

产品类别	2018年	2019年	2020年	2021年	2022年	年均增长
第8章　食用水果及坚果；甜瓜或柑橘属水果的果皮	10.41	19.36	24.15	17.06	7.26	−8.62%
第7章　食用蔬菜、根及块茎	3.62	5.48	6.97	6.57	5.09	8.89%
第6章　活树及其他活植物；鳞茎、根及类似品；插花及装饰用簇叶	0.55	0.66	0.82	0.92	0.99	15.83%
第9章　咖啡、茶、马黛茶及调味香料	0.93	0.83	0.72	0.56	0.68	−7.53%
第12章　含油子仁及果实；杂项子仁及果仁；工业用或药用植物；稻草、秸秆及饲料	0.91	0.91	0.35	0.24	0.29	−24.87%
第13章　虫胶；树胶、树脂及其他植物液、汁	0.05	0.05	0.05	0.05	0.07	8.78%
第14章　编结用植物材料；其他植物产品	0.02	0.02	0.02	0.03	0.03	10.67%
第11章　制粉工业产品；麦芽；淀粉；菊粉；面筋	0.01	0.01	0.01	0.00	0.03	31.61%
第10章　谷物	0.01	0.001	0.00	0.007	0.002	33.13%

2.进口结构分析

从进口商品种类及规模来看，云南自RCEP其他成员国进口的植物产品种类主要有食用水果及坚果等，谷物，含油子仁及果实等，如表3.53所示。具体来看，2022年，食用水果及坚果等占云南自RCEP其他成员国进口植物产品的比重为54.37%，较2018年增加7.16个百分点；谷物占比为14.07%，较2018年下降6.99个百分点；含油子仁及果实等占比为14.01%，较2018年下降1.78个百分点；该3类产品合计占云南自RCEP其他成员国进口植物产品的比重为82.45%，较2018年下降1.6个百分点。2022年以来，我国准予进口的商品种类不断增多，新获准入的水果品种有越南榴莲、缅甸香蕉、柬埔寨龙眼和椰子、老挝芒果等，对各国准予进口的种类范围逐步扩大，榴莲进口货值第一，泰国是主要进口来源地。从准予进口种类看，目前，我国准予进口湄公河 5 国的水果种类达到 53 种，使云南自 RCEP 其他成员国进口的食用水果及坚果等比重不断提升。

表3.53　2018年、2022年云南自RCEP其他成员国各类植物产品进口情况

单位：亿美元

产品类别	2018年	占比	2022年	占比
第8章　食用水果及坚果；甜瓜或柑橘属水果的果皮	2.96	47.21%	9.51	54.37%
第10章　谷物	1.32	21.05%	2.46	14.07%
第12章　含油子仁及果实；杂项子仁及果仁；工业用或药用植物；稻草、秸秆及饲料	0.99	15.79%	2.45	14.01%
第11章　制粉工业产品；麦芽；淀粉；菊粉；面筋	0.26	4.15%	1.05	6.00%
第7章　食用蔬菜、根及块茎	0.21	3.35%	1.44	8.23%
第9章　咖啡、茶、马黛茶及调味香料	0.24	3.83%	0.35	2.00%
第6章　活树及其他活植物；鳞茎、根及类似品；插花及装饰用簇叶	0.25	3.99%	0.13	0.74%
第13章　虫胶；树胶、树脂及其他植物液、汁	0.03	0.48%	0.08	0.46%
第14章　编结用植物材料；其他植物产品	0.01	0.16%	0.02	0.11%

　　由表3.54可知，云南自RCEP其他成员国进口的第一大类植物产品是食用水果及坚果等。具体分析进口趋势：2018—2022年，云南自RCEP其他成员国进口的食用水果及坚果等整体呈现强劲的增长态势，其进口年均增长率为33.88%，进口额由2.96亿美元上升至5.75亿美元，2020年小幅下滑至4.70亿美元，此后开始逐年上升，2021年上升至7.83亿美元，2022年为9.51亿美元。云南与RCEP其他成员国在食用水果及坚果领域的贸易合作潜力巨大，未来仍有较大的增长空间。

　　云南自RCEP其他成员国进口的第二大类植物产品是谷物。具体分析进口趋势：2018—2022年，云南自RCEP其他成员国进口的谷物整体上呈现稳步增长的趋势，其进口年均增长率为16.84%，进口额由1.32亿美元逐年增长至2.15亿美元，2021年降至0.96亿美元，2022年实现回升，增长至2.46亿美元。这一变化可能与全球粮食市场的波动、贸易政策的调整以及云南本地市场需求的变

化等因素有关。未来，云南在谷物进口方面需要更加关注市场动态，优化进口结构，确保粮食供应的安全与稳定。

云南自RCEP其他成员国进口的第三大类植物产品是含油子仁及果实等。具体分析进口趋势：2018—2022年，云南自RCEP其他成员国进口的含油子仁及果实等植物产品呈现稳定的增长态势，其进口年均增长率为25.42%，进口额保持逐年增长，由2018年的0.99亿美元增长至2022年的2.45亿美元，增幅较为平稳。这一增长趋势表明，云南在含油子仁及果实等植物产品领域的进口需求持续旺盛，未来，随着消费市场的不断扩大和产业链的进一步完善，这一领域的进口额有望继续增长。

表3.54　2018—2022年云南自RCEP其他成员国各类植物产品进口情况

单位：亿美元

产品类别	2018年	2019年	2020年	2021年	2022年	年均增长
第8章　食用水果及坚果；甜瓜或柑橘属水果的果皮	2.96	5.75	4.70	7.83	9.51	33.88%
第10章　谷物	1.32	1.63	2.15	0.96	2.46	16.84%
第12章　含油子仁及果实；杂项子仁及果仁；工业用或药用植物；稻草、秸秆及饲料	0.99	1.13	1.18	1.37	2.45	25.42%
第11章　制粉工业产品；麦芽；淀粉；菊粉；面筋	0.26	0.44	0.51	0.24	1.05	41.76%
第7章　食用蔬菜、根及块茎	0.21	0.26	0.13	0.39	1.44	61.82%
第9章　咖啡、茶、马黛茶及调味香料	0.24	0.20	0.18	0.19	0.35	9.89%
第6章　活树及其他活植物；鳞茎、根及类似品；插花及装饰用簇叶	0.25	0.23	0.16	0.18	0.13	−15.08%
第13章　虫胶；树胶、树脂及其他植物液、汁	0.03	0.08	0.05	0.06	0.08	27.79%
第14章　编结用植物材料；其他植物产品	0.01	0.02	0.02	0.02	0.02	18.92%

数据来源：海关总署。

（四）云南与RCEP其他成员国植物产品贸易国别结构

1.出口结构分析

从出口市场占比结构来看，云南与RCEP其他成员国在植物产品贸易上紧密相连，其中越南、泰国及日本在云南植物产品出口中占据主导地位。近年来，这些市场不仅稳占云南植物产品出口的大部分份额，且呈现持续增长的态势，如表3.55所示。

具体来看，2022年，越南市场占云南植物产品出口至RCEP其他成员国的56.35%，相较于2018年，这一比例增长了1.92个百分点。这表明越南对云南植物产品的需求在持续增强，同时云南在越南市场的竞争力也在稳步提升。

其次是泰国市场，其在云南植物产品出口中的地位亦不容忽视。2022年，云南对泰国出口的植物产品占比为26.72%，相较于2018年，这一比例上升了1.69个百分点。这反映出泰国市场对云南植物产品的接受度和认可度在不断提高。泰国作为农业大国，与云南在植物产品领域存在广泛的合作空间，双方可通过加强贸易往来和技术交流，共同推动植物产品贸易的发展。

尽管日本市场在云南植物产品出口中的占比相对较小，但仍然占据一席之地。2022年，云南对日本出口的植物产品占比为2.22%，与2018年相比下降4.45个百分点。

总体而言，云南对越南、泰国和日本3个国家合计出口的植物产品占其对RCEP其他成员国出口植物产品的85.29%。与2018年相比下降0.84个百分点，但整体上仍维持在一个较高的水平。在RCEP框架下，云南与周边国家在植物产品领域的合作展现出广阔的前景和巨大的潜力。

表3.55　2018年、2022年云南对RCEP其他成员国植物产品出口情况

单位：亿美元

国别	2018年	占比	2022年	占比
越南	8.98	54.43%	8.12	56.35%
泰国	4.13	25.03%	3.85	26.72%
日本	1.10	6.67%	0.32	2.22%
马来西亚	0.68	4.12%	0.68	4.72%
缅甸	0.69	4.18%	0.69	4.79%
印度尼西亚	0.32	1.94%	0.05	0.35%
韩国	0.22	1.33%	0.26	1.80%
菲律宾	0.13	0.79%	0.06	0.42%
澳大利亚	0.07	0.42%	0.16	1.11%

（续表）

国别	2018年	占比	2022年	占比
老挝	0.06	0.36%	0.09	0.62%
新加坡	0.08	0.48%	0.08	0.56%
柬埔寨	0.03	0.18%	0.02	0.14%
文莱	0.004	0.02%	0.02	0.14%
新西兰	0.004	0.02%	0.01	0.07%

RCEP其他成员国中云南植物产品第一大出口市场是越南，如表3.56所示。具体分析出口趋势：2018—2022年，云南对越南出口植物产品整体呈现先增后降的趋势，其出口年均增长率为–2.49%，出口额由2018年的8.98亿美元增长至2020年的23.34亿美元，2021年下降至18.75亿美元，2022年大幅下滑至8.12亿美元。

RCEP其他成员国中云南植物产品第二大出口市场是泰国。具体分析出口趋势：2018—2022年，云南对泰国市场出口植物产品的趋势整体为先增后降，其出口年均增长率为–1.74%，出口额由2018年的4.13亿美元增长至2019年的5.58亿美元，2019—2021年逐年下滑，由5.58亿美元下降至3.75亿美元，2022年小幅回升至3.85亿美元。

RCEP其他成员国中云南植物产品第三大出口市场是缅甸。具体分析出口趋势：2018—2022年，云南对缅甸出口植物产品整体呈现下降趋势，其出口年均增长率为–26.56%，2018—2020年，出口额保持在1亿美元以上且实现逐年上升，2020年达1.91亿美元，2021年下滑至0.81亿美元，2022年延续下降态势，降为0.32亿美元。

表3.56 2018—2022年云南对RCEP其他成员国植物产品出口情况

单位：亿美元

国别	2018年	2019年	2020年	2021年	2022年	年均增长
越南	8.98	16.71	23.34	18.75	8.12	–2.49%
泰国	4.13	5.58	5.18	3.75	3.85	–1.74%
缅甸	1.10	1.45	1.91	0.81	0.32	–26.56%

国别	2018年	2019年	2020年	2021年	2022年	年均增长
马来西亚	0.68	1.13	0.74	0.70	0.68	0.00%
日本	0.69	0.71	0.75	0.70	0.69	0.00%
印度尼西亚	0.32	0.77	0.25	0.05	0.05	−37.13%
韩国	0.22	0.26	0.21	0.20	0.26	4.26%
菲律宾	0.13	0.44	0.38	0.08	0.06	−17.58%
澳大利亚	0.07	0.10	0.12	0.14	0.16	22.96%
老挝	0.06	0.05	0.10	0.12	0.09	10.67%
新加坡	0.08	0.09	0.08	0.08	0.08	0.00%
柬埔寨	0.03	0.03	0.02	0.03	0.02	−9.64%
文莱	0.004	0.01	0.005	0.01	0.02	49.53%
新西兰	0.004	0.002	0.002	0.02	0.01	25.74%

2.进口结构分析

从进口市场占比结构来看，云南与RCEP其他成员国的植物产品贸易往来呈现鲜明的地域特色。云南作为中国的"植物王国"，其植物产品进口主要依赖于泰国、缅甸和老挝这3个紧邻的国家，这3国不仅在地理位置上与云南接壤，还在植物资源和市场需求等方面具有得天独厚的优势。

由表3.57中2022年的贸易数据显示，泰国在云南进口植物产品市场中的地位举足轻重，占比超过50%，达到53.25%的市场份额，相比2018年提升了10.15个百分点。泰国植物产品在云南市场有强劲的竞争力和不断扩大的市场需求，泰国的热带气候和丰富的植物资源为其植物产品领域提供了得天独厚的条件，同时，云南与泰国之间的贸易合作也日益紧密，为泰国植物产品进入云南市场提供了便利条件。

其次是缅甸，2022年在云南植物产品进口市场中占比为30.68%，较2018年提升了2.85个百分点。缅甸丰富的植物资源和相对较低的生产成本，使其植物产品在云南市场上具有一定的价格优势。

相比之下，老挝在云南植物产品进口市场中的份额有所下降，从2018年的20.84%降至12.97%，下降7.87个百分点。这可能与老挝植物产品的产业结构、市场竞争力以及云南市场需求的变化等因素有关。尽管如此，老挝仍然是云南植物产品进口市场的重要参与者之一。

泰国、缅甸和老挝3国合计占云南自RCEP其他成员国进口植物产品的96.90%，较2018年提升了5.12个百分点。随着区域经济一体化的深入发展和云南开放型经济的持续推进，云南与泰国、缅甸和老挝等国的植物产品贸易合作有望进一步加强，为各方带来更多的发展机遇和合作空间。

表3.57　2018年、2022年云南自RCEP其他成员国植物产品进口情况

单位：亿美元

国别	2018年	占比	2022年	占比
泰国	2.71	43.10%	9.32	53.25%
缅甸	1.75	27.83%	5.37	30.68%
老挝	1.31	20.84%	2.27	12.97%
越南	0.42	6.68%	0.4	2.29%
日本	0.05	0.80%	0.08	0.46%
新西兰	0.04	0.64%	0.03	0.17%
澳大利亚	0.005	0.08%	0.01	0.06%
马来西亚	0.001	0.02%	0.003	0.02%
印度尼西亚	0.000 1	0.00%	0.01	0.06%
柬埔寨	—	0.00%	0.01	0.06%
韩国	0.001	0.02%	0.000 3	0.00%
菲律宾	0.000 01	0.00%	0.000 002	0.00%

由表3.58可知，RCEP其他成员国中云南植物产品第一大进口来源地是泰国。具体分析进口趋势：2018—2022年，云南自泰国进口植物产品整体呈稳步上升趋势，其进口年均增长率为36.18%，2018—2019年进口额由2.71亿美元大幅增长至5.50亿美元，2020年明显下滑至4.22亿美元，此后实现逐年增长，2022年增长至9.32亿美元。

RCEP其他成员国中云南植物产品第二大进口来源地是缅甸。具体分析进口趋势：2018—2022年，云南自泰国进口植物产品整体呈波动的发展趋势，其进口年均增长率为32.35%，2018—2020年进口额由1.75亿美元增长至2.22亿美元，

2021年下滑至1.64亿美元，2022年实现明显增长，达5.37亿美元。

RCEP其他成员国中云南植物产品第三大进口来源地是老挝。具体分析进口趋势：2018—2022年，云南自老挝进口植物产品整体实现上升，其进口年均增长率为14.73%，2018—2021年进口额先增后降，2021年达1.15亿美元，2022年增长至2.27亿美元。

表3.58　2018—2022年云南自RCEP其他成员国植物产品进口情况

单位：亿美元

国别	2018年	2019年	2020年	2021年	2022年	年均增长
泰国	2.71	5.50	4.22	7.05	9.32	36.18%
缅甸	1.75	2.14	2.22	1.64	5.37	32.35%
老挝	1.31	1.56	1.80	1.15	2.27	14.73%
越南	0.42	0.40	0.78	1.31	0.40	−1.21%
日本	0.05	0.04	0.03	0.05	0.08	12.47%
新西兰	0.04	0.03	0.02	0.03	0.03	−6.94%
澳大利亚	0.005	0.02	0.01	0.01	0.01	18.92%
马来西亚	0.001	0.03	0.002	0.004	0.003	31.61%
印度尼西亚	0.000 1	0.002	0.000 8	0.004	0.01	216.23%
柬埔寨	—	—	—	—	0.01	—
韩国	0.001	0.001	0.002	0.001	0.000 3	−25.99%
菲律宾	0.000 01	—	—	—	0.000 002	−33.13%

数据来源：海关总署。

二、云南与 RCEP 其他成员国植物产品贸易特征分析

（一）云南与RCEP其他成员国植物产品贸易市场占有率分析

1.云南与RCEP其他成员国植物产品贸易市场占有率概述

云南与RCEP其他成员国植物产品贸易市场占有率近5年的波动较为显著，且进口市场占有率远超出口市场占有率，大多超过50%。

从表3.59中的数据来看，云南对RCEP其他成员国的出口市场占有率呈现先增后减的趋势，由2018年的2.47%增长至2020年的4.94%，后开始下降，

2022年降至1.56%。云南自RCEP其他成员国的进口市场占有率呈现波动趋势，由2018年的49.41%增长至2019年的62.19%，为近5年最高点，此后开始下滑，2021年降至44.15%，2022年开始回升，为55.16%。

表3.59 2018—2022年云南与RCEP其他成员国植物产品贸易整体的进出口市场占有率

市场占有率	2018年	2019年	2020年	2021年	2022年
出口	2.47%	4.11%	4.94%	3.10%	1.56%
进口	49.41%	62.19%	51.91%	44.15%	55.16%

2.云南对RCEP其他各成员国植物产品出口市场占有率分析

从国别均值来看，云南对RCEP其他成员国植物产品出口市场占有率排名前三的是缅甸、越南和泰国，分别为35.39%、15.46%、8.25%，其中，云南对越南和泰国虽然出口植物产品的贸易额高于缅甸，但出口市场占有率却低于缅甸，显示缅甸对云南植物产品的市场依赖要高于越南、泰国，如表3.60所示。具体来看，云南对缅甸出口的植物产品集中在鲜苹果、柑橘（包括小蜜橘及萨摩蜜柑橘）、葵花子、鲜或冷藏的大蒜、红茶及部分发酵茶，内包装每件净重＞3 kg；对越南出口的植物产品集中在柑橘（包括小蜜橘及萨摩蜜柑橘）、鲜葡萄、鲜苹果、鲜梨、其他鲜或冷藏的食用芥菜类蔬菜；对泰国出口的植物产品集中在新葡萄、其他鲜或冷藏的食用芥菜类蔬菜、柑橘（包括小蜜橘及萨摩蜜柑橘）、鲜或冷藏的菜花及西兰花、鲜或冷藏的辣椒属及多香果属的果实。排名第四的是老挝市场，其近5年出口市场占有率均值为4.73%，出口的植物产品集中在未焙炒未浸除咖啡碱的咖啡、柑橘（包括小蜜橘及萨摩蜜柑橘）、其他鲜或冷藏的莴苣、鲜或冷藏的胡萝卜及芜菁、其他鲜或冷藏的食用根茎。之后为马来西亚、柬埔寨市场，出口市场占有率在1%左右，显示这两个国家虽然不是云南的毗邻地区，但云南植物产品仍有一定的渗透率，其中，云南对马来西亚出口的植物产品集中在鲜或冷藏的菜花及西兰花、其他鲜或冷藏的食用芥菜类蔬菜、其他鲜、冷、冻或干含有高淀粉或菊粉根茎、未焙炒未浸除咖啡碱的咖啡；对柬埔寨出口的植物产品集中在其他鲜或冷藏的莴苣、鲜或冷藏的菜花及西兰花、其他鲜或冷藏的食用芥菜类蔬菜、其他苗木、其他鲜或冷藏的蔬菜、鲜或冷藏的辣椒属及多香果属的果实。其余RCEP成员国,云南植物产品的出口市场占有率均小于1%,显示云南的植物产品在RCEP区域仍有较大的市场开拓空间,尤其是RCEP区域进口植物产品较多的日本、新西兰市场仍有待进一步挖掘。

表3.60　2018—2022年云南对RCEP其他成员国植物产品出口市场占有率

国别	2018年	2019年	2020年	2021年	2022年	国别均值
缅甸	39.12%	41.64%	55.07%	28.65%	12.49%	35.39%
越南	10.06%	19.67%	27.49%	14.29%	5.81%	15.46%
泰国	8.58%	11.46%	10.66%	5.19%	5.36%	8.25%
老挝	5.46%	3.27%	6.60%	8.31%	—	4.73%
马来西亚	1.37%	2.28%	1.49%	1.15%	1.02%	1.46%
柬埔寨	1.88%	1.77%	1.17%	1.17%	0.84%	1.37%
文莱	0.31%	0.40%	0.34%	0.49%	1.08%	0.52%
菲律宾	0.32%	0.98%	0.84%	0.15%	0.09%	0.48%
澳大利亚	0.27%	0.35%	0.44%	0.47%	0.48%	0.40%
印度尼西亚	0.38%	1.00%	0.32%	0.06%	0.04%	0.36%
新加坡	0.37%	0.40%	0.36%	0.30%	0.33%	0.35%
日本	0.34%	0.35%	0.37%	0.31%	0.26%	0.33%
韩国	0.24%	0.29%	0.23%	0.18%	0.19%	0.23%
新西兰	0.04%	0.03%	0.03%	0.17%	0.13%	0.08%

3.云南自RCEP其他成员国植物产品进口市场占有率分析

从国别均值来看,云南自RCEP其他成员国植物产品进口额以及进口市场占有率排名前三的均是泰国、缅甸和老挝,其中,泰国为27.53%,缅甸为12.70%,老挝为8.45%;排名第四的是越南,进口市场占有率为3.34%,其余国家均不足1%,云南植物产品的进口来源地较为集中,以泰国为主,如表3.61所示。具体来看,云南自泰国进口的植物产品集中在鲜榴莲、鲜或干的番石榴、芒果及山竹果、葡萄柚及柚、其他鲜果、鲜或冷藏的辣椒属及多香果属的果实等。中国是全球榴莲最大进口国,目前国际市场97%的榴莲销往中国,由于印度尼西亚、菲律宾等国未取得我国检验检疫准入资格,我国进口榴莲主要来自泰国。2020年年底，RCEP正式签署，进一步推动了贸易投资自由化和便利化。通关便利和运输高效大幅缩短泰国榴莲在途时间，并显著降低损耗。2018年前，我国每年榴莲进口额仅5亿～6亿美元，此后快速增长并于2022年达到40亿美元，增长近7倍。自缅甸进口的植物产品集中在碎米、其他主要作香料、药料、杀虫、杀菌等用植物、鲜或冷藏的辣椒属及多香果属的果实、未磨的辣椒干、其他树胶、树脂等；自老挝进口的植物产品集中在其他主要作香料、药料、杀虫、杀菌等用植物、葡萄柚及柚、鲜或干的香蕉、其他鲜果、其他植物产品。排名第四的是越南市场，其近5年进口市场占有率均值为3.34%，进口的植物产品集中在鲜榴莲、其他鲜果、未磨的辣椒干、其他主要作香料、药料、杀虫、杀菌等用植物。之后为日本、新西兰市场，进口市场占有率不足0.5%，其中，云南自日本进口的植物产品集中在其他苗木、草本花卉植物种子，日本的草本花卉植物种子为逐年降税商品，在第1到15年内关税由5.5%逐年下降，并在第16年降为0。由于RCEP是中日之间首次达成的自由贸易协定，因此，只要列入降税安排的产品均可获得更优惠的税率。自新西兰进口的植物产品集中在休眠的根、茎，该类商品为立即降税为0的商品，在中新自贸协定中关税也为0，在RCEP和中新自贸协定框架下关税水平相同。

表3.61 2018—2022年云南自RCEP其他成员国植物产品进口市场占有率

国别	2018年	2019年	2020年	2021年	2022年	均值
泰国	21.33%	35.13%	24.13%	27.68%	29.37%	27.53%
缅甸	13.79%	13.69%	12.68%	6.42%	16.93%	12.70%
老挝	10.30%	9.99%	10.30%	4.53%	7.15%	8.45%
越南	3.29%	2.56%	4.46%	5.13%	1.26%	3.34%
日本	0.36%	0.26%	0.18%	0.19%	0.26%	0.25%
新西兰	0.29%	0.17%	0.10%	0.12%	0.10%	0.16%
印度尼西亚	0.001%	0.01%	0.005%	0.01%	0.03%	0.01%
澳大利亚	0.04%	0.16%	0.04%	0.04%	0.03%	0.06%
马来西亚	0.01%	0.20%	0.01%	0.01%	0.01%	0.05%
柬埔寨	0	0	0	0	0.02%	<0.01%
韩国	0.01%	0.01%	0.01%	0	0	0.01%
菲律宾	0.000 1%	0	0	0	0.000 01%	<0.01%

4.小结

整体来看，出口方面，云南出口的植物产品在 RCEP 区域的市场占有率自2019年后出现下滑，到2022年已低于2018年的水平，这一趋势表明云南植物产品在 RCEP 市场的出口竞争力面临挑战。与出口方面相比，云南在进口植物产品方面表现出较强的依赖性，50%以上的植物产品来自 RCEP 成员国，且整体呈现上升趋势，这表明 RCEP 成员国在云南植物产品供应链中占据重要地位。

具体来看，云南出口的植物产品在缅甸、越南、泰国、老挝等国家的市场占有率较高，但除老挝外均出现下滑趋势，说明云南的植物产品近年来在缅甸、越南、泰国市场的份额缩小，而在老挝市场的份额扩大。进口方面，泰国的植物产品在云南市场保持较高的市场占有率并实现上升，此外，越南的上升幅度也较明显，说明泰、越两国日益成为云南植物产品的主要进口来源地。同时，马来西亚、菲律宾、印度尼西亚市场较大，但目前进出口市场占有率都极低，也是未来云南应加大挖掘的潜力市场。RCEP 生效后，将在货物贸易、服务贸易、投资、知识产权等众多方面促进成员国之间的相互开放与经济发展。云南具有与 RCEP 其他成员国家合作的区位优势，且双方具有一定的合作基础，RCEP 生效将进一步促进云南与各国之间的合作。与此同时，RCEP 也会带来挑战，如更加开放的区域市场需要云南有更强的产业竞争优势。因此，云南应抢抓机遇，进一步扩大开放，以现有的开放平台为抓手，进一步推进与 RCEP 其他成员国家的合作，创新合作模式，积极服务我国与 RCEP 其他成员国构建产业链、价值链、供应链的需求，打破在对外开放中遇到的障碍，克服对外贸易中的难点和堵点，形成与 RCEP 其他成员国家更高质量、更深层次的合作关系，发展更高水平的开放型经济。

（二）植物产品贸易竞争性分析

1.云南对 RCEP 其他成员国出口显示性比较优势

2022年，云南对 RCEP 其他成员国的植物产品具有出口显示性比较优势的种类有6种。根据表3.62中的计算数据可知，按照 RCA 均值从大到小排名，依次为第6章活树及其他活植物等、第7章食用蔬菜等、第8章食用水果及坚果等、第9章咖啡等、第14章编结用植物材料等、第13章虫胶等。而第12章含油子仁及果实等、第11章制粉工业产品等、第10章谷物的 RCA 均值均小于1，说明云南处于相对弱势状态。

具体来看，2022年相较于2018年，第6章活树及其他活植物等的 RCA 均值呈现上升态势，且相对其他产品一直保持较大的优势。第8章食用水果及坚果等、第7章食用蔬菜等、第9章咖啡等、第14章编结用植物材料等、第13章虫胶等的 RCA 均值虽然相较2018年有所下降，但仍然大于1，说明仍具有较大的优势。与之相反，第12章含油子仁及果实等、第11章制粉工业产品等、第10章谷物的 RCA 均值小于1。

表3.62　2018—2022年云南对 RCEP 其他成员国各类植物产品的出口显示性比较优势

产品类别	2018年	2019年	2020年	2021年	2022年
第8章　食用水果及坚果；甜瓜或柑橘属水果的果皮	29.85	44.06	39.83	28.00	17.89
第6章　活树及其他活植物；鳞茎、根及类似品；插花及装饰用簇叶	19.52	18.77	17.26	20.68	28.69
第7章　食用蔬菜、根及块茎	18.99	22.78	20.58	20.79	18.58
第9章　咖啡、茶、马黛茶及调味香料	6.93	4.91	2.99	2.55	3.24
第14章　编结用植物材料；其他植物产品	2.36	2.43	1.05	1.53	1.74
第12章　含油子仁及果实；杂项子仁及果仁；工业用或药用植物；稻草、秸秆及饲料	3.10	2.47	0.66	0.43	0.62
第13章　虫胶；树胶、树脂及其他植物液、汁	1.55	1.40	0.85	1.01	1.49
第11章　制粉工业产品；麦芽；淀粉；菊粉；面筋	0.07	0.06	0.07	0.04	0.31
第10章　谷物	0.01	0.00	0.00	0.01	0.00

云南对 RCEP 其他成员国的出口显示性比较优势整体极大的是食用水果及坚果等、活树及其他活植物等、食用蔬菜、根及块茎。下面将分析云南在该3类产品上对 RCEP 其他成员国的出口显示性比较优势。

第1类：云南对 RCEP 其他成员国食用水果及坚果等的出口显示性比较优势分析，如表3.63所示。具体分析如下：RCA 均值排名前五的国家为泰国、越南、菲律宾、马来西亚和缅甸。其中，云南对泰国的出口显示性比较优势最大，RCA 均值为76.93，最大值为2018年的126.69，2018—2022年总体趋势向下；对越南和菲律宾的出口显示性比较优势也较大，RCA 均值均在20以上，对越南总体趋势向上，但对菲律宾向下趋势明显，2022年跌破1；对缅甸的出口显示性比较优势整体比较平稳，RCA 均值达11.85；对马来西亚和印度尼西亚的出口显示性比较优势总体向下，自2021年起保持低位。

表3.63 2018—2022年云南对 RCEP 其他成员国食用水果及坚果等的出口显示性比较优势

国别	2018年	2019年	2020年	2021年	2022年	均值
泰国	126.69	116.26	61.51	41.97	38.24	76.93
越南	19.88	39.25	53.42	26.21	21.34	32.02
菲律宾	42.79	61.81	19.09	1.84	0.18	25.14
马来西亚	35.27	47.15	9.18	0.74	0.26	18.52
缅甸	12.47	11.56	15.11	14.12	5.97	11.85
印度尼西亚	10.84	19.34	6.45	0.82	0.61	7.61
柬埔寨	2.49	2.08	—	—	—	0.91
新加坡	3.00	0.09	0.00	0.00	0.39	0.69
老挝	0.14	0.15	1.75	0.55	—	0.52
澳大利亚	—	—	0.01	0.02	0.14	0.03
文莱	0.15	—	—	—	—	0.03
日本	—	0.03	0.04	—	0.001	0.01
新西兰	—	—	—	—	0.000 1	0.000 02
韩国	—	—	—	—	—	—

第2类：云南对 RCEP 其他成员国活树及其他活植物等的出口显示性比较优势分析，如表3.64所示。具体分析如下：RCA 均值排名前五的国家为菲律宾、韩国、马来西亚、柬埔寨和文莱。其中，云南对菲律宾的出口显示性比较优势最大，RCA 均值达到737.54，整体呈现先减后增的趋势；对韩国、马来西亚、柬埔寨的出口 RCA 均值也超过了100，但总体均为向下趋势；除老挝外，对其余国家的出口显示性比较优势均值均在5以上，其中，对泰国、印度尼西亚、越南和新西兰的出口显示性比较优势总体呈现向上的趋势。

表3.64　2018—2022年云南对RCEP其他成员国活树及其他活植物等的出口显示性比较优势

国别	2018年	2019年	2020年	2021年	2022年	均值
菲律宾	1185.71	718.20	206.32	699.05	878.40	737.54
韩国	390.28	471.49	126.55	101.38	59.83	229.91
马来西亚	242.18	194.03	67.48	37.82	37.48	115.80
柬埔寨	191.43	166.25	24.84	57.87	120.58	112.19
文莱	264.49	144.49	8.39	12.92	1.16	86.29
日本	126.05	113.96	49.69	54.18	62.81	81.34
新加坡	119.10	116.63	23.55	35.35	61.29	71.18
泰国	49.73	53.62	49.71	49.61	87.69	58.07
澳大利亚	58.10	47.39	46.14	53.56	53.27	51.69
印度尼西亚	34.45	30.43	24.39	35.36	64.40	37.81
缅甸	14.26	13.29	39.87	33.47	13.74	22.93
越南	0.41	1.20	8.32	12.87	23.92	9.34
新西兰	1.16	0.76	5.25	13.72	4.16	5.01
老挝	—	0.002	—	0.31	—	0.06

第3类：云南对RCEP其他成员国食用蔬菜、根及块茎的出口显示性比较优势分析，如表3.65所示。具体分析如下：RCA均值排名前五的国家为柬埔寨、文莱、日本、泰国和越南。其中，云南对柬埔寨的出口显示性比较优势最大，RCA均值达到159.30，最高值为2019年的371.10；对文莱、日本、泰国、越南的出口显示性比较优势也较大，但总体均为向下趋势；对缅甸的出口显示性比较优势值自2020年起在1以上，2022年达到最高值130.78；在其他国家中，云南对韩国的出口显示性比较优势呈向上趋势。

表3.65　2018—2022年云南对RCEP其他成员国食用蔬菜、根及块茎的出口显示性比较优势

国别	2018年	2019年	2020年	2021年	2022年	均值
柬埔寨	142.14	371.10	117.79	117.02	48.44	159.30
文莱	97.10	78.92	26.27	31.91	67.72	60.38
日本	73.95	68.12	29.34	24.25	28.55	44.84

（续表）

国别	2018年	2019年	2020年	2021年	2022年	均值
泰国	45.37	38.73	29.38	33.42	36.45	36.67
越南	26.48	39.17	56.72	33.35	16.53	34.45
缅甸	—	0.35	2.10	5.65	130.78	27.78
马来西亚	40.25	48.98	19.68	12.46	10.15	26.30
韩国	12.97	18.43	7.44	5.11	15.42	11.88
新加坡	10.75	12.52	4.58	0.51	0.98	5.87
老挝	1.50	2.12	4.30	7.34	—	3.05
菲律宾	—	0.11	6.12	1.31	—	1.51
澳大利亚	0.30	0.15	0.03	0.47	0.40	0.27
印度尼西亚	0.38	0.11	—	—	0.18	0.13
新西兰	—	—	—	—	—	—

2.云南自RCEP其他成员国进口显示性比较优势

由表3.66可知，活树及其他活植物等、含油子仁及果实等是云南自RCEP其他成员国植物产品进口显示性比较优势整体较小的产品，2018—2022年其进口显示性比较优势均未超过1；对编结用植物材料等的进口显示性比较优势整体趋势向下，2021年起跌破1；对其余产品的进口显示性比较优势均较大，其中，制粉工业产品等，食用蔬菜、根及块茎，食用水果及坚果等的进口显示性比较优势总体呈向上趋势。

表3.66 2018—2022年云南自RCEP其他成员国各类植物产品的进口显示性比较优势

产品类别	2018年	2019年	2020年	2021年	2022年
第11章 制粉工业产品；麦芽；淀粉；菊粉；面筋	2.40	2.20	2.22	2.41	2.70
第7章 食用蔬菜、根及块茎	2.36	2.20	2.22	2.41	2.70
第8章 食用水果及坚果；甜瓜或柑橘属水果的果皮	2.35	2.20	2.20	2.39	2.66
第13章 虫胶；树胶、树脂及其他植物液、汁	2.31	1.96	1.99	2.05	2.54
第10章 谷物	2.40	2.20	2.22	1.59	2.31
第9章 咖啡、茶、马黛茶及调味香料	2.37	2.11	1.73	1.77	2.22

（续表）

产品类别	2018年	2019年	2020年	2021年	2022年
第14章　编结用植物材料；其他植物产品	1.53	1.19	1.02	0.91	0.72
第6章　活树及其他活植物；鳞茎、根及类似品；插花及装饰用簇叶	0.69	0.60	0.54	0.59	0.43
第12章　含油子仁及果实；杂项子仁及果仁；工业用或药用植物；稻草、秸秆及饲料	0.36	0.39	0.29	0.23	0.43

　　云南自 RCEP 其他成员国整体的进口显示性比较优势较大的是制粉工业产品等，食用水果及坚果等，食用蔬菜、根及块茎。下面将分析云南在这3类产品上对 RCEP 各国的进口显示性比较优势。

　　第1类：云南自 RCEP 其他成员国制粉工业产品等的进口显示性比较优势分析，如表3.67所示。具体分析如下：老挝对云南的进口显示性比较优势最大，RCA 均值达19.95，最大值为2019年的21.51，整体比较平稳；其他国家的进口显示性比较优势均低于1。

表3.67　2018—2022年云南自 RCEP 其他成员国制粉工业产品等的进口显示性比较优势

国别	2018年	2019年	2020年	2021年	2022年	均值
老挝	20.42	21.51	19.31	20.38	18.11	19.95
泰国	0.76	—	0.01	0.02	—	0.16
缅甸	0.19	0.04	—	0.26	0.10	0.12
越南	0.14	—	0.00	—	0.14	0.06

　　第2类：云南自 RCEP 其他成员国食用水果及坚果等的进口显示性比较优势分析，如表3.68所示。具体分析如下：RCA 均值排名前三的国家为泰国、柬埔寨、越南。其中，泰国对云南的进口显示性比较优势最大，RCA 均值达26.27，最大值为2018年的37.96；2018—2022年，只有2022年实现自柬埔寨进口，但其进口显示性比较优势极大，RCA 均值为26.38；其他国家的进口显示性比较优势均低于1。

表3.68　2018—2022年云南自RCEP其他成员国食用水果及坚果等的进口显示性比较优势

国别	2018年	2019年	2020年	2021年	2022年	均值
泰国	37.96	25.09	25.21	22.21	20.88	26.27
柬埔寨	—	—	—	—	26.38	26.38
越南	0.003	0.18	1.60	2.13	0.81	0.94
缅甸	0.65	0.22	0.04	0.03	0.13	0.21
马来西亚	0.12	—	0.34	0.13	0.02	0.12
印度尼西亚	0.11	0.15		0.02	0.06	0.07
澳大利亚	—	0.15	0.06	0.06	0.04	0.06
老挝	—	—	—		0.09	0.02

第3类：云南自RCEP其他成员国食用蔬菜、根及块茎的进口显示性比较优势分析，如表3.69所示。具体分析如下：RCA均值排名前三的国家为越南、泰国、缅甸。其中，越南对云南的进口显示性比较优势最大，RCA均值达5.81，最大值为2020年的8.11，总体呈现向下趋势；泰国的进口显示性比较优势均值在2以上；缅甸的进口显示性比较优势总体向上，2022年RCA均值为3.97；其他国家的进口显示性比较优势均值均低于1。

表3.69　2018—2022年云南自RCEP其他成员国食用蔬菜、根及块茎的进口显示性比较优势

国别	2018年	2019年	2020年	2021年	2022年	均值
越南	5.79	7.35	8.11	5.26	2.55	5.81
泰国	—	0.02	—	8.41	2.73	2.23
缅甸	1.57	1.26	1.56	1.69	3.97	2.01
澳大利亚	0.32	0.49	—	—	—	0.16
老挝	0.08	0.02	—		0.08	0.04
日本	—	—	—		0.000 3	0.000 1

3.小结

云南具有出口显示性比较优势的植物产品主要有食用水果及坚果等、活树及其他活植物等和食用蔬菜、根及块茎等。具体来看，在食用水果及坚果等方面，云南对大多成员国的出口显示性比较优势整体向下，其中对泰国的出口显

示性比较优势最大，其次为越南和菲律宾，对越南的出口显示性比较优势总体趋势向上，对缅甸的出口显示性比较优势整体比较平稳。在活树及其他活植物等方面，云南对大多 RCEP 成员国的出口显示性比较优势较大，其中对菲律宾的出口显示性比较优势最大，对泰国、印度尼西亚、越南和新西兰的出口显示性比较优势总体呈现向上的趋势。在食用蔬菜、根及块茎方面，云南对柬埔寨的出口显示性比较优势最大，对文莱、日本、泰国、越南的出口显示性比较优势也较大，但总体均为向下趋势；对缅甸、韩国的出口显示性比较优势为向上趋势。综上所述，云南具有出口显示性比较优势的植物产品在重点国别的出口显示性比较优势虽然保持较大值，但大多处于向下趋势，说明其出口显示性比较优势逐渐下降。

RCEP 其他成员国具有进口显示性比较优势的植物产品主要有制粉工业产品等，食用水果及坚果等，食用蔬菜、根及块茎。具体来看，其进口显示性比较优势主要集中在 1 ~ 2 个国家，如制粉工业产品等为老挝，食用水果及坚果等为泰国，食用蔬菜、根及块茎为越南和泰国，说明云南相关植物产品的进口来源地较为集中且具有进口显示性比较优势。

（三）植物产品贸易互补性分析

1. 计算与分析

表 3.70 给出了 2018—2022 年云南与 RCEP 其他成员国植物产品产业内贸易指数的均值。云南与 RCEP 其他成员国植物产品产业内贸易指数均值大多小于 0.5，甚至为 0，说明云南与 RCEP 其他成员国植物产品贸易趋向产业间贸易。

云南省凭借其独特的地理位置和丰富的自然资源，与 RCEP 成员国在植物产品贸易方面形成了多种形式的合作。具体来看，与云南存在完全产业间贸易（GL=0）的 RCEP 成员国为文莱、柬埔寨、菲律宾和新加坡，这些国家与云南在植物产品贸易上的互补性主要体现在双方各自拥有的独特资源和生产优势。例如，云南的某些特色植物产品可能在这些国家有广阔的市场需求，同时，这些国家也可能拥有云南所需的植物资源。这种贸易形式有助于各国充分利用其资源禀赋，实现互利共赢的目标。云南与泰国、越南、缅甸和日本等国的植物产品贸易则更多地体现了产业内互补性。这些国家与云南在植物产品生产和出口方面存在一定的重叠，它们的贸易并非完全竞争，而是各自专注于具有比较优势的产品。以泰国为例，云南与泰国在活树及其他活植物等、食用水果及坚果等2类产品上形成了产业内贸易。泰国在这些领域拥有独特的资源和生产技术，而云南在这些领域有一定的市场需求。类似的情况也出现在云南与越南、缅甸和日本之间的植物产品贸易中。此外，产业内贸易不仅有助于贸易双方发挥自身的比较优势，还能促进技术交流和产业升级。通过贸易合作，贸易双方可以相互学习借鉴对方的先进技术和管理经验，从而提升自身产业的竞争力。

综上所述，云南与RCEP其他成员国在植物产品贸易方面存在广泛的合作空间。通过充分发挥各自的资源和生产优势，加强技术交流和产业升级合作，各方有望实现更紧密的经贸联系和共同发展。这不仅有助于提升各自的经济实力和竞争力，还能为地区经济的繁荣稳定作出积极贡献。

表3.70　2018—2022年云南与RCEP其他成员国植物产品产业内贸易指数

年份	国别	第6章	第7章	第8章	第9章	第10章	第11章	第12章	第13章	第14章
2018	文莱	0	0	0	—	—	—	—	—	—
	缅甸	0	0	0.626 5	0.081 1	0	0.694 7	0.042 3	0	0
	柬埔寨	0	0	0	—	—	—	—	—	—
	印度尼西亚	0.002 6	0	0.000 6	0			0	0	0
	日本	0.007 4	0	—	0	0	—	0.741 6	0	0
	老挝	—	0.119 9	0	0.876 3	0.012 9	0	0.133 0		
	马来西亚	0.014 4	0	0.005 7	0	—	—	0	0	0
	菲律宾	0	—							
	新加坡	0		0	0			0		
	韩国	0.012 7		0	0	—		0	0	
	泰国	0.497 0	0	0.598 7	0.000 6	0	0	0.088 1	0	0
	越南	0.149 0	0.146 3	0	0.593 6	0	0.021 5	0	0	—
	澳大利亚	0.142 4	0.714 5	—				0.104 3	0.002 8	
	新西兰	0.001 8	—	—	—	—	—	0	—	—

（续表）

年份	国别	第6章	第7章	第8章	第9章	第10章	第11章	第12章	第13章	第14章
2019	文莱	0	0	—	—	—	—	—	—	—
	缅甸	0	0.051 8	0.405 3	0.863 1	0	0.817 8	0.080 6	0.890 9	0.002 4
	柬埔寨	0	0	0	—	—	—	—	—	—
	印度尼西亚	0.006 0	0	0.001 3	0.115 6	—	—	0	0	—
	日本	0.018 7	0	0	0	—	—	0.951 3	0	0
	老挝	0	0.011 2	0	0	0.001 5	0	0.001 7	0	0
	马来西亚	0.024 6	0	0	0.435 9	—	—	0	0	—
	菲律宾	0	0	0	0	—	—	—	—	—
	新加坡	0	0	—	0	—	—	0	0	0
	韩国	0.013 8	0	—	0	—	—	0	0	—
	泰国	0.760 7	0.000 2	0.848 0	0.000 6	0	—	0.335 2	0.605 5	0
	越南	0.515 0	0.110 3	0.015 1	0.408 0	0	—	0	0	0
	澳大利亚	0.234 4	0.374 8	0	0	—	—	0	0	—
	新西兰	0.002 0	—	—	—	—	—	0.021 3	0	—
2020	文莱	0	0	—	—	—	—	—	—	—
	缅甸	0	0.260 2	0.053 7	0.602 9	0	0	0.084 4	0.311 1	0
	柬埔寨	0	0	—	—	—	—	—	—	—
	印度尼西亚	0	—	0	0.043 7	—	—	0	0	0
	日本	0.010 4	0	0	0	—	0	0.862 4	0	0
	老挝	—	0	0	0.066 6	0	0	0.000 6	0	—
	马来西亚	0.010 9	0	0.022 1	0	—	—	0	0	—
	菲律宾	0	0	0	0	—	—	—	0	—
	新加坡	0	0	0	0	—	—	0	0	0
	韩国	0.030 8	0	—	0	—	—	0.183 1	0	—
	泰国	0.922 6	0	0.927 4	0.002 2	0	0	0.546 3	0	0
	越南	0.270 8	0.033 6	0.059 4	0.630 2	0	0	0	0.131 0	—
	澳大利亚	0.051 4	0	0.069 8	0	—	—	0	0	—
	新西兰	0.059 7	—	—	—	—	—	0.025 7	0	—

（续表）

年份	国别	第6章	第7章	第8章	第9章	第10章	第11章	第12章	第13章	第14章
2021	文莱	0	0	—	—	—	—	—	—	—
	缅甸	0	0.084 5	0.141 3	0.554 8	0	0.462 0	0.083 0	0.261 0	0.001 2
	柬埔寨	0	0	—	—	—	—	—	—	—
	印度尼西亚	0	—	0.075 1	0.090 4	—	—	0.009 3	0.156 0	0
	日本	0.063 8	0	—	0	—	—	0.889 2	0	0
	老挝	0	0	0	0	0.070 2	0	0.000 7	0	0
	马来西亚	0.006 3	0	0.184 6	0	—	—	0	0	—
	菲律宾	0	0	0	0	—	—	0	—	0
	新加坡	0	0	0	0	—	—	—	—	—
	韩国	0.018 1	0	—	0	—	—	0	0	—
	泰国	0.878 7	0.169 5	0.482 0	0.185 3	0	0	0.553 9	0.087 9	0
	越南	0.244 3	0.057 2	0.129 5	0.656 6	0	—	0.119 9	0.010 7	—
	澳大利亚	0.034 9	0	0.070 9	0	—	—	0	0	0
	新西兰	0.119 2	—	—	—	—	—	0	0	—
2022	文莱	0	0	—	—	—	—	—	—	—
	缅甸	0	0.152 1	0.700 8	0.267 7	0.001 6	0.607 6	0.041 7	0.087 4	0
	柬埔寨	0	0	0	0	—	—	—	—	0
	印度尼西亚	0.003 7	0	0.168 6	0.785 1	—	—	0.514 5	0.902 5	—
	日本	0.120 0	0	0	0.623 2	—	—	0.737 5	0	0
	老挝	0	0.192 0	0.400 3	0.700 5	0	0	0.000 6	0	0
	马来西亚	0.003 6	0	0.331 8	0	—	—	0	0	—
	菲律宾	0.000 1	—	0	0	—	—	—	—	—
	新加坡	0	0	0	0	—	—	—	—	0
	韩国	0.011 3	0	—	0	—	—	0	0	—
	泰国	0.568 0	0.188 4	0.340 3	0.170 6	0	—	0.751 6	0.040 5	0
	越南	0.100 4	0.076 0	0.068 5	0.559 3	—	0.259 3	0.276 7	0.190 4	0
	澳大利亚	0.036 1	0	0.372 2	0	—	—	0	0	—
	新西兰	0.033 6	—	0	0	—	—	0	0	—

2.小结

通过测算产业内贸易指数可以看出，云南与RCEP其他成员国植物产品产业内贸易指数均值大多小于0.5，甚至为0，说明相关产品存在只出口或只进口的现象，双边植物产品的贸易趋向产业间贸易，云南与RCEP其他成员国植物产品贸易总体贸易互补，关系十分密切，互补性较为显著，贸易基础扎实。但是，以产业间贸易为主的贸易关系反映出植物产品无法形成一定的竞争，产业结构无法升级，产品层次不高，也为云南与RCEP国家贸易合作的长期发展带来一定挑战。

三、技术性贸易壁垒分析

在目前的国际贸易中，大部分国家已基本放弃使用关税等传统方式来构建贸易壁垒，取而代之的是制定一系列技术要求或行业法规来实现贸易保护，这通常被称为"技术性壁垒"。世界贸易组织为缓解各成员国之间在各类贸易问题上的摩擦，制定TBT—SPS通报制度。由于TBT（技术性贸易壁垒协定）对动植物卫生检疫措施约束不够，因此，在乌拉圭回合谈判中，各成员国提议设立SPS（实施动植物卫生检疫措施的协议）来抵御动植物检疫上隐蔽性很强的技术性壁垒措施。

2017年，我国首个边境贸易国检试验区于广西设立，它的成功运行为边民经商提供了诸多便利，在维护国门安全、创新监管模式、政策先行先试和促进广西沿边开放发展等方面发挥了独特引领作用，促进边境贸易"快检快放""优进优出"，助推"兴边富民"，让边民富起来、国家强起来。

另外，根据中国 WTO/TBT—SPS通报咨询网上的数据资料，RCEP各国关于植物产品的通报数量同样不是很多。这可能是因为RCEP成员国大部分是发展中国家，虽然自身工业化程度不是很高，但其在传统农业上的实力较强。而随着全球产品分工进一步细化，其他国家受到的国际环境对本国植物产品贸易的冲击可能也会因此变得较小。

四、结论与建议

根据以上从各角度对云南—RCEP 植物产品贸易的简要分析,下文将进行总结并提出一些建议,以期对此类产品的贸易发展有所帮助。

从贸易额来看,云南与 RCEP 成员国植物产品贸易整体处于增长态势,虽受疫情等因素影响贸易额连续两年出现下滑,但随着贸易环境向好,贸易额有望恢复增长。云南整体在植物产品上多年来处于贸易顺差状态但进出口差距逐年缩小,2022 年转变为逆差。结合产品结构来看,云南与 RCEP 成员国植物产品进出口主要产品均较为集中,如出口集中在水果、蔬菜和花卉等云南优势产品,进口集中在水果、谷物、含油子仁及果实等,主要出口产品贸易规模多呈下降趋势而进口产品则上升明显。从国别结构来看,云南植物产品的主要进出口市场集中在越南、泰国、缅甸、老挝等周边国家,出口方面的下降与进口的增长也主要来自上述国别。说明云南与 RCEP 其他成员国植物产品的贸易整体由出口转向进口,且产品和市场均较为集中,从云南的角度出发,可以依托自身优势稳好出口、稳固贸易基础为重点,同时深入调研当地特产来开发新的贸易增长点。

从市场占有率来看,云南出口到 RCEP 其他成员国的植物产品市场占有率总体下降,占有率较高的缅甸、越南、泰国、老挝 4 个市场中仅有越南实现上升,一方面是云南植物产品出口总额的整体下降,另一方面也可能是由于云南的植物产品在 RCEP 市场上面临来自国内外更激烈的竞争。云南应稳住对缅甸的植物产品出口额及出口市场占有率,同时要加大对越南和泰国的市场开拓力度,努力提高出口额,从而加快提升出口市场占有率。此外,云南可考虑"从量到质"的转变,通过提高产品加工附加值,推动产业转型升级,提高自身的产品竞争力,促使出口市场占有率得到提升。而对于进口,RCEP 其他成员国出口到云南的植物产品市场占有率整体实现上升,传统市场中泰国、缅甸增幅明显,其他市场中印度尼西亚、柬埔寨份额虽小但也实现了微增,云南可继续深挖全省甚至周边省份的市场需求,同时积极开拓与各国的合作,以此提高自 RCEP 其他成员国的进口。

从贸易竞争性和互补性来看，贸易竞争性方面，进出口指标都反映出水果、蔬菜等是表现最好的产品，因此，无论是出口还是进口，都应适当加大在其他产品上的发展力度，使贸易产品更加多样化。此外，从具体国别来看，云南出口产品在多个国家都有极大的出口比较优势，如按平均水平，云南的水果出口在6个国家，花卉在13个国家，蔬菜在11个国家均有比较优势，而进口比较优势则集中在单一国家，说明云南在各国市场的出口有一定优势，同时也应在进口方面强化与其他市场的合作，优化产品结构。贸易互补性方面，近年来，云南与RCEP其他成员国的各类植物产品贸易保持产业间贸易，表现出较强的贸易互补性，这是由中国和东盟具有各自的比较优势，以及双方在自然资源、产业结构和生产能力上的差异而形成。例如，越南、缅甸、老挝等相对不发达的国家倾向于自然资源的出口，而中国的自然资源进口需求不断增长，这些国家也正是RCEP中云南的主要贸易伙伴。

综上所述，云南应与RCEP其他成员国继续保持有效地沟通和交流，相互取长补短，深入调研对方市场变化的同时，进一步深化对自身市场的了解以做好充分应对，提升植物产品的质量以更好地吸引消费，扩大贸易产品种类和贸易规模。同时，可依托与东盟国家产业、贸易方面极强的互补性，进一步将合作拓展到其他领域。

第四节　机电、音像设备及其零件、附件

机电、音像设备及其零件、附件是指使用机械、电器、电子设备所生产的各类农具机械、电器、电子性能的生产设备和生活用机具。它一般包括机械设备、电气设备、交通运输工具、电子产品、电器产品、仪器仪表、金属制品等及其零部件、元器件。

机械设备行业是国民经济发展的基础性和战略性产业，为国民经济中各行业发展和国防建设提供技术装备，是我国参与全球经济发展、体现国家综合实

力的重要产业。RCEP成员国是我国机电产品重要的出口市场，尤其是在工程机械、电工、石油化工、冶金设备等领域。我国机械行业对RCEP成员国投资活跃，工程机械、冶金成套装备、石化成套装备和汽车工业积极地"走进"东南亚国家。2022年1月1日RCEP正式生效，机电、音像设备及其零件、附件作为我国对东盟等RCEP成员国双边贸易中占比较大的行业，近年来也迎来了新的发展机遇。

基于这种背景，本节将利用云南与RCEP其他成员国的贸易数据，基于贸易指数对云南与RCEP其他成员国在机电、音像设备及其零件、附件的进出口贸易结构、产品比较优势、市场竞争性和产品互补性方面进行分析，探析云南与RCEP其他成员国在机电、音像设备及其零件、附件贸易上的竞争性、互补性及其深层次原因，提出改进云南与RCEP其他成员国在机电、音像设备及其零件、附件上的国际分工和贸易关系的建议。

第十六类机电、音像设备及其零件、附件具体包含以下2类商品：核反应堆、锅炉、机械设备及其部分（第84章）；电机、录音机、电视机及其零件和配件（第85章）。

一、云南与 RCEP 其他成员国机电、音像设备及其零件、附件贸易现状

（一）云南机电、音像设备及其零件、附件贸易概况

云南机电、音像设备及其零件、附件在国际市场上的表现一直备受关注。近年来，随着全球经济的不断发展和国际贸易的深入合作，云南机电、音像设备及其零件、附件的进出口呈现蓬勃的发展态势。

整体来看，在出口方面，2018年云南机电、音像设备及其零件、附件的出口额为25.75亿美元，而2022年出口额为46.73亿美元，呈现明显的上升趋势，年均增长率为16.06%，说明云南机电、音像设备及其零件、附件的出口规模不断加大，竞争力实现一定的提升。在进口方面，2018年云南机电、音像设备及

其零件、附件的进口额为9.42亿美元，2022年进口额为21.93亿美元，其进口的年均增长率达到了23.52%，说明云南有较大的机电、音像设备及其零件、附件进口需求，同时说明云南该类产品的进出口量均较多，且实现了较为快速的增长。

1. 贸易产品概况

云南出口产品集中在电机、电气设备及其零件等，2018年和2022年，该类产品出口额排名均为第一，如表3.71所示。具体来看，2018年和2022年，云南出口电机、电气设备及其零件等金额分别为20.47亿美元、31.85亿美元，出口额出现了明显的上升，但是该产品的出口占比出现了一定的下滑，由2018年的79.50%下滑至2022年的68.16%，说明云南在该领域产品的出口集中度虽保持较高水平但也有所降低，其他产品的出口份额逐步提高；2018年出口第二的是核反应堆、锅炉、机器、机械器具及零件，出口额为5.28亿美元，占比20.50%，到2022年该产品出口额增长至14.88亿美元，占比明显地上升，达到31.84%。由云南机电、音像设备及其零件、附件的出口结构可以看出，两类产品的出口均较多，但集中在单一型产品的情况也较为明显。

表3.71　2018年、2022年云南机电、音像设备及其零件、附件出口情况

单位：亿美元

排名	2018年			2022年		
	产品类别	贸易额	占比	产品类别	贸易额	占比
1	第85章 电机、电气设备及其零件；录音机及放声机、电视图像、声音的录制和重放设备及其零件、附件	20.47	79.50%	第85章 电机、电气设备及其零件；录音机及放声机、电视图像、声音的录制和重放设备及其零件、附件	31.85	68.16%
2	第84章 核反应堆、锅炉、机器、机械器具及零件	5.28	20.50%	第84章 核反应堆、锅炉、机器、机械器具及零件	14.88	31.84%

与出口结构相似，电机、电气设备及其零件同样是云南主要进口的机电、音像设备及其零件、附件种类，2018年和2022年，该2类产品进口额均有所上升。从表3.72的数据具体来看，2018年和2022年，云南进口电机、电气设备及其零件等的金额由7.80亿美元大幅增长至15.71亿美元，增长了近1倍，但占

比出现了小幅下滑，由2018年的82.75%回落至2022年的71.65%，说明在结构方面，进口结构进一步由单一性产品转向为多样性产品；核反应堆、锅炉、机器、机械器具及零件进口的金额从2018年的1.62亿美元大幅增长至2022年的6.22亿美元，占比由2018年的17.25%上升至2022年的28.35%，一定程度上分走了另一类产品的份额。

表3.72　2018年、2022年云南机电、音像设备及其零件、附件进口情况

单位：亿美元

排名	2018年			2022年		
	产品类别	贸易额	占比	产品类别	贸易额	占比
1	第85章 电机、电气设备及其零件；录音机及放声机、电视图像、声音的录制和重放设备及其零件、附件	7.80	82.75%	第85章 电机、电气设备及其零件；录音机及放声机、电视图像、声音的录制和重放设备及其零件、附件	15.71	71.65%
2	第84章 核反应堆、锅炉、机器、机械器具及零件	1.62	17.25%	第84章 核反应堆、锅炉、机器、机械器具及零件	6.22	28.35%

2.贸易市场概况

云南机电、音像设备及其零件、附件的主要出口市场集中在周边国家及部分欧美国家，如表3.73所示。具体来看，2018年第一大出口市场为缅甸，云南对其出口的机电、音像设备及其零件、附件金额为10.05亿美元，占比为39.01%，但2022年对缅甸机电、音像设备及其零件、附件的出口额及占比均有明显的下滑，金额为3.37亿美元，占比为7.20%，排名第四，说明从市场结构看，云南的机电、音像设备及其零件、附件出口市场继续向多样性发展；2018年排名第二至第五的分别为越南、中国香港、老挝、印度，出口额分别为7.07亿美元、3.89亿美元、0.68亿美元、0.50亿美元，占比分别为27.46%、15.11%、2.64%、1.95%；2022年出口的前三大市场却成为中国香港、美国、印度，金额分别为8.94亿美元、8.11亿美元、5.30亿美元，占比分别为19.12%、17.35%、11.34%。2022年，其余市场中出口额在1亿美元以上的还有缅甸、马来西亚、新加坡、越南、泰国、英国。

在出口前十的市场中，2018年RCEP成员国的数量有4个，2022年则为5个，分别有缅甸、马来西亚、新加坡、越南、泰国，前十市场的占比由2018年的69.94%下滑至2022年的26.22%，降幅为43.72%。由云南机电、音像设备及其零件、附件出口的国别结构可以看出，云南对缅甸、越南等RCEP国家的出口规模明显下滑，带动对RCEP区域的出口下降，2022年较2018年虽有更多RCEP成员国市场进入前十，但是其占比明显下滑，说明云南的产品逐步向RCEP区域以外的市场转移。

表3.73　2018年、2022年云南机电、音像设备及其零件、附件出口前十市场

单位：亿美元

排名	2018年			2022年		
	国家/地区	金额	占比	国家/地区	金额	占比
1	缅甸	10.05	39.01%	中国香港	8.94	19.12%
2	越南	7.07	27.46%	美国	8.11	17.35%
3	中国香港	3.89	15.11%	印度	5.30	11.34%
4	老挝	0.68	2.64%	缅甸	3.37	7.20%
5	印度	0.50	1.95%	马来西亚	3.23	6.91%
6	美国	0.41	1.59%	新加坡	2.33	4.99%
7	伊朗	0.30	1.18%	越南	2.18	4.67%
8	墨西哥	0.25	0.99%	泰国	1.14	2.45%
9	德国	0.23	0.91%	英国	1.02	2.19%
10	马来西亚	0.21	0.83%	荷兰	0.93	1.99%

在进口方面，2018—2022年，云南机电、音像设备及其零件、附件进口前十市场中，RCEP成员国的数量由3个增加到5个，占比也有所提升，2022年进入进口前十的RCEP成员国分别为中国、马来西亚、日本、韩国、泰国，RCEP成员国进口额的占比由2018年的26.64%增长至2022年的35.96%，如表3.74所示。

表3.74　2018年、2022年云南机电、音像设备及其零件、附件进口前十市场

单位：亿美元

排名	2018年			2022年		
	国家/地区	金额	占比	国家/地区	金额	占比
1	中国台湾	5.63	59.80%	中国台湾	12.69	57.87%
2	中国	2.23	23.73%	中国	4.18	19.06%
3	德国	0.36	3.80%	马来西亚	2.44	11.12%
4	美国	0.30	3.20%	日本	0.54	2.44%
5	澳大利亚	0.21	2.23%	韩国	0.37	1.68%
6	意大利	0.18	1.92%	泰国	0.36	1.66%
7	新加坡	0.06	0.68%	美国	0.34	1.55%
8	中国香港	0.06	0.64%	德国	0.29	1.32%
9	以色列	0.06	0.60%	瑞典	0.14	0.63%
10	荷兰	0.05	0.50%	荷兰	0.12	0.54%

（二）云南与RCEP其他成员国机电、音像设备及其零件、附件贸易规模

整体来看，云南与RCEP其他成员国机电、音像设备及其零件、附件贸易额呈波动趋势，出口拉动作用显著，如表3.75所示。2018年贸易额为19.07亿美元，2019年小幅下降至17.73亿美元，2020—2021年，连续两年增长至24.36亿美元，2022年再次下滑至19.52亿美元。2018—2022年，云南与RCEP其他成员国机电、音像设备及其零件、附件贸易额年均增速为0.58%，增长较为平稳。

从出口额看，云南对RCEP其他成员国机电、音像设备及其零件、附件出口呈现较大波动。2018年出口额为18.74亿美元，2019年跌至17.38亿美元，2020—2021年连续两年小幅上升，2022年再次出现下滑，由2021年的20.42亿美元下降至2022年的15.75亿美元，降幅接近5亿美元。2018—2022年，云南与RCEP其他成员国机电、音像设备及其零件、附件出口额年均增速为−4.25%。

从进口额看，云南自RCEP其他成员国机电、音像设备及其零件、附件进口呈现突增趋势。2018—2020年进口额均低于1亿美元，由0.33亿美元增长至0.38亿美元；2021进口规模实现飞跃，进口额增长至3.94亿美元，2022年进

口规模保持在3亿美元以上，进口额达到3.77亿美元。2018—2022年，云南与RCEP其他成员国机电、音像设备及其零件、附件进口额年均增速为83.85%，增幅较大。

云南与RCEP其他成员国机电、音像设备及其零件、附件贸易虽一直处于顺差状态，但差额逐年减小。2018—2022年始终保持顺差，2018年贸易顺差为18.41亿美元，2019年减小至17.03亿美元，2022年差额减小至11.98亿美元。2018—2022年，云南与RCEP其他成员国机电、音像设备及其零件、附件进出口贸易差额年均增速为–10.18%。

表3.75　2018—2022年云南与RCEP其他成员国机电、音像设备及其零件、附件进出口情况

单位：亿美元

年份	贸易额	出口额	进口额	贸易差额
2018	19.07	18.74	0.33	18.41
2019	17.73	17.38	0.35	17.03
2020	18.92	18.54	0.38	18.16
2021	24.36	20.42	3.94	16.48
2022	19.52	15.75	3.77	11.98
年均增速	0.58%	–4.25%	83.85%	–10.18%

数据来源：海关总署。

（三）云南与RCEP其他成员国机电、音像设备及其零件、附件贸易产品结构

1.出口结构分析

从市场占比结构看，云南对RCEP其他成员国出口机电、音像设备及其零件、附件占比结构较为稳定，最主要出口产品种类是电机、电气设备及其零件等。由表3.76可知，2022年，电机、电气设备及其零件等出口占云南对RCEP其他成员国出口机电、音像设备及其零件、附件的比重为69.50%，较2018年下降8.31个百分点，说明云南出口的机电、音像设备及其零件、附件产品集中度有所降低。

表3.76 2018年、2022年云南对RCEP其他成员国各类机电、音像设备及其零件、附件出口情况

单位：亿美元

产品类别	2018年	占比	2022年	占比
第84章 核反应堆、锅炉、机器、机械器具及零件	4.16	22.19%	5.31	30.50%
第85章 电机、电气设备及其零件；录音机及放声机、电视图像、声音的录制和重放设备及其零件、附件	14.59	77.81%	10.44	69.50%

由表3.77可知，核反应堆、锅炉等出口表现相对逊色，出口方面，2018年出口额为4.16亿美元，2019—2022年出口额均低于7亿美元。

表3.77 2018—2022年云南对RCEP其他成员国各类机电、音像设备及其零件、附件出口情况

单位：亿美元

产品类别	2018年	2019年	2020年	2021年	2022年	年均增长
第84章 核反应堆、锅炉、机器、机械器具及零件	4.16	4.5	6.13	5.13	5.31	6.29%
第85章 电机、电气设备及其零件；录音机及放声机、电视图像、声音的录制和重放设备及其零件、附件	14.59	12.89	12.41	15.3	10.44	−8.03%

2.进口结构分析

从市场占比结构看，云南自RCEP其他成员国进口机电、音像设备及其零件、附件占比同样集中在单一型产品，最主要的进口产品种类是电机、电气设备及其零件等，如表3.78所示。2022年，电机、电气设备及其零件等进口占云南自RCEP其他成员国进口机电、音像设备及其零件、附件的比重为82.49%，较2018年上升11.94个百分点；核反应堆、锅炉、机器、机械器具及零件占比为17.51%，较2018年出现一定程度的下滑。

表3.78 2018年、2022年云南自RCEP其他成员国各类机电、音像设备及其零件、附件进口情况

单位：亿美元

产品类别	2018年	占比	2022年	占比
第84章 核反应堆、锅炉、机器、机械器具及零件	0.096	29.45%	0.66	17.51%

（续表）

产品类别	2018年	占比	2022年	占比
第85章 电机、电气设备及其零件；录音机及放声机、电视图像、声音的录制和重放设备及其零件、附件	0.23	70.55%	3.11	82.49%

　　从表3.79中的主要产品进口情况看，2018—2020年，电机、电气设备及其零件等进口额均低于1亿美元，2021年激增至3.66亿美元，2022年为3.11亿美元，连续两年进口规模保持在3亿美元以上。2018年，核反应堆、锅炉、机器、机械器具及零件进口额为0.096亿美元，2019–2022年均高于0.1亿美元。

表3.79　2018—2022年云南自RCEP其他成员国各类机电、音像设备及其零件、附件进口情况

单位：亿美元

产品类别	2018年	2019年	2020年	2021年	2022年	年均增长率
第84章 核反应堆、锅炉、机器、机械器具及零件	0.096	0.30	0.36	0.28	0.66	61.93%
第85章 电机、电气设备及其零件；录音机及放声机、电视图像、声音的录制和重放设备及其零件、附件	0.23	0.045	0.014	3.66	3.11	91.76%

　　数据来源：海关总署。

（四）云南与RCEP其他成员国机电、音像设备及其零件、附件贸易国别结构

1.出口结构分析

　　从市场占比结构看，云南出口的机电、音像设备及其零件、附件市场集中在缅甸和越南，RCEP区域市场占比大。前两大出口市场为缅甸和越南。由表3.80可知，2022年，云南对缅甸市场出口机电、音像设备及其零件、附件占云南对RCEP其他成员国出口的比重为21.42%，较2018年的占比大幅下滑32.21%，但仍保持第一大出口市场地位，说明云南产品的出口逐步向市场多样性发展；越南市场占比为13.86%，较2018年出现了明显的下滑，降幅为23.86%；新加坡、马来西亚市场在2022年的占比也较大，分别为14.81%、20.53%，较2018年分别增长13.74%、19.41%；其余市场的占比则整体较小。

表3.80 2018年、2022年云南对RCEP其他成员国机电、音像设备及其零件、附件出口情况

单位：亿美元

国别	2018年	占比	2022年	占比
缅甸	10.05	53.63%	3.37	21.42%
越南	7.07	37.72%	2.18	13.86%
新加坡	0.20	1.07%	2.33	14.81%
马来西亚	0.21	1.12%	3.23	20.53%
老挝	0.68	3.63%	0.55	3.50%
泰国	0.14	0.75%	1.14	7.25%
菲律宾	0.03	0.16%	0.75	4.77%
印度尼西亚	0.07	0.37%	0.59	3.75%
韩国	0.09	0.48%	0.37	2.35%
日本	0.05	0.27%	0.42	2.67%
澳大利亚	0.04	0.21%	0.38	2.42%
柬埔寨	0.11	0.59%	0.39	2.48%
新西兰	0.001	0.01%	0.02	0.13%
文莱	0	0.00%	0.01	0.06%

从表3.81中近5年出口总额情况看，RCEP其他成员国中云南机电、音像设备及其零件、附件第一大出口市场是缅甸。具体分析出口趋势：2018年云南对缅甸机电、音像设备及其零件、附件出口额为10.05亿美元，为近5年最高；2019—2022年呈现下降趋势，由9.87亿美元下降至3.37亿美元。

RCEP其他成员国中云南机电、音像设备及其零件、附件第二大的出口市场是越南。2018年出口额为7.07亿美元，2019年下降至5.42亿美元，2020年增至7.57亿美元后逐年下降，到2022年下降至2.18亿美元。

RCEP其他成员国中云南机电、音像设备及其零件、附件第三大的出口市场是新加坡。2018—2020年出口额均低于1亿美元，2021年提高至4.26亿美元，2022年下滑至2.33亿美元。云南近5年对其余11个RCEP成员国出口机电、音像设备及其零件、附件体量较小。

表 3.81　2018—2022 年云南对 RCEP 各成员国机电、音像设备及其零件、附件出口情况

单位：亿美元

国别	2018年	2019年	2020年	2021年	2022年
缅甸	10.05	9.87	6.08	3.01	3.37
越南	7.07	5.42	7.57	7.32	2.18
新加坡	0.20	0.19	0.78	4.26	2.33
马来西亚	0.21	0.10	0.70	1.97	3.23
老挝	0.68	0.97	0.50	0.81	0.55
泰国	0.14	0.14	0.61	0.79	1.14
菲律宾	0.03	0.34	0.49	0.56	0.75
印度尼西亚	0.07	0.08	0.33	0.49	0.59
韩国	0.09	0.08	0.46	0.44	0.37
日本	0.05	0.03	0.43	0.42	0.42
澳大利亚	0.04	0.05	0.36	0.19	0.38
柬埔寨	0.11	0.09	0.17	0.12	0.39
新西兰	0.001	0.004	0.03	0.04	0.02
文莱	—	0.001	0.003	0.004	0.01

2.进口结构分析

从市场占比结构看，云南进口的机电、音像设备及其零件、附件来源地中马来西亚占比最大，主要进口市场有日本、马来西亚、韩国、泰国、菲律宾等，如表3.82所示。2022年，云南自马来西亚市场进口机电、音像设备及其零件、附件占云南自RCEP其他成员国进口的比重为64.75%，较2018年的占比大幅增长64.20个百分点，对应马来西亚进口额的大幅增长；日本市场占比为14.23%，较2018年上升6.23个百分点；韩国、泰国、菲律宾的占比分别为9.76%、9.65%、0.60%，较2018年分别增长7.51%、7.31%、-1.34%；其余市场的占比均不大。

表 3.82　2018 年、2022 年云南自 RCEP 其他成员国机电、音像设备及其零件、附件进口情况

单位：亿美元

国别	2018年	占比	2022年	占比
日本	0.026 0	8.00%	0.536 0	14.23%
马来西亚	0.001 8	0.55%	2.439 2	64.75%
韩国	0.007 3	2.25%	0.367 7	9.76%
泰国	0.007 6	2.34%	0.363 4	9.65%
菲律宾	0.006 3	1.94%	0.022 7	0.60%
新西兰	——	0.00%	——	——
新加坡	0.063 8	19.62%	0.021 9	0.58%
澳大利亚	0.209 8	64.53%	0.010 9	0.29%
印度尼西亚	0.002 2	0.68%	0.003 8	0.10%
越南	0.000 3	0.09%	0.001 1	0.03%
缅甸	——	——	0.000 2	0.01%
老挝	——	——	0.000 4	0.01%

从主要进口市场情况看，RCEP 其他成员国中云南机电、音像设备及其零件、附件第一大进口来源地是日本。由表 3.83 可知，2018—2021 年由 0.026 0 亿美元大幅增长至 3.152 3 亿美元，2022 年明显下滑至 0.536 0 亿美元，呈现倒 "V" 形发展趋势。

RCEP 其他成员国中云南机电、音像设备及其零件、附件第二大进口来源地是马来西亚。整体呈现逐年增长趋势，2018—2022 年由 0.001 8 亿美元增长至 2.439 2 亿美元。

云南自其余国家进口机电、音像设备及其零件、附件近 5 年体量较小，均低于 1 亿美元。

表 3.83　2018—2022 年云南自 RCEP 其他成员国机电、音像设备及其零件、附件进口情况

单位：亿美元

国别	2018年	2019年	2020年	2021年	2022年
日本	0.026 0	0.197 9	0.068 6	3.152 3	0.536 0
马来西亚	0.001 8	0.009 8	0.040 1	0.510 6	2.439 2

（续表）

国别	2018年	2019年	2020年	2021年	2022年
韩国	0.007 3	0.057 2	0.222 0	0.179 0	0.367 7
泰国	0.007 6	0.009 3	0.000 1	0.000 8	0.363 4
菲律宾	0.006 3	0.022 0	0.002 4	0.056 6	0.022 7
新西兰	—	0.037 5	0.029 2	0.025 5	—
新加坡	0.063 8	0.002 8	0.013 8	0.001 6	0.021 9
澳大利亚	0.209 8	0.009 5	0.000 3	0.010 7	0.010 9
印度尼西亚	0.002 2	0.001 0	0.001 3	0.001 7	0.003 8
越南	0.000 3	0.000 9		0	0.001 1
缅甸	—	0.000 2	—	0.000 1	0.000 2
老挝	—	—	—	—	0.000 4

数据来源：海关总署。

二、云南与RCEP其他成员国机电、音像设备及其零件、附件贸易特征分析

（一）云南与RCEP其他成员国机电、音像设备及其零件、附件贸易市场占有率分析

1.云南与RCEP其他成员国机电、音像设备及其零件、附件贸易市场占有率概述

近5年，云南与RCEP其他成员国机电、音像设备及其零件、附件贸易市场占有率保持较为平稳，且出口市场占有率远超进口市场占有率大多近10倍。

由表3.84中的数据具体来看，云南对RCEP其他成员国的出口市场占有率呈现"V"形趋势，由2018年的25.26%下降至2020年的16.03%后开始上升，2022年为18.28%。云南自RCEP其他成员国的进口市场占有率呈现前缓后陡趋势，由2018年的0.23%微幅增长至2020年的0.25%后，2021年突破1%，达到2.23%，2022年维持占比2.00%。

表3.84　2018—2022年云南与RCEP其他成员国机电、音像设备及其零件、附件
贸易整体的进出口市场占有率

市场占有率	2018年	2019年	2020年	2021年	2022年
出口	25.26%	19.47%	16.03%	19.87%	18.28%
进口	0.23%	0.21%	0.25%	2.23%	2.00%

2.云南对RCEP其他成员国机电、音像设备及其零件、附件出口市场占有率分析

从年均值来看，云南出口到RCEP其他各成员国机电、音像设备及其零件、附件的市场占有率总体出现下降，2018年出口市场占有率均值为2.74%，逐年递减，2022年为1.63%。其中，云南出口到缅甸的市场占有率总体最高，2018—2019年保持在30%以上，到2020年下降至16.379%，2022年小幅回升至20.241%；第二是老挝市场，除2022年外，2018—2021年出口市场占有率均保持3%以上，2021年最高为8.185%；第三是柬埔寨市场，出口市场占有率最高是2022年的1.346%，2018—2021年则均未超过1%。

从国别均值来看，云南出口到RCEP其他各成员国机电、音像设备及其零件、附件市场占有率排名前三的是缅甸、老挝和柬埔寨，其中对缅甸市场占有率最高且较为稳定。2022年，14个国家中只有对缅甸的出口市场占有率均值超过20%，对老挝的出口市场占有率超过4%，对其余12个国家的出口市场占有率均低于1%。

表3.85　2018—2022年云南对RCEP其他成员国机电、音像设备及其零件、附件
出口市场占有率

国别	2018年	2019年	2020年	2021年	2022年	国别均值
文莱	0.000%	0.006%	0.031%	0.066%	0.121%	0.04%
缅甸	32.875%	33.078%	16.397%	15.589%	20.241%	23.64%
柬埔寨	0.579%	0.377%	0.705%	0.449%	1.346%	0.69%
印度尼西亚	0.014%	0.019%	0.082%	0.101%	0.102%	0.06%
日本	0.003%	0.002%	0.027%	0.023%	0.022%	0.02%
老挝	4.049%	7.459%	3.839%	8.185%	—	4.71%
马来西亚	0.025%	0.013%	0.094%	0.211%	0.291%	0.13%

国别	2018年	2019年	2020年	2021年	2022年	国别均值
菲律宾	0.008%	0.082%	0.133%	0.132%	0.170%	0.10%
新加坡	0.013%	0.012%	0.049%	0.215%	0.106%	0.08%
韩国	0.006%	0.006%	0.030%	0.024%	0.018%	0.02%
泰国	0.019%	0.021%	0.088%	0.095%	0.132%	0.07%
越南	0.790%	0.536%	0.647%	0.515%	0.147%	0.53%
澳大利亚	0.006%	0.009%	0.065%	0.029%	0.052%	0.03%
新西兰	0.002%	0.005%	0.039%	0.036%	0.021%	0.02%

3.云南自 RCEP 其他成员国机电、音像设备及其零件、附件进口市场占有率分析

从年均值来看，云南自 RCEP 各成员国进口机电、音像设备及其零件、附件的市场占有率整体呈现上升趋势，2018年进口市场占有率年均值为0.004 3%，逐年递增至2022年0.028%。其中，云南自马来西亚进口机电、音像设备及其零件、附件的市场占有率较高，从2018年的0.001 5%提升至2022年的0.219 6%；第二为日本，进口机电、音像设备及其零件、附件的市场占有率由2018年的0.001 5%提升至2022年0.027 9%，如表3.86所示。

从国别均值来看，云南自 RCEP 其他各成员国进口机电、音像设备及其零件、附件市场占有率均值超过0.01%的国家有3个，分别是马来西亚、日本和新西兰，马来西亚排名第一为0.056 5%，日本第二为0.043 2%，新西兰第三为0.019 4%；其余国家进口市场占有率较小，均低于0.01%，如表3.86所示。

表3.86　2018—2022年云南自 RCEP 其他成员国机电、音像设备及其零件、附件进口市场占有率

国别	2018年	2019年	2020年	2021年	2022年	国别均值
缅甸	0	0.000 5%	0	0.000 3%	0.001 1%	0.000 4%
印度尼西亚	0.000 4%	0.000 2%	0.000 3%	0.000 3%	0.000 7%	0.000 4%
日本	0.001 5%	0.011 7%	0.004 2%	0.170 8%	0.027 9%	0.043 2%
马来西亚	0.001 5%	0.001 3%	0.005 3%	0.054 8%	0.219 6%	0.056 5%
菲律宾	0.004 1%	0.005 4%	0.000 6%	0.013 2%	0.005 1%	0.005 7%

（续表）

国别	2018年	2019年	2020年	2021年	2022年	国别均值
新加坡	0.000 5%	0.000 2%	0.000 9%	0.000 1%	0.001 0%	0.000 5%
韩国	0.001 0%	0.004 1%	0.014 7%	0.009 7%	0.018 4%	0.009 6%
泰国	0	0.001 4%	0	0.000 1%	0.041 8%	0.008 7%
越南	0.035 5%	0.000 1%	0	0	0.000 1%	0.007 1%
澳大利亚	0.000 003%	0.001 7%	0.000 047%	0.001 6%	0.001 5%	0.001 0%
新西兰	0.002 5%	0.038 7%	0.033 4%	0.022 4%	0	0.019 4%

4.小结

整体来看，在出口方面，云南出口的机电、音像设备及其零件、附件在 RCEP 市场的占有率整体呈现平稳上升趋势，说明云南的机电、音像设备及其零件、附件体系不断完善，技术创新能力不断提升，在 RCEP 市场越来越受到青睐。在进口方面，云南自 RCEP 成员国进口机电、音像设备及其零件、附件整体两极分化严重，说明云南对机电、音像设备及其零件、附件的进口高度集中于日韩等发达国家。

具体来看，云南出口的机电、音像设备及其零件、附件在缅甸、柬埔寨和老挝等国家的市场占有率较高，且出口市场占有率均保持较为平稳，但数据显示，老挝自 2021 年后，出口市场占有率大幅减少，说明其份额缩减严重。在进口方面，马来西亚、日本和新西兰的机电、音像设备及其零件、附件进口市场占有率排名前三，2020 年之前，在云南进口市场占有率较为平均，2021 以后开始大幅提升，说明 RCEP 的生效对机电、音像设备及其零件、附件进口影响较大。当前，云南机电产业在国际市场上还处于较低层次，云南应稳住当前市场占有率，并进一步提高产品国际竞争优势，可通过加工贸易国际招标项目，利用跨国公司投资时所产生的技术外溢效应，弥补云南机电企业技术的不足，持续发力追赶发达国家的技术水平，实现自身的技术创新。同时注重产业自主品牌的建设，在开发国外传统市场的同时，兼顾新兴市场的开拓，不断将民族品牌推向海外，获得持续性的竞争优势。

（二）机电、音像设备及其零件、附件贸易竞争性分析

1.云南对RCEP其他成员国机电、音像设备及其零件、附件出口显示性比较优势分析

由表3.87可知，云南对RCEP其他成员国机电、音像设备及其零件、附件整体出口显示性比较优势较大的是电机、电气设备及其零件等，2018—2019年其出口显示性比较优势均超过2，但2020年开始处于下滑趋势；核反应堆、锅炉、机器、机械器具及零件的出口显示性比较优势相对较小，2018—2022年出口显示性比较优势均未超过2，整体保持较为平稳。

表3.87 2018—2022年云南对RCEP其他成员国各类机电、音像设备及其零件、附件的出口显示性比较优势

产品类别	2018年	2019年	2020年	2021年	2022年
第84章 核反应堆、锅炉、机器、机械器具及零件	1.61	1.56	1.60	1.41	1.90
第85章 电机、电气设备及其零件；录音机及放声机、电视图像、声音的录制和重放设备及其零件、附件	2.92	2.15	1.42	1.76	1.42

云南对RCEP其他成员国整体的出口显示性比较优势较大的是电机、电气设备及其零件；录音机及放声机、电视图像、声音的录制和重放设备及其零件、附件。下面将分析云南在该类产品上对RCEP各国的出口显示性比较优势。

根据表3.88数据具体分析如下：云南对柬埔寨的出口显示性比较优势最大，近5年出口RCA均值为5.7，最大值为2022年的12.382；对缅甸和马来西亚的出口显示性比较优势也较大，近5年出口RCA均值均在2.5以上，对缅甸趋势较为波动，2020年跌破1，近5年出口RCA均值为4.5，对马来西亚近5年出口RCA均值小于缅甸为2.7，但总体趋势向上，2022年已经达到6.402，出口显示性比较优势正在逐年扩大。

表3.88 2018—2022年云南对RCEP其他成员国电机、电气设备及其零件等的出口显示性比较优势

国别	2018年	2019年	2020年	2021年	2022年
文莱	—	—	—	2.698	3.413

（续表）

国别	2018年	2019年	2020年	2021年	2022年
缅甸	5.36	13.08	0.346	1.034	2.445
柬埔寨	8.40	4.39	0.023	3.342	12.382
印度尼西亚	0.04	0.09	0.002	0.622	0.799
日本	1.34	0.77	0.003	3.808	3.495
老挝	0.65	2.10	0.104	2.417	—
马来西亚	1.99	0.70	0.019	4.560	6.402
菲律宾	0.14	1.31	0.002	3.565	4.107
新加坡	0.57	0.44	0.001	2.616	2.007
韩国	0.71	0.64	0.001	0.658	0.773
泰国	0.03	0.03	0.001	0.297	0.630
越南	1.49	0.91	0.012	0.934	0.286
澳大利亚	0.23	0.19	0.002	0.422	1.333
新西兰	0.08	0.31	0.001	0.511	0.472

2.云南自RCEP其他成员国机电、音像设备及其零件、附件进口显示性比较优势的分析

核反应堆、锅炉、机器、机械器具及零件是云南自RCEP其他成员国机电、音像设备及其零件、附件进口显示性比较优势整体较小的产品，2018—2020年其进口显示性比较优势较大，均在5以上，最大值为2019年的13.94，2020年后开始下滑，2022年下滑至2.03；电机、电气设备及其零件等的进口显示性比较优势整体较大，2018—2020年由13.01下降至0.53，但2021年后开始回升，2022年的进口显示性比较优势为9.58，回升趋势明显，如表3.89所示。

表3.89　2018—2022年云南自RCEP其他成员国各类机电、音像设备及其零件、附件的进口显示性比较优势

产品类别	2018年	2019年	2020年	2021年	2022年
第84章 核反应堆、锅炉、机器、机械器具及零件	5.43	13.94	13.65	1.03	2.03
第85章 电机、电气设备及其零件；录音机及放声机、电视图像、声音的录制和重放设备及其零件、附件	13.01	2.09	0.53	13.42	9.58

云南自 RCEP 其他成员国整体的进口显示性比较优势较大的是电机、电气设备及其零件等产品。下面将分析云南在该类产品上对 RCEP 各国的进口显示性比较优势。

由表 3.90 中的数据具体分析如下：云南自 RCEP 其他成员国电机、电气设备及其零件等的进口显示性比较优势，菲律宾对云南的优势最大，进口 RCA 均值为 4.50，最大值为 2022 年的 10.928，整体呈上升趋势；其次是马来西亚，进口 RCA 均值为 3.99，最大值为 2021 年的 10.002，2021 年开始比较优势较之前提升显著。

表3.90　2018—2022 年云南自 RCEP 其他成员国电机、电气设备等的进口显示性比较优势

国别	2018年	2019年	2020年	2021年	2022年	均值
印度尼西亚	0.695	0.167	0.011	0.010	0.045	0.19
日本	0.500	0.256	0.243	11.878	2.633	3.10
老挝	0.000 5	—	—	—	0.000 3	0.000 2
马来西亚	0.209	0.005	0.008	10.002	9.712	3.99
菲律宾	0.219	2.868	5.988	2.502	10.928	4.50
新加坡	0.068	0.023	0.043	0.033	0.905	0.21
韩国	0.008	1.302	0.028	4.445	9.053	2.97
泰国	0.000 5	0.000 00	0.000 01	0.001	0.085	0.02
越南	0.198	0.001	0.000 04	0.000 03	0.002	0.04
澳大利亚	0.000 02	0.000 1	0.000 37	0.019	0.007	0.01
新西兰	0.065	0.093	—	0.025	—	0.04

3.小结

在 RCEP 其他成员国中，云南具有比较优势的机电、音像设备及其零件、附件主要是电机、电气设备及其零件；录音机及放声机、电视图像、声音的录制和重放设备及其零件、附件。具体来看，主要是电机、电气设备及其零件等比较优势整体较大，云南对柬埔寨的出口显示比较优势最大，2018—2022 年均值为 5.7，其次是缅甸和马来西亚，2018—2022 年均值均在 2.5 以上；菲律宾对云南的进口显示比较优势最大，2018—2022 年均值达 4.5。综上所述，云南具有比较优势的机电、音像设备及其零件、附件在重点国别的比较优势较为稳

定，且大多处于上升趋势，说明其比较优势逐渐扩大。

（三）机电、音像设备及其零件、附件贸易互补性分析

表3.91给出了2018—2022年云南与RCEP其他成员国机电、音像设备及其零件、附件产业内贸易指数的均值。云南与RCEP其他成员国机电、音像设备及其零件、附件产业内贸易指数均值均小于1，甚至为0，说明云南与RCEP其他成员国机电、音像设备及其零件、附件贸易趋向产业间贸易。

具体来看，云南与RCEP其他成员国机电、音像设备及其零件、附件贸易大多为产业间贸易（0<GL<0.5），如印度尼西亚、马来西亚、菲律宾等；云南与韩国、日本存在产业内互补性的贸易产品，以核反应堆、锅炉、机器、机械器具及零件为主。云南与韩国为产业内贸易（0.5<GL<1），2018—2022年，除2021年外，GL均值处于0.5～1，云南与韩国的机电、音像设备及其零件、附件产业内贸易尤为突出。近年来，随着两国经济合作的不断深化，机电、音像设备及其零件、附件贸易额逐年攀升，特别是在"一带一路"倡议和韩国"新南方政策"的推动下，双方在机电、音像设备及其零件、附件领域的合作进一步拓展，贸易规模持续扩大。

表3.91　2018—2022年云南与RCEP其他成员国机电、音像设备及其零件、附件产业内贸易指数

	国别	2018年	2019年	2020年	2021年	2022年
第84章核反应堆、锅炉、机器、机械器具及零件	印度尼西亚	0.017	0.000 3	0.006	0.002	0.299
	日本	0.937	0.131	0.542	0.756	0.294
	马来西亚	0.059	0.388	0.246	0.032	0.154
	菲律宾	0.232	0.160	0.005	0.031	0.328
	新加坡	0.952	0.083	0.075	0.007	0.161
	韩国	0.650	0.481	0.851	0.376	0.877
	泰国	0.122	0.168	0.000 5	0.001	0.016
	越南	0.000 5	0.000 0	0.000 0	0.000 0	0.335
	澳大利亚	0.236	0.523	0.003	0.125	0.387
	新西兰	—	0.116	0.809	0.924	0.000 0

（续表）

第85章 电机、电 气设备及 其零件； 录音机及 放声机、 电视图像、 声音的录 制和重放 设备及其 零件、 附件	国别	2018年	2019年	2020年	2021年	2022年
	印度尼西亚	0.226	0.055	0.010	0.012	0.022
	日本	0.449	0.628	0.065	0.183	0.959
	马来西亚	0.002	0.001	0.001	0.528	0.938
	菲律宾	0.368	0.119	0.012	0.218	0.077
	新加坡	0.016	0.003	0.003	0.000	0.016
	韩国	0.041	0.315	0.008	0.680	0.798
	泰国	0.014	0.000	0.000	0.003	0.196
	越南	0.000	0.000	0.000	0.000	0.002
	澳大利亚	0.169	0.002	0.001	0.088	0.022
	新西兰	0.014	0.472	—	0.011	—

三、技术性贸易壁垒分析

泰国是实施技术贸易壁垒最为严格的国家，所涉及的大类商品超过12类，2008年，所通报的技术贸易壁垒措施累计超过300项，对多类别的中国商品实施严格的壁垒措施，多数两项指标均需达到100%。在机械电子等设备方面，虽然东盟在这些方面的进口量一直占据很大比例，但随着各国政府大力发展相关产业，通过对外的技术交流，电子、通信等方面开始在国际市场上具备竞争力，出口水平大幅提升，因此，出于对国内优势产业及国内市场的保护，各国往往对此类组别的商品进口设置了内容繁多的技术性贸易壁垒。越南于2009年7月出台了电器及电子设备安全技术法规草案，该技术法规要求生产、进口和交易法规附录规定的电子设备及电子设备供应商必须具备由第三方认证机构颁发的符合法规技术要求的合格证明，产品应符合的技术要求由与国际电工技术对外委员会（International Electro-technical Commission，IEC）标准等效的越南相关国家标准确定。2018年7月还出台了国家联合收割机安全技术法规草案，该法规草案规定了农业生产中收割水稻的自行式联合收割机的技术和安全要求。

四、结论与建议

根据以上从各角度对云南—RCEP机电、音像设备及其零件、附件贸易的简要分析，下文将进行总结并提出一些建议，以期对此类产品的贸易发展有所帮助。

在贸易规模方面，近年来，云南省与RCEP其他成员国的机电、音像设备及其零件、附件贸易规模逐年扩大，双边贸易额不断增长。机电、音像设备及其零件、附件已成为云南省与RCEP其他成员国贸易合作的重要领域。随着云南省产业结构调整和产业升级，机电、音像设备及其零件、附件制造业的技术水平、产品质量逐步提高，具备较强的竞争力。这为云南省与RCEP其他成员国的机电、音像设备及其零件、附件贸易提供了有力支撑。云南应积极提升产业竞争力，鼓励省内机电、音像设备及其零件、附件企业加强技术创新，提高产品附加值，提升产业整体竞争力。同时，加强产业链配套建设，优化产业布局，形成产业集群效应。此外，省政府应积极营造法治化、国际化的营商环境，保护企业合法权益，提高贸易便利化水平，为企业参与RCEP其他成员国的机电、音像设备及其零件、附件贸易提供有力保障。

在贸易结构方面，云南省与RCEP其他成员国的机电、音像设备及其零件、附件贸易以机械设备、电子产品、汽车及零部件为主。其中，出口的机电、音像设备及其零件、附件以劳动密集型产品为主，进口则以技术密集型产品为主。RCEP的签署为云南省与RCEP其他成员国的机电、音像设备及其零件、附件贸易提供更加开放、便利的发展环境。根据RCEP协定，云南省企业可以更加便捷地进入RCEP其他成员国市场，拓展市场份额。云南省与RCEP其他成员国在机电、音像设备及其零件、附件贸易中，应充分发挥各自优势，拓展合作领域。例如，在新能源、智能制造、信息技术等方面开展合作，实现共赢发展。

在贸易伙伴方面，云南省与RCEP其他成员国机电、音像设备及其零件、附件贸易中，韩国、日本、泰国、马来西亚等国家是主要贸易伙伴。其中，韩国和日本在机电、音像设备及其零件、附件贸易中占据较大份额。"一带一路"

倡议为云南省与 RCEP 其他成员国的机电、音像设备及其零件、附件贸易提供新的合作平台。云南省可以借助"一带一路"倡议，加强与 RCEP 其他成员国的互联互通、产能合作，推动机电、音像设备及其零件、附件贸易发展。积极推进云南省与 RCEP 其他成员国的互联互通建设，提升物流、交通等基础设施水平，降低贸易成本，为机电、音像设备及其零件、附件贸易提供有力支撑。

总之，云南省与 RCEP 其他成员国机电、音像设备及其零件、附件贸易发展前景广阔。在抓住发展机遇的同时，云南省应积极应对挑战，发挥自身优势，加强与 RCEP 其他成员国的合作，推动机电、音像设备及其零件、附件贸易实现高质量发展。

第五节　塑料及其制品、橡胶及其制品

塑料制品是采用塑料为主要原料，经注塑、吹塑、压延等工艺得到的制品，包括利用回收的废旧塑料加工再生产的制品，主要应用领域包括日用品、农业、建筑业、工业包装业等。塑料制品具有以下特点：重量轻；优良的化学稳定性；优异的电绝缘性能；热的不良导体，具有消声、减震作用；机械强度分布广和较强的比强度。塑料是一种成本低、使用方便、加工制造方便、重量轻、应用广泛的材料，被认为是"人类有史以来最成功的材料之一"。从贸易角度来看，我国是塑料制品出口大国，出口占全国产量的15%左右，出口地主要集中在欧美和亚洲，包括东南亚、美国和欧盟，主要产品有日用塑料，塑料板、片、膜、箔、带及扁条，塑料包装等。

橡胶制品是指以天然及合成橡胶为原料生产各种橡胶制品的活动，以及利用废橡胶再生产的橡胶制品，原材料经过炼胶、压延、成型、硫化等工序制造的各类产品，再应用到汽车、电力、轨道交通、国防军工、航空航天、石油化工、医疗等行业。橡胶具有很强的弹性、良好的绝缘性、坚韧的耐磨性、隔气、隔水的气密性和耐曲折性，与钢铁、石油、煤一起号称"世界四大工业原料",又是国防工业不可缺少的战略物资。从贸易角度来看,我国橡胶制品的进口量较为稳定,随着国内部分橡胶制品生产商逐步优化自己生产工艺,开拓高端橡胶制品领域,我国高端橡胶制品自给量不断提升,对高端进口产品的依赖下降;同时,随着我国橡胶制品行业的发展和产品质量的提升,我国橡胶制品在国际市场的竞争力逐步上升,出口规模整体呈增长趋势。

塑料及其制品、橡胶及其制品是云南重要的贸易产品和重要的产业。基于云南省与 RCEP 其他成员国塑料及其制品、橡胶及其制品进出口贸易的实际情况,本节将利用前文介绍的贸易指数分析云南—RCEP 塑料及其制品、橡胶及其制品的市场占有率、产品比较优势、产业内互补性等内容,以期通过对云南—RCEP 塑料及其制品、橡胶及其制品贸易竞争性与互补性进行深入分析,提出改进云南与 RCEP 其他成员国在塑料及其制品、橡胶及其制品贸易上的国际分工和贸易关系的建议。

根据 HS2 分类,塑料及其制品、橡胶及其制品具体包含以下 2 类商品:第39 章塑料及其制品;第 40 章橡胶及其制品。

一、云南与 RCEP 其他成员国塑料及其制品、橡胶及其制品贸易现状

(一)云南塑料及其制品、橡胶及其制品贸易概况

整体来看,在出口方面,2018 年,云南塑料及其制品、橡胶及其制品的出口额为 1.86 亿美元,而 2022 年出口额为 8.33 亿美元,实现了大幅增长,年均增长率为 45.45%,说明云南塑料及其制品、橡胶及其制品的出口规模明显地增大,出口竞争力不断提升。在进口方面,2018 年,云南塑料及其制品、橡胶及其制品的进口额为 104.26 亿美元,2022 年进口额则为 159.44 亿美元,进口额远高于出口,说明云南的塑料及其制品、橡胶及其制品以进口为主,其进口的年均增长率达到了 11.20%,说明云南有较大的塑料及其制品、橡胶及其制品进口需求。

1.贸易产品概况

云南塑胶制品的主要出口产品集中在塑料及其制品，2018年和2022年，该类产品出口额排名均为第一。由表3.92中的数据具体来看，2018年和2022年，云南塑料及其制品出口额分别为1.52亿美元、7.44亿美元，出口额实现了明显地增长，也带动塑料及其制品、橡胶及其制品整个领域的出口额上升。此外，该产品的出口占比也由2018年的81.61%增长至2022年的89.36%，说明云南在该领域产品的出口集中度一直保持较高水平且有一定的提高，同时说明其他产品的出口份额逐步缩减。2018年出口第二的是橡胶及其制品，与塑料及其制品出口的情况相反，该产品的出口较少，出口额为0.34亿美元，占比18.39%，2022年该产品出口额小幅增长至0.89亿美元，但仍未超过1亿美元，占比也进一步缩小至10.64%。由云南塑料及其制品、橡胶及其制品的出口结构可以看出，塑料及其制品、橡胶及其制品中，塑料制品出口较多，橡胶制品出口较少。云南是我国橡胶的主产区，2022年国内天然橡胶种植面积1 682万亩[①]，产量85.6万吨。云南为我国最大的天然橡胶产区，种植面积和产量在全国占比分别为49.9%和56.6%。而从产业环节看，云南的橡胶产业发展还面临一些问题，如产业链不完整、招商引资效果不明显、橡胶价格低迷等，一、二、三产业融合发展还有很长的路要走。

表3.92 2018年、2022年云南塑料及其制品、橡胶及其制品出口情况

单位：亿美元

排名	2018年			2022年		
	产品类别	出口额	占比	产品类别	出口额	占比
1	第39章 塑料及其制品	1.52	81.61%	第39章 塑料及其制品	7.44	89.36%
2	第40章 橡胶及其制品	0.34	18.39%	第40章 橡胶及其制品	0.89	10.64%

与出口结构相反，橡胶及其制品是云南主要进口的塑胶制品种类，2018年和2022年，该类产品进口额占80%以上。由表3.93中的数据具体来看，2018年和2022年，云南进口最多的橡胶及其制品进口额由3.80亿美元增长至

---

①1亩=666.67平方米。

6.66 亿美元，占比也实现了明显地上升，由 2018 年的 81.27% 上升至 2022 年的 92.09%，说明在结构方面进口的结构与出口相反，但进出口结构的特点相似，均是集中在单一型产品；塑料及其制品的进口额从 2018 年的 0.88 亿美元小幅度回落至 2022 年的 0.57 亿美元，占比由 2018 年的 18.73% 下滑至 2022 年的 7.91%，其份额转移到了橡胶及其制品上。由云南塑料及其制品、橡胶及其制品的进口结构可以看出，云南虽然是橡胶的主产区，但也进口大量的橡胶制品。一方面，云南积极与周边国家合作开展橡胶替代种植项目，2006 年，境外罂粟替代种植项目正式纳入中国国家禁毒战略。在中国政府和缅甸、老挝两国政府的共同支持下，云南多家企业到缅甸、老挝北部开展以经济作物种植替代毒品作物种植，发展替代产业，帮助当地民众摆脱罂粟种植，天然橡胶就是替代种植的返销农产品之一。另一方面，与云南邻近的周边国家也有丰富的橡胶资源，可供云南及国内的产业发展需求。

表 3.93　2018 年、2022 年云南塑料及其制品、橡胶及其制品进口情况

单位：亿美元

排名	2018 年			2022 年		
	产品类别	进口额	占比	产品类别	进口额	占比
1	第 40 章　橡胶及其制品	3.80	81.27%	第 40 章　橡胶及其制品	6.66	92.09%
2	第 39 章　塑料及其制品	0.88	18.73%	第 39 章　塑料及其制品	0.57	7.91%

2. 贸易市场概况

云南塑料及其制品、橡胶及其制品的主要出口市场集中在 RCEP 成员国和部分欧美国家。由表 3.94 可知，2018 年第一大出口市场为缅甸，云南对其出口的塑料及其制品、橡胶及其制品金额达 0.77 亿美元，占比 41.34%，出口额及占比均远高于其他市场，2022 年对缅甸塑料及其制品、橡胶及其制品的出口额虽然小幅上涨至 0.96 亿美元，占比却出现了明显下降，为 11.52%，出口额及占比均被美国超过排名第二，说明从市场结构看，云南的塑料及其制品、橡胶及其制品出口市场单一性的特征有所减弱；2018 年排名第二的是美国，出口额为 0.35 亿美元，占比 18.96%，2022 年出口额上涨为 1.69 亿美元，占比上升

至20.30%，细看云南对美国的出口产品，可以发现除出口大量的塑料日用品之外，云南还新增对美国出口大量的橡胶医用手套，金额超过0.05亿美元，主要是随着全球疫情的暴发，橡胶手套需求量大幅增加，出口市场也得到了快速扩展，美国是全球最大的橡胶手套进口国，占据了全球市场的30%以上，医疗、实验室、工业等领域的需求量巨大；2022年排名第三至第五的分别为越南、新加坡、马来西亚，出口额分别为0.74亿美元、0.44亿美元、0.43亿美元，占比分别为8.88%、5.23%、5.21%，出口额及占比较2018年均有所上升。

在前十市场中，2018年RCEP成员国的数量有4个，而2022年有9个，市场占比进一步提升，分别有缅甸、越南、新加坡、马来西亚、泰国、日本、菲律宾、韩国、印度尼西亚，占前十市场的比重由2018年的52.27%小幅下滑至2022年的46.10%，虽然国别数量有明显的增长，但市场份额却由于缅甸市场的下滑而出现整体下滑。由云南塑料及其制品、橡胶及其制品出口的国别结构可以看出，出口规模不大，目标市场也多为与云南地缘相近的RCEP成员国，但其占比并不大，占云南出口的50%左右，还有一半的塑胶产品出口至RCEP区域以外的市场。

表3.94　2018年、2022年云南塑料及其制品、橡胶及其制品出口排名前十市场

单位：亿美元

排名	2018年			2022年		
	国家/地区	金额	占比	国家/地区	金额	占比
1	缅甸	0.77	41.34%	美国	1.69	20.30%
2	美国	0.35	18.96%	缅甸	0.96	11.52%
3	越南	0.09	4.69%	越南	0.74	8.88%
4	老挝	0.06	3.46%	新加坡	0.44	5.23%
5	新加坡	0.05	2.78%	马来西亚	0.43	5.21%
6	德国	0.05	2.67%	泰国	0.39	4.70%
7	中国香港	0.05	2.53%	日本	0.25	2.97%
8	加拿大	0.04	2.28%	菲律宾	0.24	2.89%
9	荷兰	0.04	1.90%	韩国	0.20	2.36%
10	英国	0.03	1.71%	印度尼西亚	0.20	2.34%

云南塑料及其制品、橡胶及其制品的主要进口来源地集中在缅甸、老挝等周边国家，合计占比达80%以上。由表3.95中的数据具体来看，2018年和2022年前两大进口来源地分别为老挝和缅甸，但排名有所变化。其中，自缅甸进口额由2018年的1.83亿美元增长至2022年的2.52亿美元，但市场占比却出现了小幅下滑，由2018年的39.15%下滑至2022年的34.82%；自老挝进口的塑料及其制品、橡胶及其制品金额由2018年的1.68亿美元增长至2022年的3.99亿美元，市场占比由2018年的35.84%增长至2022年的55.15%。可以发现缅甸市场出现进口额上升但占比减小的情况，而老挝市场占比增幅远大于缅甸市场的降幅，说明其份额更多地来自其他市场，云南的塑料及其制品、橡胶及其制品进口来源地向更偏向于集中市场的趋势发展，同时与主要来源地的贸易合作保持稳定发展。2022年，云南自泰国、瑞典、日本进口的塑料及其制品、橡胶及其制品金额也均在0.1亿~0.2亿美元，分别为0.17亿美元、0.13亿美元、0.12亿美元，占比分别为2.29%、1.85%、1.67%，其中，自瑞典进口额及占比较2018年均有上升，而泰国和日本均有下滑。其余进口来源地还有科威特、美国、新加坡、沙特阿拉伯等，但进口额和占比均较小。从云南塑料及其制品、橡胶及其制品进口的市场结构看，云南的塑料及其制品、橡胶及其制品进口市场主要集中在RCEP区域中缅甸和老挝等橡胶资源丰富的地区。其中，缅甸橡胶在全国的9个省邦地区内种植，种植面积达到164万英亩[①]，其中约100万英亩的橡胶园目前可以进行割胶生产胶水，每年生产橡胶30多万吨，国内消费量约为2万吨，年出口量约为30万吨。缅甸产橡胶主要出口到中国、马来西亚、新加坡、印度尼西亚、日本及印度等国。老挝目前约有30万公顷[②]的橡胶种植园，其中，46%外国公司根据特许协议经营，24%由个人合作协议经营，30%归当地人所有。目前，老挝种植的橡胶树中，约85%可以收割。橡胶是老挝十大出口产品之一，大部分是以原料形式出口的，主要市场是中国和越南。

在前十的市场中，2018—2022年RCEP成员国的数量由6个变为5个，但占比实现提升。2022年排名前十的RCEP成员国分别为老挝、缅甸、泰国、日

[①] 1英亩=0.004047平方千米。

[②] 1公顷=0.01平方千米。

本、新加坡，进口额占比由2018年的91.86%提升至2022年的94.34%，主要原因是老挝市场的大幅提升和缅甸市场的基本保持。

表3.95 2018年、2022年云南塑料及其制品、橡胶及其制品进口前十市场

单位：亿美元

排名	2018年			2022年		
	国别	金额	占比	国别	金额	占比
1	缅甸	1.83	39.15%	老挝	3.99	55.15%
2	老挝	1.68	35.84%	缅甸	2.52	34.82%
3	泰国	0.28	5.93%	泰国	0.17	2.29%
4	新加坡	0.27	5.87%	瑞典	0.13	1.85%
5	日本	0.13	2.76%	日本	0.12	1.67%
6	越南	0.11	2.31%	中国	0.07	1.03%
7	中国	0.09	1.99%	科威特	0.06	0.86%
8	沙特阿拉伯	0.08	1.78%	美国	0.06	0.79%
9	德国	0.04	0.94%	新加坡	0.03	0.41%
10	美国	0.04	0.88%	沙特阿拉伯	0.01	0.19%

（二）云南与RCEP其他成员国塑料及其制品、橡胶及其制品贸易规模

整体来看，云南省与RCEP其他成员国的塑料及其制品、橡胶及其制品贸易额呈现稳步上升的态势，如表3.96所示。2018—2022年，云南省与各国的贸易额呈现稳步上升的态势。在此期间，贸易额自5.38亿美元增至11.19亿美元，取得了显著增长。2018年贸易额为5.38亿美元，2019年增至6.33亿美元。进入2020年，贸易额进一步提升至8.65亿美元。2021年贸易额略有下降，降至8.08亿美元。2022年，贸易额再次回升，达到11.19亿美元。综合来看，尽管在个别年份贸易额存在波动，但总体呈现上升趋势。

从出口看，云南省对RCEP其他成员国的塑料及其制品、橡胶及其制品出口呈现逐年递增趋势。2018—2022年，云南省对RCEP其他成员国的塑料及其制品、橡胶及其制品出口额实现了连续增长。2018年的出口额为1.06亿美元。随后，2019年上升至1.31亿美元。2020年的出口额相较上一年呈现显著增长，达到3.39亿美元，增幅超过2亿美元。2021年，云南省对RCEP其他成员国的

塑料及其制品、橡胶及其制品出口额继续增长，达到4.30亿美元。最终，在2022年，这一数字再创历史新高，达到4.35亿美元。

从进口看，云南省自RCEP其他成员国塑料及其制品、橡胶及其制品进口稳中有进。由2018年的4.31亿美元小幅增长至2020年的5.26亿美元，2021年发生较大跌幅，跌至3.78亿美元，但在2022年成功扭转局面，增长创新高至6.84亿美元。

云南省与RCEP其他成员国塑料及其制品、橡胶及其制品贸易逆差呈"V"形。2018—2020年整体为贸易逆差，但差额逐年缩小，由2018年的3.25亿美元，缩小至2020年的1.87亿美元，2021年转为贸易顺差，但差额较小为0.51亿美元，2022年再次转为逆差，差额达2.49亿美元。

表3.96　2018—2022年云南与RCEP其他成员国塑料及其制品、橡胶及其制品进出口情况

单位：亿美元

年份	贸易额	出口额	进口额	贸易差额
2018	5.38	1.06	4.31	−3.25
2019	6.33	1.31	5.02	−3.71
2020	8.65	3.39	5.26	−1.87
2021	8.08	4.30	3.78	0.51
2022	11.19	4.35	6.84	−2.49
年均增速	20.09%	42.33%	12.24%	−6.44%

数据来源：海关总署。

（三）云南与RCEP其他成员国塑料及其制品、橡胶及其制品贸易产品结构

1.出口结构分析

从市场占比结构看，云南对RCEP其他成员国出口塑料及其制品、橡胶及其制品占比结构较为稳定，最主要的出口产品种类是塑料及其制品。由表3.97可知，2022年，塑料及其制品占云南省对RCEP其他成员国出口塑料及其制品、橡胶及其制品出口的比重为86.92%，较2018年上升14.27个百分点，说明云南出口的塑料及其制品占据大部分比重；其次是橡胶及其制品，占比为

13.08%，较2018年下滑14.27个百分点，说明该领域产品的出口结构进一步向单一化发展，塑料及其制品的出口地位进一步提高。

表3.97 2018年、2022年云南对RCEP其他成员国各类塑料及其制品、橡胶及其制品出口情况

单位：亿美元

产品类别	2018年	占比	2022年	占比
第39章 塑料及其制品	0.77	72.65%	3.78	86.92%
第40章 橡胶及其制品	0.29	27.35%	0.57	13.08%

从主要产品出口情况看，云南对RCEP其他成员国出口以塑料及其制品为主，如表3.98所示。具体分析出口趋势：2018—2019年，云南对RCEP其他成员国出口塑料及其制品规模较小，2019年为1.02亿美元，自2020年出口规模开始扩大，由2.96亿美元增长至2021年3.94亿美元，此后保持在3亿美元以上，2022年为3.78亿美元。2018—2022年，云南对RCEP其他成员国出口塑料及其制品的年均增长率为48.76%，整体处于较快的增长态势。

具体分析橡胶及其制品的出口趋势：2018—2019年整体较为平稳并实现了小幅增长，2018—2019年，云南对RCEP其他成员国出口橡胶及其制品规模较小，均保持在0.29亿美元左右，2020年出口规模开始扩大到0.43亿美元，2021年又小幅滑落至0.36亿美元，2022年为0.57亿美元，实现小幅增长，高于2018年的水平，总体上，橡胶及其制品的出口相对逊色，5年出口额均未超过1亿美元。2018—2022年，云南对RCEP其他成员国出口橡胶及其制品的年均增长率为18.28%。

表3.98 2018—2022年云南对RCEP其他成员国各类塑料及其制品、橡胶及其制品出口情况

单位：亿美元

产品类别	2018年	2019年	2020年	2021年	2022年	年均增长
第39章 塑料及其制品	0.77	1.02	2.96	3.94	3.78	48.76%
第40章 橡胶及其制品	0.29	0.29	0.43	0.36	0.57	18.28%

2.进口结构分析

从市场占比结构看，云南自RCEP其他成员国进口产品集中在橡胶及其制品，如表3.99所示。2022年，橡胶及其制品占云南自RCEP其他成员国进口塑料及其制品、橡胶及其制品的比重为97.21%，较2018年上升9.55个百分点，说明进口方面几乎所有产品都是橡胶类产品；塑料及其制品占比为2.79%，较2018年下降9.55个百分点，市场份额进一步转移至橡胶及其制品。

表3.99　2018年、2022年云南自RCEP其他成员国各类塑料及其制品、橡胶及其制品进口情况

单位：亿美元

产品类别	2018年	占比	2022年	占比
第40章　橡胶及其制品	3.78	87.66%	6.65	97.21%
第39章　塑料及其制品	0.53	12.34%	0.19	2.79%

从表3.100中的主要产品进口情况看，2018—2022年，云南自RCEP其他成员国进口的橡胶及其制品规模均保持在3亿美元以上，2019—2020年连续两年增长至4.90亿美元，2021年出现回落，进口额降至3.55亿美元，但下降趋势并未延续，2022年大幅增长至6.65亿美元，创5年内新高。2018—2022年，云南自RCEP其他成员国进口橡胶及其制品的年均增长率为15.16%。塑料及其制品进口相对较弱，5年进口额均值仅为0.32亿美元，与橡胶及其制品差距超4亿美元。

具体分析塑料及其制品的进口趋势：2018—2019年总体出现了小幅下降，进口额由0.53亿美元下滑至0.27亿美元，2020年小幅回升至0.36亿美元后又开始下滑，2021—2022年的进口额分别为0.23亿美元、0.19亿美元。2018—2022年，云南自RCEP其他成员国进口塑料及其制品的年均增长率为–22.65%。

表3.100　2018—2022年云南自RCEP其他成员国各类塑料及其制品、橡胶及其制品进口情况

单位：亿美元

产品类别	2018年	2019年	2020年	2021年	2022年	年均增长
第40章　橡胶及其制品	3.78	4.75	4.90	3.55	6.65	15.16%
第39章　塑料及其制品	0.53	0.27	0.36	0.23	0.19	−22.65%

数据来源：海关总署。

（四）云南与RCEP其他成员国塑料及其制品、橡胶及其制品贸易国别结构

1. 出口结构分析

从市场占比结构看，云南塑料及其制品、橡胶及其制品出口市场集中在缅甸和越南，缅甸占比下滑明显，如表3.101所示。前两大出口市场为缅甸、越南。2018年，云南对缅甸市场出口塑料及其制品、橡胶及其制品占云南对RCEP其他成员国出口总额的比重为72.33%，2022年的占比大幅下滑50.29%，为22.04%，但仍保持区域排名第一；越南市场占比2022年为16.98%，较2018年出现了一定程度的提高，增幅达8.78%；马来西亚、新加坡、日本、泰国、菲律宾市场在2022年的占比均在5%以上，分别为9.97%、10.01%、5.68%、8.98%、5.53%，且这些市场的占比均实现了一定的上升；其余市场的占比则整体较小。

表3.101 2018年、2022年云南对RCEP其他成员国塑料及其制品、橡胶及其制品出口情况

单位：亿美元

国别	2018年	占比	2022年	占比
缅甸	0.77	72.33%	0.96	22.04%
越南	0.09	8.20%	0.74	16.98%
马来西亚	0.02	2.18%	0.43	9.97%
新加坡	0.05	4.87%	0.44	10.01%
日本	0.01	0.65%	0.25	5.68%
泰国	0.01	0.88%	0.39	8.98%
菲律宾	0.01	0.68%	0.24	5.53%
韩国	0.02	1.62%	0.20	4.52%
澳大利亚	0.02	1.45%	0.17	3.90%
印度尼西亚	0.01	0.63%	0.20	4.48%
老挝	0.06	6.06%	0.07	1.56%
柬埔寨	0.004	0.36%	0.17	3.79%
新西兰	0.006	0.06%	0.11	2.44%
文莱	—	0.00%	0.004	0.10%

从主要出口市场情况看，RCEP 其他成员国中云南塑料及其制品、橡胶及其制品第一大出口市场是缅甸，如表 3.102 所示。具体分析出口趋势：2018—2022 年整体发展趋势较为稳定，2022 年云南对缅甸塑料及其制品、橡胶及其制品的出口额为近 5 年最高，达 0.96 亿美元。

RCEP 其他成员国中云南塑料及其制品、橡胶及其制品第二大的出口市场是越南。2018 年出口额为 0.09 亿美元，2022 年上升至 0.74 亿美元，达到近 5 年最高值。

RCEP 其他成员国中云南塑料及其制品、橡胶及其制品第三大的出口市场是马来西亚。2018—2022 年出口规模较小，出口额均未超过 0.8 亿美元，2021 年为近 5 年最高，达到 0.76 亿美元，此后 2022 年下滑至 0.43 亿美元。此外，近 5 年云南对 RCEP 成员国出口塑料及其制品、橡胶及其制品除新加坡和日本外，其余 9 个国家体量较小，出口额均未超过 1 亿美元。

表 3.102 2018—2022 年云南对 RCEP 其他成员国塑料及其制品、橡胶及其制品出口情况

单位：亿美元

国别	2018年	2019年	2020年	2021年	2022年	年均增长
缅甸	0.77	0.81	0.90	0.85	0.96	5.68%
越南	0.09	0.08	0.31	0.50	0.74	70.64%
马来西亚	0.02	0.07	0.30	0.76	0.43	107.91%
新加坡	0.05	0.10	0.44	0.45	0.44	70.32%
日本	0.01	0.03	0.33	0.39	0.25	144.89%
泰国	0.01	0.02	0.21	0.32	0.39	154.47%
菲律宾	0.01	0.01	0.19	0.21	0.24	139.89%
韩国	0.02	0.02	0.17	0.22	0.20	83.79%
澳大利亚	0.02	0.02	0.23	0.18	0.17	82.01%
印度尼西亚	0.01	0.01	0.12	0.17	0.20	132.67%
老挝	0.06	0.14	0.09	0.08	0.07	1.37%
柬埔寨	0.004	0.01	0.08	0.12	0.17	156.71%
新西兰	0.006	—	—	0.05	0.11	258.14%
文莱	—	—	0.003	0.002	0.004	5.68%

2.进口结构分析

从市场占比结构看，云南进口塑料及其制品、橡胶及其制品的来源地中老挝占比最大，主要进口市场有老挝、缅甸、泰国、日本、新加坡等，如表3.103所示。2022年，云南自老挝市场进口塑料及其制品、橡胶及其制品占云南自RCEP其他成员国进口的比重为58.35%，较2018年的占比增长19.46个百分点，也是RCEP中唯一一个进口实现增长的市场，说明进口市场逐步向老挝集中；缅甸市场占比为36.84%，较2018年下滑5.64个百分点；泰国、日本、新加坡占比分别为2.42%、1.77%、0.44%，较2018年分别下滑4.01%、1.22%、5.93%；其余市场的占比均不大。

表3.103　2018年、2022年云南自RCEP其他成员国塑料及其制品、橡胶及其制品进口情况

单位：亿美元

国别	2018年	占比	2022年	占比
老挝	1.68	38.89%	3.99	58.35%
缅甸	1.83	42.48%	2.52	36.84%
泰国	0.28	6.43%	0.17	2.42%
日本	0.13	2.99%	0.12	1.77%
新加坡	0.27	6.37%	0.03	0.44%
越南	0.11	2.51%	0.01	0.08%
韩国	0.001	0.02%	0.000 08	0.00%
马来西亚	0.01	0.14%	0.003	0.04%
澳大利亚	0.01	0.14%	0.003	0.05%
印度尼西亚	0.000 9	0.02%	0.000 8	0.01%
菲律宾	—	0	0.000 2	0.002%

从主要进口市场情况看，RCEP其他成员国中云南塑料及其制品、橡胶及其制品第一大的进口来源地是老挝，如表3.104所示。2018—2022年云南自老挝进口的塑料及其制品、橡胶及其制品金额稳步增长。据统计，2018年，云南自老挝进口的塑料及其制品、橡胶及其制品金额为1.68亿美元，随后逐年上升。2020年，该金额已达2.70亿美元。然而，2021年，这一增长势头突然逆转，

进口额降至1.87亿美元，与2020年相比下降约40%。2022年再次回升至3.99亿美元。

RCEP其他成员国中云南塑料及其制品、橡胶及其制品第二大进口来源地是缅甸。2018—2022年整体呈现波动态势。尽管中间出现了增长和下滑，但总体上呈现稳步增长的态势。根据统计数据，2018年进口额为1.83亿美元，2019年略有增长，达到1.87亿美元。2020年进口额进一步提高，达到2.07亿美元。然而，2021年出现下滑，降至1.58亿美元。但2022年进口额再次回升，达到2.52亿美元。

此外，云南自RCEP其余国家塑料及其制品、橡胶及其制品进口额近5年体量较小，均低于1亿美元，文莱、柬埔寨、新西兰3国没有塑料及其制品、橡胶及其制品的进口数据。

表3.104　2018—2022年云南自RCEP其他成员国塑料及其制品、橡胶及其制品进口情况

单位：亿美元

国别	2018年	2019年	2020年	2021年	2022年	年均增长
老挝	1.68	2.59	2.70	1.87	3.99	24.20%
缅甸	1.83	1.87	2.07	1.58	2.52	8.29%
泰国	0.28	0.31	0.10	0.08	0.17	−12.14%
日本	0.13	0.15	0.16	0.16	0.12	−1.58%
新加坡	0.27	0.05	0.04	0.02	0.03	−42.54%
越南	0.11	0.01	0.13	0.05	0.01	−52.14%
韩国	0.001	0.03	0.01	0.01	0.000 08	−46.88%
马来西亚	0.01	0.01	0.04	0.003	0.003	−18.98%
澳大利亚	0.01	0.004	0.01	—	0.003	−14.59%
印度尼西亚	0.000 9	0.000 6	0.001 9	0.000 4	0.000 8	−3.88%
菲律宾	—	0.000 2	0.000 3	0.000 05	0.000 2	−2.98%

数据来源：海关总署。

二、云南与 RCEP 其他成员国塑料及其制品、橡胶及其制品贸易特征分析

（一）云南与 RCEP 其他成员国塑料及其制品、橡胶及其制品贸易市场占有率分析

1.云南与 RCEP 其他成员国塑料及其制品、橡胶及其制品贸易市场占有率概述

云南与 RCEP 其他成员国塑料及其制品、橡胶及其制品贸易市场占有率近5年的波动较为显著，且进口市场占有率高于出口市场占有率。

从表3.105中的数据具体来看，云南对 RCEP 其他成员国的出口市场占有率逐年上升，从2018年的0.09%增长至2022年的0.31%，但整体市场占有率较小。云南自 RCEP 其他成员国的进口市场占有率则呈现最大化。2018—2019年，云南自 RCEP 其他成员国进口的塑料及其制品、橡胶及其制品市场占有率约为92%，说明云南市场对 RCEP 国家塑料及其制品、橡胶及其制品的巨大需求。随着我国政策对 RCEP 区域贸易往来的推动，2020年，云南进口的塑料及其制品、橡胶及其制品市场占有率已达到100%，这意味着云南市场的塑料及其制品、橡胶及其制品全部来自 RCEP 成员国，RCEP 成员国塑料及其制品、橡胶及其制品在云南市场有极高的竞争力。

表3.105　2018—2022年云南—RCEP 塑料及其制品、橡胶及其制品贸易整体的进出口市场占有率

市场占有率	2018年	2019年	2020年	2021年	2022年
出口	0.09%	0.11%	0.31%	0.31%	0.31%
进口	92.15%	92.90%	100.00%	100.00%	100.00%

2.云南对 RCEP 其他成员国塑料及其制品、橡胶及其制品出口市场占有率分析

从市场占比结构来看，云南省出口到 RCEP 其他成员国的塑料及其制品、橡胶及其制品市场占有率排名前三的国家分别为缅甸、越南和马来西亚。然

而，从国别均值来看，出口市场占有率排名前三的国家是缅甸、老挝和柬埔寨。在14个RCEP成员国中，出口市场占有率超过3%的仅有缅甸和老挝，其中，缅甸出口市场占有率最高，达到10.04%，老挝紧随其后，出口市场占有率为3.30%。而其余12个RCEP成员国的出口市场占有率均低于1%。

从各国市场变化趋势来看，云南出口到缅甸市场的占有率发展呈现平稳上升的趋势，2018—2022年实现逐年增长，由7.947%增长至12.013%，说明缅甸对云南塑料及其制品、橡胶及其制品产品的市场依赖度总体保持稳定，并且远高于其余市场，同时也说明云南的产品在缅甸市场有一定的份额和竞争力；老挝市场基本保持稳定，5年的出口市场占有率在3%～5%，最高值为2019年的5.95%；柬埔寨市场的占有率虽然保持较低的水平，但是整体也实现了一定的上升，2018年为0.051%，2022年突破1%达到了1.038%，显示5年来对柬埔寨出口塑料及其制品、橡胶及其制品份额实现了小幅增长，还有较大的贸易发展潜力。其余RCEP成员国的出口市场占有率均较小，但从变化来看，各国市场的占有率均有一定的上升，后期也值得进一步关注和拓展。

表3.106　2018—2022年云南对RCEP其他成员国塑料及其制品、橡胶及其制品
出口市场占有率

国别	2018年	2019年	2020年	2021年	2022年	国别均值
缅甸	7.947%	8.270%	9.966%	11.998%	12.013%	10.040%
老挝	3.215%	5.950%	3.922%	3.407%	0	3.300%
柬埔寨	0.051%	0.060%	0.750%	0.821%	1.038%	0.540%
新加坡	0.052%	0.100%	0.537%	0.473%	0.447%	0.320%
菲律宾	0.016%	0.015%	0.468%	0.395%	0.445%	0.270%
马来西亚	0.019%	0.056%	0.256%	0.495%	0.304%	0.230%
越南	0.049%	0.046%	0.169%	0.205%	0.289%	0.150%
泰国	0.008%	0.018%	0.188%	0.228%	0.281%	0.140%
新西兰	0.003%	0.008%	0.090%	0.185%	0.411%	0.140%
澳大利亚	0.015%	0.021%	0.239%	0.152%	0.129%	0.110%
印度尼西亚	0.006%	0.009%	0.140%	0.132%	0.140%	0.090%
日本	0.003%	0.013%	0.175%	0.169%	0.106%	0.090%
韩国	0.012%	0.013%	0.119%	0.126%	0.116%	0.080%

3.云南自RCEP其他成员国塑料及其制品、橡胶及其制品进口市场占有率分析

从表3.107中的国别均值来看，云南自RCEP其他成员国的塑料及其制品、橡胶及其制品进口市场占有率排名前两位的国家分别是老挝和缅甸。其中，老挝以45.39%的均值排名第一，缅甸以28.03%的均值排名第二。泰国和日本分别以3.50%、2.71%的均值排名第三和第四，但占比与缅甸和老挝相差较大。此外，其余RCEP国家的进口市场占有率均低于2%，说明在云南的塑料及其制品、橡胶及其制品市场中，缅甸和老挝具有较高的地位。

从各国市场变化趋势来看，2018—2022年，云南自老挝进口的市场占有率总体实现增长，由35.84%上升至55.15%，说明云南对老挝橡胶及其制品的市场依赖度总体保持稳定，并且远高于其余市场，也说明老挝的产品在云南市场有一定的份额和竞争力；缅甸市场基本保持稳定，2019—2022年进口市场占有率均在30%～40%，最高值为2021年的35.58%；泰国市场的占有率出现了一定程度的下滑，由2018年的5.93%下降至2022年的2.29%。

表3.107 2018—2022年云南自RCEP其他成员国塑料及其制品、橡胶及其制品进口市场占有率

国别	2018年	2019年	2020年	2021年	2022年	国别均值
老挝	35.84%	47.89%	45.91%	42.17%	55.15%	45.39%
缅甸	—	34.63%	35.10%	35.58%	34.82%	28.03%
泰国	5.93%	5.68%	1.75%	1.84%	2.29%	3.50%
日本	2.76%	2.80%	2.71%	3.59%	1.67%	2.71%
新加坡	5.87%	0.96%	0.68%	0.51%	0.41%	1.69%
越南	2.31%	0.18%	2.19%	1.15%	0.08%	1.18%
马来西亚	0.13%	0.20%	0.61%	0.07%	0.03%	0.21%
韩国	0.02%	0.47%	0.25%	0.32%	0	0.21%
澳大利亚	0.13%	0.07%	0.19%	0	0.05%	0.09%
印度尼西亚	0.02%	0.01%	0.03%	0.01%	0.01%	0.02%
菲律宾	0	0	0.01%	0	0	0

4.小结

整体来看，云南省对 RCEP 其他成员国的塑料及其制品、橡胶及其制品出口市场占有率相对稳定，且在部分国家市场表现出较高的占有率。这为进一步深化我国与 RCEP 成员国的经贸往来，特别是塑料产业的合作提供了有力支撑。云南在塑料及其制品、橡胶及其制品市场的进口额逐年上升，尤其是从缅甸和老挝进口的市场占有率较高。这不仅反映了我国在塑料及其制品、橡胶及其制品领域的进口需求不断扩大，也显示云南省在区域贸易合作中扮演着越发重要的角色。

具体来看，云南出口的塑料及其制品、橡胶及其制品在缅甸和老挝市场占有率较高，且出口市场占有率均保持较为平稳，但数据显示，缅甸、老挝的整体出口市场占有率与其他国家有较大差距；此外，在越南、柬埔寨、马来西亚和新加坡等东南亚国家，云南出口的塑料及其制品、橡胶及其制品也占有一定市场份额，但出口市场占有率较低。云南出口的塑料及其制品、橡胶及其制品在东南亚国家市场具有一定的竞争力，特别是在缅甸、泰国、老挝和柬埔寨市场。为进一步提高出口市场占有率，政府应加大对塑料产业的扶持力度，提高产业集聚度，优化产业布局，推动塑料产业转型升级；同时，云南塑料企业应适当加强产品创新、提高质量、降低成本，加强与国内外合作伙伴的交流合作，拓宽市场渠道，提高品牌知名度，以满足不同国家和地区的市场需求，进一步提升云南塑料及其制品、橡胶及其制品在全球市场的竞争力和市场份额。

（二）塑料及其制品、橡胶及其制品贸易竞争性分析

1.云南对 RCEP 其他成员国塑料及其制品、橡胶及其制品出口显示性比较优势分析

云南对 RCEP 其他成员国的塑料及其制品在出口方面表现出较为显著的比较优势。2018—2020 年，云南对 RCEP 其他成员国出口的塑料及其制品的比较优势均小于 1，这意味着相较于其他货物，云南在塑料及其制品出口方面存在一定劣势。这一状况在 2021 年得到改善，塑料及其制品的出口显示性比较优势上升至 1，说明云南省在这一产品的竞争力有所提升。2022 年，塑料及其制品

的出口显示性比较优势进一步上升至1.24，已具备一定国际竞争力。

云南省在塑料及其制品出口方面的比较优势已逐步显现，尤其是在RCEP其他成员国市场。未来，云南省应继续加大对塑料产业的扶持力度，推动产业技术创新和结构优化，提高产品质量和国际竞争力，以更好地把握RCEP带来的市场机遇，扩大云南在塑料制品出口领域的优势。同时，还要关注国际市场环境的变化，做好风险防范，确保云南塑料及其制品出口的持续稳定发展。

表3.108 2018—2022年云南对RCEP其他成员国各类塑料及其制品、橡胶及其制品的出口显示性比较优势

产品类别	2018年	2019年	2020年	2021年	2022年
第39章 塑料及其制品	0.33	0.35	0.76	1.00	1.24
第40章 橡胶及其制品	0.46	0.38	0.41	0.31	0.67

云南对RCEP其他成员国整体的出口显示性比较优势较大的是塑料及其制品。下面将分析云南在该类产品上对RCEP各国的出口显示性比较优势。

从表3.109中的数据具体分析如下：在所有RCEP成员国中，云南对文莱的出口显示性比较优势最为显著。2018—2022年，云南省向文莱出口的塑料及其制品的出口显示性比较优势（RCA）年均值为2.875。2019年和2020年的出口RCA低于1，存在一定的劣势；但2018年、2021年以及2022年，出口RCA均高于1，2022年的出口RCA达到最高值6.891，云南省在这一时期对文莱的塑料及其制品的出口显示性比较优势显著增强。

除了文莱，云南省对新加坡、日本和柬埔寨的出口显示性比较优势也相对较大，以年均值来看，以上国家出口RCA年均值均高于1，具有显著优势。其中，新加坡仅在2020年出口显示性比较优势低于1，为0.008，而在其他年份，显示性比较优势均高于1。对于日本和柬埔寨，2021年之前，云南省向这2个国家出口塑料及其制品的显示性比较优势均为劣势，但自2021年开始，云南省向这2个国家的出口显示性比较优势转为优势，并且该优势连续保持2年。

表 3.109 2018—2022 年云南对 RCEP 其他成员国塑料及其制品的出口显示性比较优势

国别	2018年	2019年	2020年	2021年	2022年	均值
文莱	3.425	0.429	0.005	3.624	6.891	2.875
缅甸	0.345	0.325	0.046	0.500	0.788	0.401
柬埔寨	0.213	0.372	0.009	2.569	1.971	1.027
印度尼西亚	0.029	0.036	0.002	0.485	0.619	0.234
日本	0.137	0.528	0.002	2.696	2.070	1.087
老挝	0.511	0.724	0.044	0.595	0.000	0.375
马来西亚	0.184	0.445	0.006	0.982	0.504	0.424
菲律宾	0.234	0.106	0.005	1.679	1.718	0.748
新加坡	1.139	1.716	0.008	2.233	3.681	1.755
韩国	0.436	0.455	0.002	1.470	1.864	0.845
泰国	0.029	0.039	0.002	0.506	0.672	0.250
越南	0.037	0.029	0.002	0.160	0.352	0.116
澳大利亚	0.198	0.179	0.002	0.681	0.700	0.352
新西兰	0.104	0.271	0.001	1.386	1.370	0.627

2.云南自 RCEP 其他成员国塑料及其制品、橡胶及其制品进口显示性比较优势分析

橡胶及其制品是云南自 RCEP 其他成员国塑料及其制品、橡胶及其制品进口显示性比较优势整体较大的产品，2018—2020 年其进口显示性比较优势较大，均在 6 以上，最大值为 2020 年的 7.17，2021 年开始下滑至 4.15，2022 年再次大幅提升至 8.89，为近 5 年最高。相比之下，云南省自 RCEP 其他成员国进口塑料及其制品劣势较为明显，2018—2022 年，云南塑料及其制品的进口显示性比较优势（RCA）均未超过 1，整体劣势明显。

表 3.110 2018—2022 年云南自 RCEP 其他成员国各类塑料及其制品、橡胶及其制品的进口显示性比较优势

产品类别	2018年	2019年	2020年	2021年	2022年
第39章 塑料及其制品	0.24	0.10	0.15	0.08	0.07
第40章 橡胶及其制品	6.40	6.59	7.17	4.15	8.89

云南自RCEP其他成员国整体进口显示性比较优势较大的是橡胶及其制品产品。下面将分析云南在该类产品上对RCEP各国的进口显示性比较优势。

根据表3.111中的数据具体分析如下：云南省自RCEP其他成员国进口橡胶及其制品中，具有一定比较优势的国家是缅甸、老挝、马来西亚和泰国。这些国家的进口显示性比较优势（RCA）年均值均大于1，说明在橡胶及其制品进口方面，这些国家相对于其他RCEP成员国具有竞争优势。在具有比较优势的国家中，老挝的进口显示性比较优势（RCA）年均值最高，达到7.452。其后分别是马来西亚、缅甸和泰国，这些国家的橡胶及其制品进口显示性比较优势（RCA）年均值分别为2.373、1.586和1.056。除上述具有比较优势的国家外，其余RCEP成员国的橡胶及其制品进口显示性比较优势（RCA）低于1，表明这些国家在橡胶及其制品进口方面相对劣势。

表3.111　2018—2022年云南自RCEP其他成员国橡胶及其制品的进口显示性比较优势

国别	2018年	2019年	2020年	2021年	2022年	均值
缅甸	1.868	1.351	1.383	1.633	1.695	1.586
日本	0.068	0.000 3	0.003	0.000 02	0.000 1	0.014
老挝	7.890	10.326	8.821	0	10.223	7.452
马来西亚	0	0.258	2.497	9.111	0	2.373
新加坡	0.025	1.218	0.006	0	0	0.250
韩国	0	0.002	0.002	0	0.002	0.001
泰国	2.558	1.487	0.433	0.364	0.437	1.056
越南	0.012	0.015	0.090	0.162	3.077	0.671
澳大利亚	0.003	0.003	0	0	0.012	0.004

3.小结

RCEP其他成员国与云南省在塑料及其制品、橡胶及其制品的贸易往来上，具有出口显示性比较优势的是塑料及其制品，具有进口显示性比较优势的是橡胶及其制品。在RCEP其他成员国中，云南在塑料及其制品出口方面的显示性比较优势，主要体现在对文莱、新加坡、日本和柬埔寨的出口上，虽然曾在某一时期存在劣势，但自2021年开始，出口显示性比较优势已经连续2年保持优势，这表明，云南在塑料及其制品出口方面的竞争力正在逐步提升，有望在RCEP框架下进一步拓展市场份额。在进口方面，具有一定比较优势的国家是缅甸、老挝、马来西亚和泰国，这些国家的进口显示性比较优势（RCA）年均值均大于1。云南在橡胶及其制品进口方面应继续深化与缅甸、老挝、马来西亚和泰国的合作，充分利用区域内的资源禀赋和产业优势，扩大进口规模，满足国内市场需求。

（三）塑料及其制品、橡胶及其制品贸易互补性分析

表3.112给出了2018—2022年云南与RCEP其他成员国塑料及其制品、橡胶及其制品产业内贸易指数的细分指标。从表3.113可以看出，云南与RCEP其他成员国塑料及其制品、橡胶及其制品产业内贸易指数均值整体较小，GL值大多在0.5以下，甚至有许多数值为0，说明云南与各国在该领域的产品贸易更趋向产业间贸易，甚至趋近为完全的产业间贸易，具有较强的贸易互补性。

表3.112 2018—2022年云南与RCEP其他成员国塑料及其制品、橡胶及其制品产业内贸易指数

	国别	2018年	2019年	2020年	2021年	2022年	国别均值
第39章 塑料及其制品	缅甸	—	0.0058	0	0.003	0.006	0.003
	印度尼西亚	0.249	0.118	0.006	0.005	0.008	0.077
	日本	0.093	0.299	0.650	0.595	0.677	0.463
	老挝	0.067	0.293	0.308	0.031	0.127	0.165
	马来西亚	0.407	0.251	0.1141	0.008	0.013	0.159
	菲律宾	0.013 3	0.048 5	0.003 5	0.000 5	0.001	0.013
	新加坡	0.317	0.668	0.178	0.098	0.133	0.279
	韩国	0.118	0.806	0.186	0.124	0.000 7	0.247
	泰国	0.869	0.796	0.162	0.124	0.129	0.416
	越南	0.764	0.084	0.475	0.040	0.011	0.275
	澳大利亚	0.568	0.297	0.097	0.001	0.040	0.200

	国别	2018年	2019年	2020年	2021年	2022年	国别值
第40章橡胶及其制品	缅甸	0.240	0.225	0.248	0.241	0.144	0.219
	日本	0.889	0.011	0.026	0	0.001	0.185
	老挝	0.017	0.017	0.007	0.004	0.014	0.012
	马来西亚	—	0.329	0.735	0	0	0.213
	新加坡	0.807	0.853	0.003	0	0	0.333
	韩国	0.001	0.018	0.003	0.001	0.003	0.005
	泰国	0	0.012	0.394	0.665	0.448	0.304
	越南	0.408	0.453	0.784	0.973	0.039	0.532
	澳大利亚	0.588	0.792	0.012	0	0.011	0.281

表3.113　2018—2022年云南与RCEP其他成员国在塑料及其制品、橡胶及其制品上 GL ≥ 0.5的数量

产品类别	GL ≥ 0.5的数量
第39章 塑料及其制品	9
第40章 橡胶及其制品	9

根据表3.114，可以从产品和国别的角度，整理出2018—2022年云南与RCEP其他成员国塑料及其制品、橡胶及其制品GL值在0.5以上，即趋向于产业内贸易的数量。由表3.114可知，2018—2022年，云南与RCEP其他成员国塑料及其制品、橡胶及其制品贸易表现为偏向产业内贸易为主（GL ≥ 0.5）的GL值共有18个，其余GL值均在0.5以内。

从产品类别来看，两类产品均存在GL值在0.5及以上的情况，云南与RCEP其他成员国在该两类产品的贸易上GL ≥ 0.5的数量均为9个，说明在该两类产品贸易领域，云南的产品与RCEP其他成员国的产品均有一定的市场份额和竞争能力。

表3.114　2018—2022年云南与RCEP各其他成员国在塑料及其制品、橡胶及其制品上 GL≥0.5的数量

国别	GL≥0.5的数量
文莱	0
缅甸	0
柬埔寨	0
印度尼西亚	0
日本	4
老挝	0
马来西亚	1
菲律宾	0
新加坡	3
韩国	1
泰国	3
越南	3
澳大利亚	3
新西兰	0

　　从国别结构来看，有7个国家的GL值在0.5及以上，分别是日本、马来西亚、新加坡、韩国、泰国、越南、澳大利亚，云南与以上国家在塑料及其制品、橡胶及其制品的贸易中GL≥0.5数量的分别为4个、1个、3个、1个、3个、3个、3个。值得关注的是，其中既有与云南邻近的越南、泰国，也有经济水平较高的日本、新加坡、澳大利亚，其中最多的是日本，说明云南与日本在该领域的贸易中有一定的竞争能力。

三、技术性贸易壁垒分析

　　鉴于云南的塑料及其制品主要以出口为主，而橡胶及其制品以进口为主，本节将主要介绍RCEP其他成员国对塑料及其制品进口的相关技术性贸易壁垒，以及我国对橡胶及其制品的一些进口相关的政策和通关规定。

（一）塑料及其制品

东南亚国家为保护本国塑料制品产业和提高本国塑料制品的国际化能力，保护本国市场和消费者的权益，各自出台了一些技术法规。但由于各国技术法规的实施各不相同，故对我国的出口影响有所不同。

1. 菲律宾

2014 年 5 月 16 日，菲律宾向 WTO 提交关于可降解塑料产品强制性标准的 G/TBT/N/PHL/181 号 TBT 通报。该通报主要涉及可通过氧化和生物降解组合处理环境（如土壤和卫生填埋）降解的塑料和塑料制品。该标准规定了材料和产品标签要求，包括"氧化式生物降解"塑料包装。该通报的性质是确定塑料和塑料制品是否能通过氧化和生物降解组合处理环境降解。该通报不解决所有关于使用的安全问题。该标准使用者的责任是建立适当的安全和健康规范，以及在使用前确定监管要求的适用性。该通报涉及标准包括：PNS 2092：2011 氧化和生物降解组合处理环境中塑料降解的暴露和测试标准指南；PNS ASTM D 5526：2011 ASTM，1994 年公布（2011 年重新批准），加速土地填筑条件下塑料材料的厌氧生物降解测定的标准试验方法；PNS ASTM D 5988：2011（ASTM，2003 年公布），测定堆肥处理后的塑料或残塑料在土壤中有氧生物降解的标准试验方法；ASTM D 883 塑料相关术语；ISO472：2013 塑料词汇；SPCR 141 通过非生物和后续生物降解的可降解聚合物废物（可降解 A+B− 要求和试验方法）。该通报拟生效日期为本法令在普通发行的官方公报上公布之后 15 天生效，提意见截止日期为 2014 年 6 月 22 日。

2. 泰国

2014 年 12 月 1 日，泰国工业部工业标准学会发布 G/TBT/N/THA/440 号通报，该通报撤销原无菌药品塑料容器工业标准 TIS 531−2546（2003），用 TIS 531−25XX 作为强制性标准。该标准草案仅涵盖用于注入人体内的液体无菌药品的塑料包装容器，它对种类、材料、要求、标识以及标签、抽样、合格条件和测试方面均做了详细说明。

3.印度尼西亚

印度尼西亚政府颁布了2023年第36号关于进口政策和规定的贸易部条例，其中包含对进口许可证（API）与进口配额内容的调整，以便加强对进口贸易的管制。该条例将于2024年3月11日生效。根据2023年第36号新规的调整，将有更多的产品需要办API进口审批。这个政策将影响配额数值等多个方面，电商和进口商会直接受该规定的影响。以下为新规中每年进口必须申请API配额进口审批的16种新产品类型：电子产品；传统药品和保健品；化妆品和家居用品；纺织品和其他成品；鞋类；服装和服装配件；包；纺织品；纺织品巴蒂克和巴蒂克图案；塑料原料；有害物质（B2）；氢氟碳化合物（HFC）；某些化学产品；阀门；钢铁、合金钢及其衍生产品；二手产品和二手设备。

此外，在通报方面，印度尼西亚2010年3月24日发布TBT通报G/TBT/N/IDN/36、G/TBT/N/IDN/37和G/TBT/N/IDN/38，公布了有关自行车、釉面陶瓷器具、塑料水箱3种产品的技术法令草案，这些法规在2个月内获得批准，批准之后6个月生效实施，此后印度尼西亚本地和进口的自行车、釉面陶瓷器具、塑料水箱都必须具有SNI标志。印度尼西亚实施这3个法令的目的是保护消费者安全、提高产品质量和建立公平的贸易竞争环境。塑料立式圆柱水箱〔聚乙烯（PE）〕法令规定，由印度尼西亚工业部农产品与化学品基工业总署负责实施该法规，包括发布有关产品认证程序和SNI标志的技术指引，由印度尼西亚工业部指定的产品认证机构负责SNI标志产品认证，产品必须经印度尼西亚工业部指定的实验室按照标准SNI 7276：2008进行测试，标准规定了塑料式圆柱水箱〔聚乙烯（PE）〕的定义、质量要求、抽样要求、测试方法、测试验收及标志要求和包装要求，认证还需要审核质量管理体系（QMS）SNI ISO 9001-2008。

（二）橡胶及其制品

天然橡胶主要进口商品类别和税目分布见表3.115。其中，天然胶乳、烟胶片、技术分类天然橡胶年内暂定关税税率计征方式为从价计征和从量计征二者从低。

表3.115 天然橡胶主要进口商品类别和税目分布

产品类别	进口最惠国税率	年内暂定税率	协定税率（东盟）
天然胶乳	20%	10%或900元/吨，两者从低	无
烟胶片	20%	20%或1500元/吨，两者从低	无
技术分类天然橡胶（TSNR）	20%	20%或1500元/吨，两者从低	无
其他初级形状的天然橡胶	20%	无	无
巴拉塔胶、古塔波胶等	20%	无	0

天然橡胶的规范申报涉及以下要素：品名、外观、型号、包装、签约日期等。其中，天然橡胶的型号及签约日期是影响海关对其审价的关键要素。技术分类天然橡胶因原产国不同，生产型号及价格水平也存在差异。另外，天然橡胶因其期货性质，每日价格波动较大，签约日期直接反映当日天然橡胶行情，也是海关的重要审价参考依据。因此，需如实、规范申报型号及签约日期。

根据税则注释要求，技术分类天然橡胶必须随附生产国主管当局出具的检验证书，以及列明橡胶的等级、规格及检查结果。相关文件对"生产国主管当局"进行了明确规定："生产国主管当局"是指橡胶生产国政府主管部门，包括橡胶生产国政府主管部门授权的检验检测机构。而无法提供相关检验证书的技术分类天然橡胶，应归入其他初级形状的天然橡胶。

进口橡胶的申报要素：在橡胶进口清关时，进口商需要向海关申报一系列要素，包括品牌类型、出口享惠情况、用途、外观、是否充油、热塑、成分含量、签约日期、品牌、型号、GTIN、CAS等。这些申报要素的准确性直接关系到清关的速度和效率，因此，需要认真填写。

进口橡胶的清关流程到港：货柜到达国内港口。换单：跟船公司办理提货单及缴纳船务杂费。报检、报关及申报价格：向海关申报货物的价值、数量等信息，并提交所需单证。同时，需要向检验检疫部门申报货物的品质、规格等信息。海关审价出税单：海关会对申报的货物进行审价，并出具税单，确定应缴纳的关税和增值税。缴纳税款：按照税单上的金额缴纳相应的关税和增值税及其他税费（如有）。海关查验：海关会对货物进行查验，确保货物的品质、数量等信息与申报相符。放行货物：如果海关认为货物符合要求，就会放行货物，允许将货物运至目的地。提货：从港口或机场提取货物，运往指定地点。送货至国内指定地点：最后一步是将货物送达目的地，完成整个进口清关流程。

四、结论与建议

根据以上从各角度对云南—RCEP塑料及其制品、橡胶及其制品贸易的简要分析，下文将进行总结并从贸易规模、贸易结构、贸易伙伴方面提出一些建议，以期对此类产品的贸易发展有所帮助。

在贸易规模方面，随着全球经济一体化进程的推进，云南与RCEP成员国的贸易往来日益紧密，塑料及其制品、橡胶及其制品贸易规模持续扩大。但当前贸易规模仍有很大的提升空间。因此，建议政府和相关部门进一步优化商业环境，降低贸易壁垒，为企业提供更多政策支持，以刺激塑料及其制品、橡胶及其制品贸易的快速增长。

在贸易结构方面，云南与RCEP其他成员国的塑料及其制品、橡胶及其制品贸易以进口为主。云南在塑胶原料和制品的生产技术、产业链完整性以及市场规模等方面，与发达国家还存在一定差距。云南省应充分发挥地理优势，加强与RCEP成员国的经贸合作，不断扩大塑料及其制品、橡胶及其制品出口市场。企业要不断优化产品结构和出口市场布局，积极拓展日本、韩国等国家的市场份额，以多元化市场策略应对国际市场风险，提升出口竞争力。

在贸易伙伴方面，云南与RCEP其他成员国的塑料及其制品、橡胶及其制品贸易伙伴相对稳定，但国别之间差距较大，仍需拓展多元市场。建议省内塑料及其制品、橡胶及其制品企业充分利用RCEP政策优势，加强与RCEP成员国的经贸合作，积极参与各类展会和交流活动，提升塑料及其制品、橡胶及其制品在国际市场的知名度和影响力。

东盟是中国塑胶制品的重要来源地，中国应针对当前的国际局势，做好战略部署，深化中国与东盟塑胶产业合作关系，同时要积极实施"走出去"战略，寻求多元化稳定的塑胶制品供给，保障我国对塑胶制品的需求。在一些技术门槛较高，专业性要求高的应用领域，具有技术优势和产品质量优势的塑胶制品企业将迅速地占领该细分市场的大部分份额，从而使得在具体细分领域通常呈现一定的寡头垄断特征。总之，云南—RCEP塑料及其制品、橡胶及其制品贸易发展具有一定潜力，但需在贸易规模、贸易结构和贸易伙伴等方面进行优化。在此过程中，需密切关注国际市场动态，把握行业发展趋势，为塑料及其制品、橡胶及其制品贸易的持续繁荣提供坚实支持。

第六节　贱金属及其制品

贱金属泛指除金、银、铂等贵金属之外的其他金属。由于化学性质比较活泼，被广泛应用于冶金工业中，上至航空航天工业机床用的刀片、汽车制造业焊接用的焊条，下至家中厨房使用的各种刀具等，可谓应用广泛，处处可见它们的身影。

RCEP其他成员国大部分拥有得天独厚的地理环境和地质条件，也拥有十分丰富的资源，特别是铜、铁、锡、铅、锌等储量十分丰富。随着工业化进程的加快，我国对矿产资源的需求量近年来成倍地增加。在享有"有色金属王国"之称的云南，有色金属工业已成为经济稳定发展的"压舱石"。随着供给侧结构性改革的有力推进，国家调整进出口有关政策，支持符合行业规范的企业开展铜精矿、锡精矿等加工贸易，给贱金属工业发展注入新的动力。

基于中国与RCEP其他成员国贱金属及其制品进出口贸易的实际情况，本节将利用近5年贸易数据计算云南与RCEP其他成员国贱金属及其制品的进出口贸易结构、产品比较优势、市场占有率和产业内贸易等指数，以期通过对云南与RCEP其他成员国贱金属及其制品贸易竞争性与互补性进行深入分析，提出改进云南与RCEP其他成员国在贱金属及其制品贸易上的国际分工和贸易关系的建议。

第十五类贱金属及其制品具体包含以下 11 类商品：钢和铁（第 72 章）；钢铁制品（第 73 章）；铜及其制品（第 74 章）；镍及其制品（第 75 章）；铝及其制品（第 76 章）；铅及其制品（第 78 章）；锌及其制品（第 79 章）；锡及其制品（第 80 章）；其他贱金属、金属陶瓷及其制品（第 81 章）；贱金属工具、餐具等（第 82 章）；贱金属杂项（第 83 章）。

一、云南与 RCEP 其他成员国贱金属及其制品贸易现状

（一）云南贱金属及其制品贸易概况

近年来，云南的贱金属及其制品成绩比较突出，铜、铝、锡等产品的冶炼和压延加工业增长率和产量不断上升，远超全国平均水平。随着云南省新旧动能加速转换，传统支柱产业加快转型升级，云南贱金属及其制品的进、出口也呈现蓬勃的发展态势。

出口方面：2022 年，云南贱金属及其制品出口额排名前十的国家（地区）依次为美国、印度、韩国、越南、缅甸、中国台湾、荷兰、马来西亚、印度尼西亚和日本。这些国家与地区共同构成了云南贱金属及其制品的主要出口市场。与 2018 年相比，RCEP 成员国的出口额占比已经从 85.25% 下降至 53.82%，降幅超过 20%，如表 3.116 所示。云南贱金属及其制品的出口市场正在经历一次重大的转变。在这个过程中，非 RCEP 成员国的地位逐渐上升，成为新的出口增长动力。从具体的出口市场来看，美国和印度依然是云南贱金属及其制品的第一、第二大出口市场。这两个市场的合计出口额 2.69 亿美元，占整体出口额的 16.73%。云南贱金属及其制品在美国和印度市场上仍具有强大的竞争力。在 RCEP 成员国中，韩国和越南的出口额排名分别为第一和第二。这两个市场的合计出口额占比 12.74%，虽然相较于 2018 年有所下降，但需要注意的是，由于贸易环境的变化、市场竞争的加剧以及政策调整等多种因素的综合影响，RCEP 其他成员国的出口额占比均有所下降。

表3.116 2018年、2022年云南贱金属及其制品出口前十市场

单位：亿美元

排名	2018年			2022年		
	国家/地区	出口额	占比	国家/地区	出口额	占比
1	缅甸	1.93	27.42%	美国	1.45	9.03%
2	老挝	0.82	11.61%	印度	1.24	7.70%
3	泰国	0.52	7.45%	韩国	1.07	6.64%
4	美国	0.46	6.48%	越南	0.98	6.10%
5	马来西亚	0.45	6.46%	缅甸	0.94	5.89%
6	越南	0.31	4.35%	中国台湾	0.85	5.28%
7	柬埔寨	0.24	3.38%	荷兰	0.82	5.13%
8	新加坡	0.22	3.19%	马来西亚	0.80	5.01%
9	英国	0.17	2.39%	印度尼西亚	0.65	4.04%
10	比利时	0.15	2.18%	日本	0.63	3.95%

进口方面：2022年，云南省贱金属及其制品进口额排名前十的国家包括缅甸、秘鲁、赞比亚、印度尼西亚、越南、日本、刚果（金）、澳大利亚、美国和老挝。然而，值得注意的是，相较于2018年，RCEP成员国的进口占比从82.29%降至60.91%，下降了21.39个百分点。这一变化反映了云南省在贱金属及其制品进口市场的多元化趋势，也表明了非洲地区是全球最重要的关键矿产来源地之一，矿藏品种丰富、储量高，开发空间广阔，云南对非洲金属矿产品进口依赖度正在逐步提高。

从进口市场来看，缅甸是云南省贱金属及其制品的最大进口市场。2018年和2022年两年里，缅甸始终保持云南贱金属及其制品进口额排名第一的地位。这一地位的稳固得益于缅甸丰富的矿产资源，现已探明的主要矿藏有铜、铅、锌、铁、镍等，且由于技术受限大部分并未开采。缅甸的进口额在这5年实现了显著增长，从2018年的0.21亿美元增长至2022年的0.64亿美元，增长率超过了300%，尽管自缅甸的进口额占比有所下降，从2018年的48.06%下降至2022年的36.29%，但其作为云南省贱金属及其制品进口的主要来源国地位依然稳固，如表3.117所示。越南在云南省贱金属及其制品进口市场中的地位值

得关注。2018年，越南在云南贱金属及其制品进口额中的占比为28.11%，进口额为0.12亿美元，排名第二。然而，2022年，自越南的进口额下降至0.1亿美元，排名也下降至第五，占比减少至5.78%。这一变化表明，越南在云南省贱金属及其制品进口市场中的地位正在逐渐减弱。除了缅甸和越南之外，其他国家的进口额和排名也有不同程度的波动。例如，自秘鲁和赞比亚的进口额近年来呈现增长趋势，而自澳大利亚和马来西亚的进口额呈现下降趋势。这些变化反映了全球贱金属及其制品市场的动态变化，以及云南省进口市场的多元化趋势。

表3.117　2018年、2022年云南贱金属及其制品进口前十市场

单位：亿美元

排名	2018年			2022年		
	国家/地区	进口额	占比	国家/地区	进口额	占比
1	缅甸	0.21	48.06%	缅甸	0.64	36.29%
2	越南	0.12	28.11%	秘鲁	0.34	19.45%
3	澳大利亚	0.02	4.60%	赞比亚	0.26	14.91%
4	马来西亚	0.01	3.08%	印度尼西亚	0.17	9.51%
5	奥地利	0.01	2.67%	越南	0.10	5.78%
6	中国台湾	0.01	2.56%	日本	0.08	4.72%
7	德国	0.01	2.10%	刚果（金）	0.04	2.09%
8	美国	0.01	1.89%	澳大利亚	0.03	1.83%
9	尼泊尔	0.01	1.71%	美国	0.03	1.50%
10	中国	0.01	1.52%	老挝	0.02	0.97%

（二）云南与RCEP其他成员国贱金属及其制品贸易规模

整体来看，云南与RCEP其他成员国贱金属及其制品贸易额整体呈上升趋势。2018—2022年，云南与RCEP其他成员国贱金属及其制品贸易年均增速为13.36%，2022年贸易额较2018年增长65.13%，如表3.118所示。具体来看，2018年贸易额为5.22亿美元，2019—2020年保持在6亿美元以上水平；2021年实现明显增长，贸易额达到8.97亿美元；2022年出现小幅下滑，降至8.62亿美元。

　　从出口情况看，云南对RCEP其他成员国在贱金属及其制品的出口呈现显著增长态势。2018—2022年，出口额整体实现了稳步攀升。具体来说，出口额从2018年的4.84亿美元逐年增长，至2021年攀升至7.95亿美元，涨幅达64.26%。虽然2022年的出口额略有微降，降至7.37亿美元，但相较于2018年，仍然实现了52.27%的增长。这一增长趋势反映了云南在贱金属及其制品的生产和出口方面的优势，同时也反映了RCEP其他成员国对云南产品的需求和认可。

　　从进口情况看，云南自RCEP其他成员国贱金属及其制品的进口呈逐年上升趋势。2018年进口额为0.37亿美元，2021年进口额突破1亿美元，为1.02亿美元，2022年持续增长至1.24亿美元。2022年进口额较2018年增长超2倍。这一趋势反映出RCEP成员国家与非洲国家相比，金属矿产品虽在产量和种类上存在不足，但在云南市场仍具备地缘优势。

　　云南与RCEP其他成员国贱金属及其制品贸易长期处于顺差。云南在贱金属及其制品的出口方面具有较强的竞争力，并且在进口方面也能够满足自身的需求。双边贸易以出口为主，顺差规模在2018—2022年呈现波动增长的趋势。2018—2019年，顺差由4.47亿美元增长至5.46亿美元，虽然2020年有所回落，但2021年顺差再次扩大至6亿美元以上，尽管2022年顺差略有下降，但仍然基本保持了这一规模。

表3.118　2018—2022年云南与RCEP其他成员国贱金属及其制品进出口情况

单位：亿美元

年份	贸易额	出口额	进口额	贸易差额
2018	5.22	4.84	0.37	4.47
2019	6.64	6.05	0.59	5.46
2020	6.76	5.85	0.91	4.94
2021	8.97	7.95	1.02	6.93
2022	8.62	7.37	1.24	6.13
年均增速	13.36%	11.09%	35.30%	—

数据来源：海关总署。

（三）云南与RCEP其他成员国贱金属及其制品贸易产品结构

1.出口结构分析

从出口商品种类及规模来看，云南对RCEP其他成员国出口的贱金属及其制品种类主要有钢铁制品、铝及其制品、锡及其制品。从表3.119中的数据具体来看，2022年，钢铁制品占云南对RCEP其他成员国出口贱金属及其制品的比重为42.92%，较2018年提升21.25个百分点。铝及其制品占比为17.38%，较2018年上升0.45个百分点。锡及其制品占比为16.84%，较2018年上升15.81个百分点。该3类产品合计占云南对RCEP其他成员国出口贱金属及其制品的比重达77.14%，较2018年上升37.51个百分点。这一数据充分展示了云南在贱金属及其制品出口方面的强劲势头和巨大潜力。近年来，云南省十分重视有色金属产业强链、补链和延链工作，先后出台了《云南省绿色铝产业发展三年行动（2022—2024年）》《云南省光伏产业发展三年行动（2022—2024年）》《云南省新材料产业发展三年行动（2022—2024年）》《云南省"十四五"原材料工业发展规划》《云南省全链条重塑有色金属及新材料新优势行动计划（2021—2023年）》等规划和政策文件。有色金属的发展成绩也比较突出，其冶炼和压延加工业增长率和10种有色金属产量不断上升，远超全国平均水平，2022年10种有色金属产量历史性接近700万吨，同比增长25.8%，其中，电解铝415.52万吨，增长了33.9%。就2021年的情况来看，铜和铝的产量加起来5 127.7万吨，10种有色金属产量占比高达75.7%，这为云南贱金属及其制品的出口提供了有力支撑。

表3.119　2018年、2022年云南对RCEP其他成员国各类贱金属及其制品出口情况

单位：亿美元

产品类别	2018年	占比	2022年	占比
第73章　钢铁制品	1.05	21.67%	3.16	42.92%
第72章　钢铁	1.77	36.54%	0.29	3.94%
第76章　铝及其制品	0.82	16.93%	1.28	17.38%
第74章　铜及其制品	0.8	16.51%	0.04	0.54%
第83章　贱金属杂项制品	0.24	4.95%	0.89	12.09%

（续表）

产品类别	2018年	占比	2022年	占比
第80章　锡及其制品	0.05	1.03%	1.24	16.84%
第82章　贱金属工具、器具、利口器、餐匙、餐叉及其零件	0.07	1.44%	0.37	5.03%
第81章　其他贱金属、金属陶瓷及其制品	0.04	0.83%	0.09	1.22%
第79章　锌及其制品	0.001	0.02%	0.002	0.03%
第78章　铅及其制品	0.003	0.06%	0.001	0.01%
第75章　镍及其制品	0.000 3	0.01%	0.000 1	0.00%

云南对 RCEP 其他成员国出口第一大类贱金属及其制品是钢铁制品。具体分析出口趋势，由表 3.120 可知，2018—2022 年，云南对 RCEP 其他成员国出口钢铁制品实现逐年增长，其年均增长率为 31.71%。具体来看，出口额从 2018 年的 1.05 亿美元上升至 2019 年的 1.38 亿美元后，2020 年突破 2 亿美元，达到 2.28 亿美元，2021 年继续保持在 3 亿美元以内，2022 年突破 3 亿美元大关，达到 3.16 亿美元。

云南对 RCEP 其他成员国出口的第二大类贱金属及其制品是钢铁。具体分析出口趋势，由表 3.120 可知，2018—2022 年，云南对 RCEP 其他成员国出口钢铁呈现先增后减的趋势，其年均增长率为 –36.38%。具体来看，2018—2019 年出口额由 1.77 亿美元增长至 2.15 亿美元，超过同期钢铁制品的出口额，2020 年起出现下滑，2021 年跌破 1 亿美元，出口额为 0.96 亿美元，2022 年出口额仅为 0.29 亿美元，较 2018 年下降 83.62%。

云南对 RCEP 其他成员国出口的第三大类贱金属及其制品是铝及其制品。具体分析出口趋势：2018—2022 年，云南对 RCEP 其他成员国出口铝及其制品呈现波动上升趋势，其年均增长率为 11.78%。具体来看，出口额从 2018 年的 0.82 亿美元下降至 2019 年的 0.65 亿美元，此后开始逐年增长，2022 年突破 1 亿美元，为 1.28 亿美元。

表3.120　2018—2022年云南对RCEP其他成员国各类贱金属及其制品出口情况

单位：亿美元

产品类别	2018年	2019年	2020年	2021年	2022年	年均增长
第73章　钢铁制品	1.05	1.38	2.28	2.83	3.16	31.71%
第72章　钢铁	1.77	2.15	1.28	0.96	0.29	−36.38%
第76章　铝及其制品	0.82	0.65	0.91	0.99	1.28	11.78%
第74章　铜及其制品	0.80	1.53	0.28	0.45	0.04	−52.71%
第83章　贱金属杂项制品	0.24	0.23	0.73	0.95	0.89	38.77%
第80章　锡及其制品	0.05	0.001	0.14	1.30	1.24	123.16%
第82章　贱金属工具、器具、利口器、餐匙、餐叉及其零件	0.07	0.06	0.20	0.42	0.37	51.63%
第81章　其他贱金属、金属陶瓷及其制品	0.04	0.03	0.02	0.03	0.09	22.47%
第79章　锌及其制品	0.001	0.01	0.01	0.01	0.002	18.92%
第78章　铅及其制品	0.003	0.007	0.003	0.001	0.001	−24.02%
第75章　镍及其制品	0.000 3	<0.000 1	<0.000 1	<0.000 1	0.000 1	−24.02%

2.进口结构分析

从进口商品种类及规模来看，云南自RCEP其他成员国进口的贱金属及其制品种类主要有铜及其制品、锡及其制品、锌及其制品。从表3.121的数据具体来看，2022年，铜及其制品占云南自RCEP其他成员国进口贱金属及其制品的比重为45.54%，较2018年提升21.44个百分点。锡及其制品占比为15.98%，较2018年上升13.30个百分点。锌及其制品占比为15.18%，较2018年上升15.15个百分点。该3类产品合计占云南对RCEP其他成员国出口贱金属及其制品的比重达到76.69%，较2018年上升49.88个百分点。这一数据充分说明了云南与RCEP其他成员国在贱金属及其制品贸易上的紧密合作和高度依赖。云南与RCEP其他成员国在贱金属及其制品贸易上的合作呈现蓬勃发展的态势。未来，随着RCEP的深入实施和云南对外开放程度的不断提高，双方在这一领域的合作将更加紧密，为地区经济的繁荣和发展注入新的活力。

表3.121　2018年、2022年云南自 RCEP 其他成员国各类贱金属及其制品进口情况

单位：亿美元

产品类别	2018年	占比	2022年	占比
第74章　铜及其制品	0.09	24.10%	0.57	45.54%
第80章　锡及其制品	0.01	2.68%	0.2	15.98%
第79章　锌及其制品	0.000 1	0.03%	0.19	15.18%
第76章　铝及其制品	0.002	0.54%	0.17	13.58%
第72章　钢铁	0.24	64.27%	0.03	2.40%
第78章　铅及其制品	0.01	2.68%	0.001	0.08%
第81章　其他贱金属、金属陶瓷及其制品	0.000 1	0.03%	0.08	6.39%
第73章　钢铁制品	0.02	5.36%	0.01	0.80%
第82章　贱金属工具、器具、利口器、餐匙、餐叉及其零件	0.001	0.27%	0.000 1	0.01%
第83章　贱金属杂项制品	0.000 1	0.03%	0.000 5	0.04%
第75章　镍及其制品	0.000 1	0.03%	0.000 1	0.01%

　　云南自 RCEP 其他成员国进口第一大类贱金属及其制品是铜及其制品。由表3.122中的数据具体分析进口趋势：2018—2022年，云南自 RCEP 其他成员国进口铜及其制品实现逐年增长，其年均增长率为58.64%。具体来看，进口额从2018年的0.09亿美元持续上升至2022年的0.57亿美元。

　　云南自 RCEP 其他成员国进口的第二大类贱金属及其制品是钢铁。由表3.122中的数据具体分析进口趋势：2018—2022年，云南自 RCEP 其他成员国进口钢铁呈现先增后减的趋势，其年均增长率为-40.54%。具体来看，2018—2019年进口额由0.24亿美元增长至0.38亿美元，超过同期铜及其制品的进口额，2020年起出现下滑，2021年跌至0.14亿美元，2022年进口额仅为0.03亿美元，较2018年下降87.50%。

　　云南自 RCEP 其他成员国进口的第三大类贱金属及其制品是锡及其制品。由表3.122中的数据具体分析进口趋势：2018—2022年，云南自 RCEP 其他成员国进口锡及其制品呈现平稳发展趋势，其年均增长率为111.47%。具体来看，2018年进口额为0.01亿美元，2019年进口额小幅下降，2020年增长至0.16亿

美元，2021 年较为平稳，进口额为 0.15 亿美元，2022 年实现小幅增长，进口额达到 0.20 亿美元。

表 3.122　2018—2022 年云南自 RCEP 其他成员国各类贱金属及其制品进口情况

单位：亿美元

产品类别	2018年	2019年	2020年	2021年	2022年	年均增长
第74章　铜及其制品	0.09	0.07	0.36	0.53	0.57	58.64%
第72章　钢铁	0.24	0.38	0.17	0.14	0.03	−40.54%
第80章　锡及其制品	0.01	<0.000 1	0.16	0.15	0.20	111.47%
第76章　铝及其制品	0.002	0.01	0.10	0.16	0.17	203.64%
第79章　锌及其制品	<0.000 1	<0.000 1	0.06	0.02	0.19	560.22%
第78章　铅及其制品	0.01	0.12	0.06	<0.000 1	0.001	−43.77%
第81章　其他贱金属、金属陶瓷及其制品	<0.000 1	<0.000 1	<0.0001	0.01	0.08	431.83%
第73章　钢铁制品	0.02	0.003	0.002	0.002	0.01	−15.91%
第82章　贱金属工具、器具、利口器、餐匙、餐叉及其零件	0.001	0.005	0.001	<0.000 1	0.000 1	−43.77%
第83章　贱金属杂项制品	0.000 1	0.000 3	0.000 1	0.000 2	0.000 5	49.53%
第75章　镍及其制品	<0.000 1	<0.000 1	<0.000 1	<0.000 1	<0.000 1	—

数据来源：海关总署。

（四）云南与 RCEP 其他成员国贱金属及其制品贸易国别结构

1.出口结构分析

从 2022 年出口市场占比来看，云南与 RCEP 其他成员国在贱金属及其制品贸易上紧密相连，其中，韩国、越南和缅甸在云南贱金属及其制品出口中占据主导地位，如表 3.123 所示。具体来看，首先，2022 年，云南对韩国出口的贱金属及其制品占其对 RCEP 其他成员国出口总量的 14.52%，相较于 2018 年，这一比例显著增长了 13.07 个百分点。这一增长趋势不仅凸显了韩国市场对云南贱金属产品的需求增加，也反映了云南在调整出口市场结构、优化资源配置方面的积极努力。

其次，越南市场在云南贱金属及其制品出口市场位居第二。2022 年，云南对越南出口的贱金属及其制品占比达到 13.30%，相较于 2018 年，这一比例上升了 6.90 个百分点。越南虽然是全球第二大铝土矿资源储备国，但由于本土对该资源的开发利用程度相对较低，导致国内铝及铝制品市场供应仍存在较大缺口，对中国产品的进口需求较大。

最后，缅甸市场在云南贱金属及其制品出口中的占比排名第三。2022 年，云南对缅甸出口的贱金属及其制品占比为 12.75%，与 2018 年相比下降 27.11 个百分点。这一变化可能受到多种因素的影响，如缅甸国内政治局势的不稳定、全球经济形势的变化等。尽管如此，缅甸仍然是云南贱金属产品的重要出口市场之一。

总体来看，2022 年，云南对韩国、越南和缅甸 3 个国家合计出口的贱金属及其制品占其对 RCEP 其他成员国出口贱金属及其制品的 40.57%，与 2018 年相比下降 7.24 个百分点，但整体上仍维持在 40% 以上。这说明云南在调整出口市场、优化出口结构方面的努力已经取得了一定成效。

表3.123　2018年、2022年云南对RCEP其他成员国贱金属及其制品出口情况

单位：亿美元

国别	2018年	占比	2022年	占比
缅甸	1.93	39.86%	0.94	12.75%
泰国	0.52	10.74%	0.62	8.41%
马来西亚	0.45	9.29%	0.80	10.85%
老挝	0.82	16.94%	0.12	1.63%
越南	0.31	6.40%	0.98	13.30%
韩国	0.07	1.45%	1.07	14.52%
新加坡	0.22	4.54%	0.52	7.06%
日本	0.10	2.07%	0.64	8.68%
印度尼西亚	0.04	0.83%	0.65	8.82%
菲律宾	0.07	1.45%	0.43	5.83%
澳大利亚	0.07	1.45%	0.26	3.53%
柬埔寨	0.24	4.96%	0.29	3.93%
新西兰	0.001	0.02%	0.04	0.54%
文莱	0.001	0.02%	0.01	0.14%

从近5年出口总额来看，RCEP其他成员国中云南贱金属及其制品第一大出口市场是缅甸（见表3.124）。具体分析出口趋势：2018—2022年，云南对缅甸出口贱金属及其制品整体呈现先增后降的趋势，其出口年均增长率为−16.46%，2018—2019年出口额由1.93亿美元上升至2.01亿美元，此后逐年下滑，2022年跌至0.94亿美元。

RCEP其他成员国中云南贱金属及其制品第二大出口市场是泰国。具体分析出口趋势：2018—2022年，云南对泰国出口贱金属及其制品整体实现小幅增长，其出口年均增长率为4.50%，2018—2022年，出口额由0.52亿美元增长至0.62亿美元，最高为2019年的0.97亿美元。

RCEP其他成员国中云南贱金属及其制品第三大出口市场是马来西亚。具体分析出口趋势：2018—2022年，云南对马来西亚出口贱金属及其制品整体呈现波动上升趋势，其出口年均增长率为15.47%，出口额由2018年的0.45亿美元回落至2019年的0.32亿美元，2020年起实现增长，2021年达到最高为1.12亿美元，2022年又下滑至0.80亿美元。

表3.124　2018—2022年云南对RCEP其他成员国贱金属及其制品出口情况

单位：亿美元

国别	2018年	2019年	2020年	2021年	2022年	年均增长
缅甸	1.93	2.01	1.74	1.09	0.94	−16.46%
泰国	0.52	0.97	0.55	0.76	0.62	4.50%
马来西亚	0.45	0.32	0.50	1.12	0.80	15.47%
老挝	0.82	1.34	0.61	0.18	0.12	−38.15%
越南	0.31	0.41	0.64	0.74	0.98	33.34%
韩国	0.07	0.16	0.25	0.98	1.07	97.73%
新加坡	0.22	0.17	0.48	0.77	0.52	23.99%
日本	0.10	0.06	0.30	0.73	0.64	59.05%
印度尼西亚	0.04	0.30	0.22	0.46	0.65	100.78%
菲律宾	0.07	0.12	0.18	0.66	0.43	57.43%
澳大利亚	0.07	0.07	0.27	0.24	0.26	38.83%
柬埔寨	0.24	0.11	0.06	0.14	0.29	4.84%
新西兰	0.001	0.002	0.03	0.06	0.04	151.49%
文莱	0.001	0.003	0.003	0.01	0.01	77.83%

2.进口结构分析

从进口市场占比结构来看，云南与RCEP其他成员国在贱金属及其制品贸易上紧密相连，其中缅甸、越南和印度尼西亚为云南贱金属及其制品进口的主要来源地。从表3.125中具体来看，首先，缅甸作为云南的近邻，一直是云南贱金属及其制品进口的主要来源地。统计数据显示，2022年，云南自缅甸进口的贱金属及其制品占其自RCEP其他成员国进口总量的66.83%。相较于2018年，这一比例显著增长8.83个百分点。据了解，缅甸铅、锌、银等资源丰富，已知铅、锌储量分别为30万吨、50万吨，银储量估计为750万吨；由于区位优势，云南成为缅甸铅、锌等矿产的主要消费地，且多数以原矿和混合矿的形式进口。

其次，越南也是云南贱金属及其制品进口的重要来源之一。虽然近年来云南自越南进口的贱金属及其制品占比有所下降，从2018年的33.14%降至2022年的8.05%，但越南仍然是云南进口贱金属及其制品的第二大来源国。越南是全球第二大铝土矿资源储备国，铝土矿资源储量达到58亿吨，占据全球资源总储量的18.7%，仅次于几内亚，由于地缘相近，成为云南进口铝及其制品的主要来源地。

最后，印度尼西亚作为东南亚最大的经济体，也是云南贱金属及其制品进口的重要市场。2022年，云南自印度尼西亚进口的贱金属及其制品占比排名第三，达到了13.69%。与2018年相比，这一比例上升了13.69个百分点。这表明，印度尼西亚在贱金属及其制品的生产和出口方面具有较强的竞争力。

总体来看，2022年，云南自缅甸、越南和印度尼西亚3个国家合计进口的贱金属及其制品占其自RCEP其他成员国进口贱金属及其制品总额的88.57%，与2018年相比下降2.57个百分点。虽然云南与RCEP其他成员国的贱金属及其制品贸易往来仍然以缅甸、越南和印度尼西亚为主，但RCEP其他成员国的市场份额也在逐渐上升，云南的进口来源正在趋向多元化。

表3.125　2018年、2022年云南自RCEP其他成员国贱金属及其制品进口情况

单位：亿美元

国别	2018年	占比	2022年	占比
缅甸	0.21	58.00%	0.83	66.83%

（续表）

国别	2018年	占比	2022年	占比
越南	0.12	33.14%	0.10	8.05%
印度尼西亚	—	0	0.17	13.69%
马来西亚	0.01	2.76%	0.001	0.08%
日本	<0.000 1	—	0.08	6.44%
澳大利亚	0.02	5.52%	0.03	2.42%
老挝	0.001	0.28%	0.02	1.61%
韩国	0.001	0.28%	0.001	0.08%
泰国	0.000 1	0.03%	0.01	0.81%
菲律宾	<0.000 1	—	<0.000 1	—
新西兰	—	0	—	—
新加坡	<0.000 1	—	—	—
文莱	—	—	—	—

RCEP 其他成员国中云南贱金属及其制品第一大进口来源地是缅甸。由表 3.126 可知，2018—2022 年，云南自缅甸进口贱金属及其制品整体呈现逐年增长趋势，其进口年均增长率为 41.00%，进口额由 0.21 亿美元大幅增长至 0.83 亿美元，但仍未突破 1 亿美元。

RCEP 其他成员国中云南贱金属及其制品第二大进口来源地是越南。具体分析进口趋势：2018—2022 年，云南自越南进口贱金属及其制品整体保持平稳，其进口年均增长率为 –4.46%，进口额在 0.10 亿～0.30 亿美元波动，最高为 2020 年的 0.27 亿美元，最低为 2022 年的 0.10 亿美元。其余 RCEP 成员国进口额均较小。

表3.126　2018—2022年云南自RCEP其他成员国贱金属及其制品进口情况

单位：亿美元

国别	2018年	2019年	2020年	2021年	2022年	年均增长
缅甸	0.21	0.24	0.44	0.64	0.83	41.00%
越南	0.12	0.26	0.27	0.18	0.10	–4.46%
印度尼西亚	—	—	0.07	0.04	0.17	24.84%
马来西亚	0.01	0.04	0.09	0.11	0.001	–43.77%

（续表）

国别	2018年	2019年	2020年	2021年	2022年	年均增长
日本	<0.000 1	0.03	0.003	0.02	0.08	—
澳大利亚	0.02	0.01	0.003	0.001	0.03	10.67%
老挝	0.001	0.01	0.01	0.02	0.02	111.47%
韩国	0.001	0.005	0.03	0.000	0.001	0.00%
泰国	0.000 1	0.000 1	<0.000 1	0.001	0.01	216.23%
菲律宾	<0.000 1	0.000 1	<0.000 1	<0.000 1	<0.000 1	—
文莱	—	—	—	—	—	—

数据来源：海关总署。

二、云南与 RCEP 其他成员国贱金属及其制品贸易特征分析

（一）云南与 RCEP 其他成员国贱金属及其制品贸易市场占有率分析

1. 云南与 RCEP 其他成员国贱金属及其制品贸易市场占有率概述

2018—2022年，云南对 RCEP 其他成员国贱金属及其制品出口市场占有率整体较为稳定，数值为0.2% ~ 0.4%，但总体处于较低水平。进口市场占有率远高于出口市场占有率，平均在50%以上。

由表3.127可知，云南对 RCEP 其他成员国的出口市场占有率在2018—2022年实现小幅上升，由2018年的0.23%上升至2020年最高值的0.34%，此后又开始回落，2022年为0.29%，这说明云南出口到 RCEP 其他成员国的贱金属及其制品比重不大。云南自 RCEP 其他成员国的进口市场占有率远高于出口市场占有率，但整体呈现与出口市场相反的下滑趋势，最高值为2018年的84.13%，此后开始下滑至2021年的最低值47.69%，2022年又回升至63.89%。

表3.127　2018—2022年云南与 RCEP 其他成员国贱金属及其制品贸易整体的进出口市场占有率

市场占有率	2018年	2019年	2020年	2021年	2022年
出口	0.23%	0.30%	0.34%	0.33%	0.29%
进口	84.13%	78.56%	57.39%	47.69%	63.89%

2. 云南对 RCEP 其他成员国贱金属及其制品出口市场占有率分析

从国别均值来看，在 RCEP 其他成员国中，云南对缅甸、老挝、柬埔寨的出口市场占有率排名前三，分别为9.62%、9.49%、1.12%，如表3.128所示。具体来看，对缅甸的出口市场占有率呈现总体下滑的趋势，最高值为2019年的11.92%，2022年下降至6.83%；云南对缅甸出口的贱金属及其制品主要集中在贱金属制其他塞、盖、帽、封志等包装用附件，钢铁制钉、平头钉、图钉、波纹钉、U形钉（品目8305的货品除外）及类似品，不论钉头是否用其他材料制成，但不包括铜头钉，涂漆或涂塑普通钢铁板材。对老挝的出口市场占有率呈现波动趋势，与缅甸市场相似，最高值为2019年的18.44%，2021年则下滑至4.66%；云南对老挝市场出口的贱金属及其制品主要集中于钢铁制塔楼及格构杆，其他钢铁结构体和钢结构体用部件及加工钢材。轧制凸凹变形及扭曲的普通钢铁的其他条、杆。之后是柬埔寨市场，出口市场占有率整体呈现正"V"形趋势，2018年为2.40%，2020年下降至最低点为0.43%，2022年再次上升至1.32%，这说明云南的贱金属及其制品在柬埔寨市场份额仍旧保持高位；云南对柬埔寨出口的贱金属及其制品主要集中在其他钢铁结构体，钢结构体用部件及加工钢材，钢铁制脚手架、模板或坑道支撑用支柱等设备，其他钢铁制品。对新加坡、马来西亚、菲律宾、越南、印度尼西亚、文莱、澳大利亚、韩国、新西兰、日本的出口市场占有率虽整体较小，但整体实现上升，显示云南的贱金属及其制品在 RCEP 区域仍有较大的市场开拓空间，尤其是 RCEP 区域进口贱金属及其制品较多的韩国、马来西亚、日本等市场仍有待进一步挖掘。

表3.128　2018—2022年云南对 RCEP 其他成员国贱金属及其制品出口市场占有率

国别	2018年	2019年	2020年	2021年	2022年	国别均值
缅甸	10.88%	11.92%	8.51%	9.93%	6.83%	9.62%
老挝	12.40%	18.44%	11.94%	4.66%	—	9.49%
柬埔寨	2.40%	0.70%	0.43%	0.77%	1.32%	1.12%
新加坡	0.20%	0.16%	0.51%	0.65%	0.38%	0.38%
马来西亚	0.24%	0.17%	0.30%	0.55%	0.37%	0.33%
菲律宾	0.08%	0.14%	0.26%	0.67%	0.42%	0.31%

（续表）

国别	2018年	2019年	2020年	2021年	2022年	国别均值
泰国	0.17%	0.36%	0.22%	0.21%	0.17%	0.22%
越南	0.12%	0.16%	0.27%	0.23%	0.29%	0.21%
印度尼西亚	0.02%	0.15%	0.16%	0.22%	0.27%	0.16%
文莱	0.01%	0.06%	0.08%	0.33%	0.28%	0.15%
澳大利亚	0.06%	0.07%	0.27%	0.16%	0.16%	0.14%
韩国	0.02%	0.04%	0.08%	0.20%	0.21%	0.11%
新西兰	0.01%	0.01%	0.15%	0.23%	0.15%	0.11%
日本	0.03%	0.02%	0.11%	0.19%	0.15%	0.10%
年均值	1.90%	2.31%	1.66%	1.36%	0.78%	—

3. 云南自 RCEP 其他成员国贱金属及其制品进口市场占有率分析

从国别均值来看，在 RCEP 其他成员国中，云南自缅甸、越南、马来西亚进口市场占有率排名前三，分别为 36.10%、18.69%、3.67%。具体来看，云南自缅甸进口的贱金属及其制品的市场占有率呈正 "V" 形趋势，2018 年为最高 48.06%，2020 年为最低 27.56%，此后开始回升，2022 年升至 42.27%，这说明缅甸仍是云南贱金属及其制品的重要进口市场。在云南自缅甸进口的贱金属及其制品中其他未锻轧的精炼铜，含锌量 ≥99.99% 的未锻轧非合金锌，未锻轧的铝合金，铝废料及碎料等商品进口量较高。其次是越南，它的进口市场占有率呈先增后降的趋势，由 2018 年的 28.11% 下降至 2022 年的 5.22%，为近 5 年最低。云南自越南进口的贱金属及其制品主要集中于最大截面尺寸 >6 mm 的精炼铜丝，装物料的钢铁槽、罐、桶等容器，容积 >300 L，未锻轧的铝合金。在其余 RCEP 国家中，自马来西亚、印度尼西亚、日本、澳大利亚进口的市场占有率国别均值均在 1% 以上，分别为 3.67%、3.02%、1.79%、1.67%。自马来西亚进口的贱金属及其制品集中于未锻轧的铝合金，铸造、模压、冲压或锻造，但未经进一步加工的铜制品，铜合金管子附件。自印度尼西亚进口的贱金属及其制品集中于未锻轧的非合金锡。自日本进口的贱金属及其制品集中于未锻轧的锗、钒、镓、铟、铌；锗、钒、镓、铟、铌废料及碎料；锗、钒、镓、铟、铌粉末，铝废料及碎料，无可锻性铸铁制品。自澳大利亚进口的贱金属及其制品集中于未锻轧的精炼铜阴极及阴极型材。

表 3.129　2018—2022年云南自 RCEP 其他成员国贱金属及其制品进口市场占有率

国别	2018年	2019年	2020年	2021年	2022年	均值
缅甸	48.06%	32.50%	27.56%	29.92%	42.47%	36.10%
越南	28.11%	34.68%	17.01%	8.41%	5.22%	18.69%
马来西亚	3.08%	4.68%	5.41%	5.12%	0.05%	3.67%
印度尼西亚	0	0	4.45%	2.07%	8.59%	3.02%
日本	0.01%	3.42%	0.17%	1.06%	4.26%	1.79%
澳大利亚	4.60%	1.85%	0.17%	0.06%	1.66%	1.67%
老挝	0.12%	0.79%	0.77%	0.99%	0.88%	0.71%
韩国	0.13%	0.60%	1.85%	0.01%	0.06%	0.53%
泰国	0.03%	0.01%	0	0.04%	0.70%	0.16%
菲律宾	0	0.01%	0	0	0	0
新西兰	0	0	0.01%	0	0	0
新加坡	0	0	0	0	0	0
文莱	0	0	0	0	0	0
年均值	6.47%	6.04%	4.41%	3.67%	4.91%	—

4. 小结

整体来看，在出口方面，云南出口至 RCEP 其他成员国的贱金属及其制品金额虽高，但2018—2022年的出口市场占有率总体处于较低水平，说明云南的贱金属及其制品在 RCEP 市场面临较大的竞争，还有较大的发展空间。在进口方面，云南平均50%以上的贱金属及其制品来自 RCEP 其他成员国，说明 RCEP 其他成员国是云南贱金属及其制品的重要进口来源地，但进口市场占有率整体下滑，说明云南的进口来源地有向其他市场转移的趋势。

具体来看，云南进出口的贱金属及其制品市场份额均集中在缅甸，但整体均出现下滑，说明云南和缅甸的贱金属及其制品在对方市场的份额均有一定下滑，面临较大的市场竞争。此外，云南出口产品在其他重点市场的份额也有所下滑。进口方面，自越南、马来西亚的进口份额明显下滑，有逐步转向印度尼西亚、日本、老挝、泰国市场的趋势。

（二）贱金属及其制品贸易竞争性分析

1.云南对RCEP其他成员国贱金属及其制品出口显示性比较优势分析

2022年，云南对RCEP其他成员国的贱金属及其制品具有出口显示性比较优势的种类有5类。11类产品中云南对RCEP其他成员国具有出口显示性比较优势的产品种类有5类，按照RCA均值从大到小排名依次为第80章锡及其制品，第83章贱金属杂项制品，第73章钢铁制品，第82章贱金属工具、器具、利口器、餐匙、餐叉及其零件，第76章铝及其制品。第74章铜及其制品，第72章钢铁，第81章其他贱金属、金属陶瓷及其制品，第78章铅及其制品，第79章锌及其制品，第75章镍及其制品的RCA值均小于1，显示云南处于相对弱势状态。

具体从表3.130来看，2018—2022年，第80章锡及其制品的RCA均值呈现整体上升态势，且一直保持较大的优势。第83章贱金属杂项制品，第73章钢铁制品、第82章贱金属工具、器具、利口器、餐匙、餐叉及其零件，第76章铝及其制品的RCA均值较2018年虽为增长趋势，但优势相较于第80章锡及其制品较小。

表3.130　2018—2022年云南对RCEP其他成员国各类贱金属及其制品的出口显示性比较优势

产品类别	2018年	2019年	2020年	2021年	2022年
第80章　锡及其制品	1.06	0.03	2.61	14.11	18.45
第83章　贱金属杂项制品	1.32	0.99	2.38	3.01	3.54
第73章　钢铁制品	0.92	0.98	1.25	1.59	2.18
第74章　铜及其制品	1.29	2.14	0.31	0.37	0.05
第82章　贱金属工具、器具、利口器、餐匙、餐叉及其零件	0.35	0.26	0.62	1.32	1.53
第76章　铝及其制品	0.92	0.65	0.68	0.69	1.02
第72章　钢铁	0.90	0.93	0.51	0.30	0.12
第81章　其他贱金属、金属陶瓷及其制品	0.39	0.27	0.13	0.25	0.76
第78章　铅及其制品	0.07	0.14	0.05	0.01	0.03

（续表）

产品类别	2018年	2019年	2020年	2021年	2022年
第79章 锌及其制品	0.02	0.08	0.06	0.12	0.02
第75章 镍及其制品	0.002	0.000 1	0.000 1	<0.000 1	0.000 3

　　云南对 RCEP 其他成员国整体的出口显示性比较优势较大的是锡及其制品、贱金属杂项制品 2 类产品。下面将分析云南在这 2 类产品上对 RCEP 其他成员国的出口显示性比较优势。

　　第 1 类：云南对 RCEP 其他成员国锡及其制品的出口显示性比较优势分析。出口 RCA 均值排名前五的国家为韩国（70.50）、日本（46.26）、马来西亚（6.44）、泰国（5.92）、新加坡（3.89）；其中，云南对韩国的比较优势最大，虽然 2018—2019 年未有出口，但 2020—2022 年的出口显示性比较优势均处于较高水平且处于向上趋势，其中 2022 年达到 195.54；其次为日本，除 2019 年外出口显示性比较优势均为较高水平，5 年均值为 46.26，最高为 2021 年的 88.71；对马来西亚、泰国、新加坡虽不是每年都有出口，但其出口显示性比较优势较大且总体趋势均向上；对其余市场出口锡及其制品的优势则要低于云南向全球出口锡及其制品的平均水平。

表3.131　2018—2022年云南对 RCEP 其他成员国锡及其制品的出口显示性比较优势

国别	2018年	2019年	2020年	2021年	2022年	均值
韩国	0.00	0.00	33.97	122.97	195.54	70.50
日本	32.36	0.47	28.60	88.71	81.15	46.26
马来西亚	0.00	0.00	4.29	15.29	12.62	6.44
泰国	0.00	0.00	1.11	20.84	7.65	5.92
新加坡	0.00	0.00	0.00	6.92	12.53	3.89
越南	0.00	0.08	0.34	1.10	6.52	1.61
缅甸	3.18	0.00	0.00	0.03	0.11	0.67
新西兰	0.00	0.00	0.00	1.96	0.00	0.39
菲律宾	0.00	0.00	0.32	0.00	1.33	0.33
澳大利亚	0.00	0.00	0.00	0.00	0.00	0.00
柬埔寨	0.00	0.00	0.00	0.00	0.00	0.00

（续表）

国别	2018年	2019年	2020年	2021年	2022年	均值
老挝	0.00	0.00	0.00	0.00	—	0.00
文莱	0.00	0.00	0.00	0.00	0.00	0.00
印度尼西亚	0.00	0.00	0.00	0.00	0.00	0.00

第2类：云南对RCEP其他成员国贱金属杂项制品的出口显示性比较优势分析。出口RCA均值排名前五的国家为新加坡（18.86）、韩国（7.92）、马来西亚（6.55）、菲律宾（5.93）、日本（3.24）；其中，云南对新加坡的优势最大，出口显示性比较优势均值达到18.86，但总体趋势向下；对韩国、马来西亚、菲律宾的出口显示性比较优势较为突出，均值均超过了5且总体均为向上趋势，尤其对菲律宾的出口显示性比较优势由2018年的0.06上升至2022年的9.69；其余市场中还有印度尼西亚、柬埔寨、新西兰、泰国的出口显示性比较优势均值在1以上且总体趋势向上，说明云南的贱金属杂项制品在大多RCEP成员国的市场有出口显示性比较优势。

表3.132 2018—2022年云南对RCEP其他各成员国贱金属杂项制品的出口显示性比较优势

国别	2018年	2019年	2020年	2021年	2022年	均值
新加坡	43.37	14.23	17.17	9.22	10.31	18.86
韩国	5.28	15.05	7.30	6.48	5.48	7.92
马来西亚	1.36	4.26	11.80	10.31	5.02	6.55
菲律宾	0.06	0.38	6.11	13.40	9.69	5.93
日本	0.15	1.86	6.29	3.39	4.50	3.24
印度尼西亚	0.43	0.18	1.88	3.48	2.70	1.73
柬埔寨	0.07	0.78	2.83	2.75	1.47	1.58
新西兰	0.33	0.23	1.37	2.74	1.38	1.21
泰国	0.05	0.26	1.47	1.60	1.89	1.05
越南	0.09	0.07	0.96	1.07	2.41	0.92
澳大利亚	0.33	0.17	1.74	1.16	1.08	0.90
缅甸	1.05	0.68	0.60	0.65	1.18	0.83
文莱	0.00	0.00	1.86	0.25	0.55	0.53
老挝	0.43	0.50	0.69	0.10	—	0.34

2.云南自RCEP其他成员国贱金属及其制品进口显示性比较优势的分析

2022年，贱金属工具等、钢铁制品、贱金属杂项制品是云南自RCEP其他成员国贱金属及其制品进口整体比较优势最小的产品，2018—2022年其进口显示性比较优势基本在1以下；其他贱金属、金属陶瓷及其制品在2021年的进口显示性比较优势达85.68，远超正常水平；其次是锡及其制品，其进口显示性比较优势均在1以上，最高为2021年的38.66；除钢铁制品、贱金属杂项制品外，其余产品的进口显示性优势均为1～3，整体较为平稳（见表3.133）。

表3.133　2018—2022年云南自RCEP其他成员国贱金属及其制品的进口显示性比较优势

产品类别	2018年	2019年	2020年	2021年	2022年
第81章　其他贱金属、金属陶瓷及其制品	0.34	0.00	0.00	85.68	2.69
第80章　锡及其制品	2.40	—	1.71	38.66	2.70
第72章　钢铁	2.28	1.92	2.22	1.02	2.53
第78章　铅及其制品	2.40	2.10	2.22	0.00	2.70
第76章　铝及其制品	0.95	1.51	2.01	1.72	2.65
第74章　铜及其制品	2.39	1.32	0.88	0.94	1.26
第79章　锌及其制品	0.00	—	2.22	0.27	2.70
第82章　贱金属工具、器具、利口器、餐匙、餐叉及其零件	0.25	1.48	1.04	0.01	0.03
第73章　钢铁制品	0.92	0.13	0.15	0.23	0.78
第83章　贱金属杂项制品	0.03	0.26	0.12	—	0.49

云南自RCEP其他成员国整体进口显示性比较优势最大的是其他贱金属、金属陶瓷及其制品。下面将分析云南在该类产品上对RCEP其他成员国的进口显示性比较优势。

从表3.134中的数据具体分析如下：云南该类产品的主要进口来源地集中在韩国、日本两国，虽不是每年都有进口贸易，但这2国进口显示性优势值较高，其中，韩国的进口显示性比较优势最高为2021年的2 104.09，日本则为2018年的52.24。

表3.134　2018—2022年云南自韩国、日本其他贱金属、金属陶瓷及其制品的
进口显示性比较优势

国别	2018年	2019年	2020年	2021年	2022年	均值
韩国	0.00	0.00	0.00	2104.09	230.43	466.90
日本	52.24	0.00	0.14	0.00	0.00	10.48

3. 小结

云南具有出口显示性比较优势的贱金属及其制品主要有锡及其制品、贱金属杂项制品、钢铁制品。具体来看，锡及其制品的出口显示性比较优势远大于其他产品，且对韩国、日本的出口性显示比较优势处于较高水平且整体均为向上趋势，说明云南锡及其制品在日、韩较发达的经济体中的贸易竞争力不断提升。贱金属杂项制品方面，云南对新加坡市场的贸易竞争力出现明显下降但仍处于较高水平，对韩国、马来西亚、菲律宾、日本的优势则不断上升。综上所述，云南具有出口显示性比较优势的贱金属及其制品在日、韩等经济水平较高的市场有一定比较优势且竞争力有加强的趋势。

RCEP其他成员国具有进口显示性比较优势的贱金属及其制品主要有其他贱金属、金属陶瓷及其制品，锡及其制品，钢铁等。具体来看，进口显示性比较优势较大的产品存在年份和国别集中的情况。例如，其他贱金属、金属陶瓷及其制品的进口显示性比较优势值最大，但仅与日、韩有进口贸易，其集中在1~2个年份。

首先，虽然出口显示性比较优势明显，但云南贱金属产业发展还是存在很多短板，如勘探技术比较落后等。云南全省只探明了1/3的资源储量，尚有2/3的矿产资源未探明，找矿潜力巨大。云南省需要把国际上的矿业权、矿产品、资金、技术、人才等吸引到云南，促进矿产业优化升级。其次，贱金属产业以初级加工为主。云南省存在太过依靠资源优势、终端产品的直接应用较少、产业附加值不高、产业链条短等问题。最后，云南省还存在缺乏高水平的研发平台和研究团队、产业竞争力不强、配套与工程化能力较弱、人才队伍中基础研究队伍不稳、工程应用技术队伍流动性不够、新兴产业人才流动性过大等问题。未来，云南省要走出"卖原材料"的怪圈，打破挖矿卖原料这个局面，不

断加强科技创新，加大人才培养。对云南省而言，要主动依托丰富的资源优势、能源优势，实现由贱金属原材料大省向有色金属新材料强省转变，以新材料发展推动先进制造业发展，促进云南产业转型升级。

（三）贱金属及其制品贸易互补性分析

1.计算与分析

表3.135从年份和国别的角度给出了2018—2022年云南与RCEP其他成员国贱金属及其制品细分的产业内贸易指数。从表中可以看出，云南与部分国家在部分产品上趋向产业内贸易，但也仅出现在单一年份。例如，2018年，云南与越南在第72章、74章和78章的产业内贸易指数在0.6以上；与澳大利亚在第82章的产业内贸易指数在0.6以上。2019年，与缅甸、老挝、澳大利亚在第74章的产业内贸易指数在0.6以上。2020年，与越南在第72章的产业内贸易指数在0.7以上。2021年，与缅甸在第72章、76章的产业内贸易指数在0.5以上；与日本在第72章、81章的产业内贸易指数在0.5以上；与马来西亚在第80章的产业内贸易指数在0.7以上。2022年，与缅甸在第76章的产业内贸易指数在0.7以上；与日本在第74章、81章的产业内贸易指数在0.7以上；与老挝在第78章的产业内贸易指数在0.7以上。

云南与RCEP其他成员国在贱金属及其制品领域的产业内贸易指数呈现一定的波动性和不稳定性，但仍有不少亮点和值得关注的趋势。未来，随着全球经济的复苏和RCEP的深入实施，云南与这些国家在贱金属及其制品领域的贸易合作有望进一步加强和拓展。

表3.135　2018—2022年云南与RCEP其他成员国贱金属及其制品产业内贸易指数

年份	国别	第72章	第73章	第74章	第75章	第76章	第78章	第79章	第80章	第81章	第82章	第83章
	文莱	—	0.00	—	—	—	—	—	—	—	0.00	—
	缅甸	0.36	0.00	0.00	—	0.00	0.00	0.00	0.00	—	0.00	0.00
2018	柬埔寨	0.00	0.00	0.00	—	0.00	—	0.00	—	—	0.00	0.00
	印度尼西亚	0.00	0.00	0.00	—	0.00	—	0.00	—	0.00	0.00	0.00
	日本	0.00	0.00	0.00	—	0.00	—	—	0.00	0.00	0.00	0.00

（续表）

年份	国别	第72章	第73章	第74章	第75章	第76章	第78章	第79章	第80章	第81章	第82章	第83章
2018	老挝	0.00	0.00	0.10	—	0.03	0.00	0.00			0.00	0.00
	马来西亚	0.00	0.01	0.00	0.00	0.00	—	—	0.00	—	0.00	0.00
	菲律宾	0.00	0.00	—		0.00					0.00	0.00
	新加坡	0.00	0.00	0.00		0.00					0.00	0.00
	韩国	0.00	0.00	—	—	0.10	—	—	—	0.01	0.00	0.01
	泰国	0.00	0.02	0.00		0.00					0.00	0.03
	越南	0.71	0.00	0.91	—	0.02	0.63	—	—	—	0.00	0.00
	澳大利亚	0.00	0.61			0.00				0.00	0.62	
	新西兰	—	0.00			0.00					0.00	0.00
2019	文莱	0.00	0.00	—		—	—	—			—	—
	缅甸	0.23	0.00	0.87	0.00	0.07	0.13	0.00	—	—	0.00	0.00
	柬埔寨	0.00	0.00	0.00		0.00					0.00	0.00
	印度尼西亚	0.00	0.00	0.00		0.00					0.00	0.00
	日本	0.00	0.05	0.01				0.00	0.00	0.00	0.11	0.00
	老挝	0.00	0.00	0.95		0.00	0.30				0.00	0.00
	马来西亚	0.00	0.00	0.00		0.00	0.00	0.00			0.00	0.00
	菲律宾	0.00	0.00	0.00		0.00					0.00	0.09
	新加坡	0.00	0.00	0.00		0.00	—	0.00	0.00		0.00	0.00
	韩国	0.00	0.00	0.00		0.07	0.00	0.00	—	0.00	0.01	0.01
	泰国	0.00	0.00	0.00		0.00		—			0.00	0.02
	越南	0.24	0.00	0.06		0.00			0.00	0.00	0.00	0.00
	澳大利亚	0.00	0.07	0.72		0.00					0.00	0.00
	新西兰	0.00	0.02	—		0.00					0.00	0.00
2020	文莱	—	0.00			0.00					—	0.00
	缅甸	0.14	0.00	0.20	0.00	0.37	0.12	0.00	0.00	0.00	0.00	0.00
	柬埔寨	0.00	0.00	0.00		0.00		—			0.00	0.00
	印度尼西亚	0.00	0.00	0.00	0.00	0.00		0.00	0.00		0.00	0.00
	日本	0.00	0.01	0.17		0.00		0.00	0.00	0.00	0.00	0.00
	老挝	0.00	0.00	0.24	—	0.00	0.00	—	—		0.00	0.00
	马来西亚	0.00	0.00	0.00	0.00	0.00	0.00	0.00	0.21	0.00	0.00	0.00
	菲律宾	0.00	0.00	0.00		0.00		0.00	0.00		0.00	0.00
	新加坡	0.00	0.00	0.00		0.00		0.00	—	0.00	0.00	0.00

（续表）

年份	国别	第72章	第73章	第74章	第75章	第76章	第78章	第79章	第80章	第81章	第82章	第83章
2020	韩国	0.00	0.00	0.00	—	0.89	—	0.00	0.00	0.00	0.00	0.00
	泰国	0.00	0.00	0.00	—	0.00	—	0.00	0.00	0.00	0.00	0.00
	越南	0.79	0.00	0.23	—	0.00	0.00	0.00	0.00	0.00	0.01	0.00
	澳大利亚	0.00	0.02	0.00	—	0.00	—	0.00	—	—	0.16	0.00
	新西兰	0.00	0.00	—	—	0.02	—	—	—	—	0.00	0.00
2021	文莱	0.00	0.00	—	—	0.00	—	—	—	—	0.00	0.00
	缅甸	0.50	0.00	0.21	—	0.80	0.00	0.07	0.00	0.00	0.00	0.00
	柬埔寨	0.00	0.00	0.00	—	0.00	—	—	—	0.00	0.00	0.00
	印度尼西亚	0.00	0.00	0.00	0.00	0.00	—	0.00	0.00	—	0.00	0.00
	日本	0.98	0.01	0.00	—	0.00	—	0.00	0.00	0.53	0.00	0.00
	老挝	0.00	0.00	0.05	—	0.09	0.00	—	—	0.00	0.00	0.00
	马来西亚	0.00	0.00	0.24	0.00	0.00	0.00	0.00	0.73	0.00	0.00	0.00
	菲律宾	0.00	0.00	0.00	—	0.00	—	0.00	0.00	0.00	0.00	0.00
	新加坡	0.00	0.00	0.00	—	0.00	—	0.00	0.00	0.00	0.00	0.00
	韩国	0.00	0.00	0.00	—	0.00	—	0.00	0.00	0.00	0.00	0.00
	泰国	0.00	0.00	0.00	0.00	0.01	—	0.00	0.00	0.00	0.00	0.00
	越南	0.31	0.00	0.23	—	0.05	0.00	0.00	0.00	0.00	0.00	0.00
	澳大利亚	0.00	0.02	0.00	—	0.00	—	—	—	—	0.00	0.00
	新西兰	0.00	0.00	0.00	—	0.00	—	0.00	0.00	0.00	0.00	0.00
2022	文莱	—	0.00	—	—	0.00	—	—	—	—	0.00	0.00
	缅甸	0.28	0.00	0.14	0.00	0.89	0.00	0.00	0.07	0.00	0.00	0.00
	柬埔寨	0.00	0.00	0.00	—	0.00	—	—	—	0.00	0.00	0.00
	印度尼西亚	0.00	0.00	0.00	—	0.00	—	0.00	0.00	0.00	0.00	0.00
	日本	0.00	0.02	0.74	—	0.11	—	0.00	0.00	0.94	0.00	0.00
	老挝	0.00	0.00	0.05	—	0.00	0.73	0.00	0.00	0.00	0.00	0.00
	马来西亚	0.00	0.00	0.19	0.00	0.01	—	0.00	0.00	0.00	0.00	0.00
	菲律宾	0.00	0.00	0.00	—	0.00	0.00	—	0.00	0.00	0.00	0.00
	新加坡	0.00	0.00	0.00	0.00	0.00	—	0.00	0.00	0.00	0.00	0.00
	韩国	0.00	0.00	0.00	—	0.02	—	0.00	0.00	0.00	0.00	0.00
	泰国	0.07	0.00	0.11	0.00	0.12	—	—	0.02	0.00	0.00	0.01

（续表）

年份	国别	第72章	第73章	第74章	第75章	第76章	第78章	第79章	第80章	第81章	第82章	第83章
2022	越南	0.09	0.05	0.07	—	0.05	0.00	—	0.00	0.00	0.00	0.00
	澳大利亚	0.00	0.00	0.07	—	0.00	—	—	0.00	0.00	0.00	0.00
	新西兰	—	0.00	—	—	0.00	—	—	—	—	0.00	0.00

2.小结

通过测算产业内贸易指数可以看出，从整体均值来看，云南与RCEP其他成员国的产业内贸易水平相对较低。这意味着云南与这些国家在贸易上更多地呈现互补性，各自在贱金属及其制品产业上具有优势，通过贸易往来实现资源的优化配置。这种产业间贸易的模式有助于促进区域经济的协同发展，实现互利共赢。云南与部分RCEP成员国在单类产品上也存在产业内贸易。这些国家主要包括缅甸、越南、日本、澳大利亚等，涉及的产品主要有钢铁、铜及其制品、铅及其制品等。这些产品在云南与这些国家的贸易中占据了重要地位，且呈现产业内贸易的特征。对云南省而言，与这些国家在单类产品上的产业内贸易，不仅有助于提升其在全球价值链中的地位，还能促进技术的交流和产业的升级。此外，云南与这些国家在钢铁、铜及其制品、铅及其制品等产业内贸易的增加，反映了云南在该资源产业上的优势。这些产品在国际贸易中具有较高的竞争力，通过产业内贸易，云南能够进一步拓展国际市场，提升其在全球资源配置中的影响力。

三、技术性贸易壁垒分析

从WTO官方网站查询到，2015年1月—2017年6月，东盟发布了271件TBT通报，其中，钢铁产品通报19件，约占通报总数的7.01%。由此可见，钢铁产品在东盟TBT通报中所占比重并不高。

从时间来看，2015年、2016年和2017年1—6月，东盟发布的钢铁产品TBT通报数量分别为3件、13件和3件，可见东盟发布的钢铁产品TBT通报主要集中在2016年。从国家来看，2015年1月—2017年6月，东盟钢铁产品TBT

通报主要来自泰国，共16件，占同期东盟通报总数的84.21%，其余3件分别来自印度尼西亚、越南和菲律宾。表3.136为2015年1月—2017年6月东盟钢铁产品TBT通报信息。

表3.136　2015年1月—2017年6月东盟钢铁产品TBT通报信息

通报国	通报号	年份	类型	适用产品	HS编码	通报理由
泰国	G/TBT/N/THA/217/Rev.1/Add.1	2017	补遗	宽度600 mm及以上的非复合、不带镀层、涂层的铁或非合金冷轧扁钢	7208	防欺诈；保护消费者；保护人类健康或安全
泰国	G/TBT/N/THA/42/Rev.1/Add.1	2017	补遗	宽度600 mm及以上的非复合、不带镀层、涂层的铁或非合金冷轧扁钢	7209	防欺诈；保护消费者；保护人类健康或安全
泰国	G/TBT/N/THA/465/Add.1	2016	补遗	热轧结构钢	—	—
泰国	G/TBT/N/THA/464/Add.1	2016	补遗	扁钢及其半成品	—	保护人类健康或安全
泰国	G/TBT/N/THA/57/Rev.1	2016	修订	承压用热轧扁钢及其半成品	—	保护人类健康或安全
泰国	G/TBT/N/THA/55/Rev.1	2016	修订	热轧扁钢及其半成品	—	保护人类健康或安全
泰国	G/TBT/N/THA/489	2016	常规	低碳钢盘条、钢丝绳和链条	—	保护人类健康或安全
泰国	G/TBT/N/THA/217/Rev.1	2016	修订	宽度600 mm及以上的非复合、不带镀层、涂层的铁或非合金热轧扁钢	7208	防欺诈；保护消费者；保护人类健康或安全
泰国	G/TBT/N/THA/149/Rev.1	2016	修订	宽度600 mm及以上的非复合、不带镀层、涂层的铁或非合金热轧扁钢	7208	防欺诈；保护消费者；保护人类健康或安全
泰国	G/TBT/N/THA/42/Rev.1	2016	修订	宽度600 mm及以上的非复合、不带镀层、涂层的铁或非合金冷轧扁钢	7209	防欺诈；保护消费者；保护人类健康或安全
泰国	G/TBT/N/THA/453/Rev.1	2016	修订	未进一步锻造、热轧、热拔或热挤压加工的，但包括轧制后形成螺纹的其他铁或非合金钢棒及棒材	7214	防欺诈；保护消费者；保护人类健康或安全

（续表）

通报国	通报号	年份	类型	适用产品	HS 编码	通报理由
泰国	G/TBT/N/THA/452/Rev.1	2016	修订	未进一步锻造、热轧、热拔或热挤压加工的，但包括轧制后形成螺纹的其他铁或非合金钢棒及棒材	7214	防欺诈；保护消费者；保护人类健康或安全
泰国	G/TBT/N/THA/465	2016	常规	热轧结构钢	—	—
泰国	G/TBT/N/THA/464/Add.1	2016	补遗	扁钢及其半成品	—	保护人类健康或安全
泰国	G/TBT/N/THA/453	2015	常规	未进一步锻造、热轧热拔或热挤压加工的，但包括轧制后形成螺纹的其他铁或非合金钢棉及棒材	7214	防欺诈；保护消费者；保护人类健康或安全
泰国	G/TBT/N/THA/452	2015	常规	未进一步锻造、热轧、热拔或热挤压加工的，但包括轧制后形成螺纹的其他铁或非合金钢棒及棒材	7214	防欺诈；保护消费者；保护人类健康或安全
越南	G/TBT/N/VNM/34/Add.1	2015	补遗	铁或非合金钢制热轧盘条	721310	防欺诈；保护消费者；保护人类健康或安全
印度尼西亚	G/TBT/N/IDN/111	2017	常规	冷轧不锈钢薄板钢卷 721932—厚度3～4.75 mm; 721933—厚度1～3 mm 721934—厚度0.5～1 mm 721935—厚度小于0.5 mm 721990—其他 722090—其他	721932; 721933; 721934; 721935; 721990; 722090	防欺诈；保护消费者；质量要求
菲律宾	G/TBT/N/PHL/195	2016	常规	钢管；螺纹钢；半成品钢棒；等边角钢	—	防欺诈；保护消费者；保护人类健康或安全

由表3.137可知，东盟钢铁的认证主要有泰国 TISI 认证、马来西亚 SIRIM

认证、印度尼西亚SNI认证、新加坡FPC认证和菲律宾ICC认证。此外，印度尼西亚规定进口钢铁需要实施装船前检验；马来西亚规定，对于建筑用钢，进口时需要从建筑工业发展局获得COA证书，以便清关时使用。

表3.137　东盟国家进口钢铁产品检验认证情况

国别	名称	涉及产品	实施机构	有效期
泰国	TISI认证	钢绞线、螺纹钢等	TISI	永久年度审核
马来西亚	SIRIM认证	线材、螺纹钢	SIRIM	4年（年度审核）
印度尼西亚	KSO装运前检验	合金钢	印度尼西亚KSO Sucofindo公司	每票订单都须检验
印度尼西亚	SNI认证	冷轧钢板和带钢、螺纹钢等	标准总局	4年
新加坡	FPC认证	结构钢	建设总局	3年（年度审核）
菲律宾	ICC认证	建筑用钢	产品标准局	3年

四、结论与建议

根据以上从各角度对云南—RCEP贱金属及其制品贸易的简要分析，下文将进行总结并提出一些建议，以期对此类产品的贸易发展有所帮助。

从贸易额来看，2018—2022年云南与RCEP其他成员国贱金属及其制品进出口均实现了明显的增长，且始终处于顺差，2022年出口额约为进口额的6倍。从产品结构来看，出口集中在钢铁制品、钢铁和铝及其制品，其中钢铁制品、铝及其制品处于上升趋势；进口各类贱金属及其制品产品的金额均不大，且主要集中在铜及其制品。从国别结构看，缅甸、泰国、马来西亚是前三大出口市场，其中缅甸较为稳定，泰国、马来西亚实现增长；前三大进口来源地有缅甸、越南和印度尼西亚，但金额均不大。整体来看，云南与RCEP其他成员国贱金属及其制品的进出口在贸易金额、贸易产品和贸易国别方面均较为均衡，集中在单一产品或单一国家的情况并不明显，云南可继续做好现有贸易市场的巩固，并优先从重点市场，重点产品发力，依托澳大利亚、印度尼西亚、老挝等国家丰富的铝土矿资源，探索合作开发铝土矿资源，就地转化氧化铝，将精深加工、研发、销售等关键环节留在本地，形成铝产业跨境产业链，打造中国—东盟铝产业示范基地。利用马来西亚、越南、泰国等再生铝原料资源，搭建境外铝废料回收网络，建设铝废料预处理产能。此外，还可探索到印度尼西亚、缅甸、老挝等周边铝土矿资源丰富地区，通过签订长期采购合同、输出技术和设备、成立合资公司、共建产业园等方式在铝土矿开采和氧化铝加工方面开展合作，搭建稳定的铝土矿、氧化铝跨境供应链，建设铝矿等原材料供保基地。

从市场占有率来看，云南出口到RCEP其他成员国的贱金属及其制品金额远大于进口，但出口市场占有率远低于进口市场占有率，说明云南的出口虽已达到一定规模，但在RCEP市场中的份额还极小，除缅甸、老挝、柬埔寨以外，在RCEP其他成员国市场的占有率均不足1%，云南应稳住在缅甸的出口市场占有率，同时积极发展与其他国家的出口贸易合作，提升出口市场占有率。在发展路径上借助RCEP的关税减让优势，首先拓展具有新增关税减让的日本、韩国及越南市场，其次拓展马来西亚、泰国、缅甸、澳大利亚等其他RCEP国家市场，最后拓展欧美地区等RCEP区域外的市场。铝加工企业可以根据自身产品定位明确出口市场目标，以铝板带为例，目标市场可首先考虑韩国、越南等贸易空间较大的市场，其次积极拓展泰国、澳大利亚、马来西亚等其余RCEP国家，最后拓展墨西哥、美国、加拿大等RCEP区域外的市场。在进口方面，缅甸、越南的进口市场占有率较高，印度尼西亚、日本上升趋势明显，云南可结合自身需求，积极与日本、韩国、印度尼西亚、马来西亚和越南等出口贱金属及其制品较多的国家开展进口合作。进一步研究马来西亚、日本、越南、泰国等重点进口来源国的金属矿资源，派出专家和企业代表开展市场调研和信息收集，调研了解当地废铝回收、拆解、销售网络，寻找合规金属矿进口资源。通过邀请国家标准委员会、海关等专家举行培训等方式，指导企业进口合规原料，探索建设进口金属矿资源检验检测中心。商务部门联合发改、外办、海关、工信、交通等部门成立金属矿原料进口指导小组，一对一协助意向进口企业做好境外供应商对接和进口可行性研究，对意向企业开展进口全流程服务工作，协调解决企业遇到的问题。

从贸易竞争性和互补性来看，在竞争性方面，出口指标反映云南对RCEP其他成员国出口的锡及其制品、贱金属杂项制品、钢铁制品的显示性比较优势要高于云南向全球出口的水平，且总体趋势向上，进口指标整体较为均衡。因此，云南可稳好现有优势产品的出口，重点关注韩国、日本、马来西亚、新加坡等云南比较优势较大的市场，同时在进口方面更好地利用东盟资源丰富、地缘相近的优势，积极与周边国家开展相关产品的进口贸易，优化市场结构。短期可推动铝板带、铝箔、铝型材和铝合金导线出口到日本、韩国、越南。依据各市场的性能、规格等方面的具体需求开展订单化生产。中长期应强化终端消费市场发展趋势分析，引导企业产品设计和营销活动。以韩国、越南、马来西亚、泰国等RCEP国家的建筑、汽车、包装等铝终端行业需求为目标，分析交通、电力、光伏等基础设施规划和房地产开工面积、汽车产量、家电产量等重点指标，谋划企业开拓RCEP国际市场的战略。在互补性方面，云南与RCEP其他成员国的各类贱金属及其制品贸易在整体上偏向产业间贸易，具有较强的贸易互补性，但从细分产品和国别可以看出，以产业内贸易为主的也集中在4个周边国家和3类产品，说明钢铁、铜及其制品、铅及其制品等商品在相关市场面临一定的竞争，这有利于产业结构的升级和产品层次的丰富，但要注意，这类趋向于产业内贸易的情况并不稳定。云南省需要加快进出口市场的多元化，巩固重点市场，进一步扩大进口来源地，加强与日、韩等成员国的贸易合作。加强与省级驻外商务代表处、境外行业机构的沟通联系，借助其力量开展当地资料收集、渠道对接等，减少近期出境困难的影响。积极搭建和完善在RCEP重点市场的国际营销和服务网络，在重点城市设立境外办事机构、海外仓，提升在当地的市场开拓力度。探索在重点市场与本地经销商、代理商、进口商、建筑商、汽车制造商等企业合作成立海外销售公司，设立海外零售网点，利用本地企业资源加快市场拓展。同时积极推动钢铁、铝、锡等产业加快升级，提升产品附加值和市场竞争力。

第四章

04

促进云南与RCEP其他成员国
重点产品贸易发展的建议

中老铁路全线运营通车、《区域全面经济伙伴关系协定》（RCEP）生效实施、新冠疫情管控措施逐步放开，都将为构建澜湄流域经济发展带提供更强大的引擎。为进一步推动中国与湄公河国家贸易合作的发展，全方位构建与湄公河国家的贸易合作新格局，推动实现贸易畅通，建议如下。

一、推动重点产品贸易和多元化发展

一是持续推动重点产品出口。聚焦化学工业及其相关工业的产品，植物产品，机电、音像设备及其零件、附件，塑料及其制品、橡胶及其制品，贱金属及其制品等出口较多的产品，加大机电产品、运输设备及零件等中间产品出口，提高笔记本电脑、手机、耳机等高附加值产品出口比重，扩大光伏产品、新能源电池出口。

二是持续推动重点产品进口。聚焦矿产品，植物产品，机电、音像设备及其零件、附件，塑料及其制品、橡胶及其制品等进口较多的产品，加大原油、天然气、金属矿砂、煤炭、橡胶、大豆等重点产品进口。

三是加强双边贸易分工合作。鉴于RCEP国家，尤其是与云南邻近的周边国家与云南有较强贸易分工互补性的优势，双边可以积极开展合作，加强贸易的分工合作。例如，东盟国家可以依托金属资源禀赋建立并发展有色金属资源采集、加工制造产业；云南一方面可以通过再生产加工，形成中间的副产品或最终副产品，另一方面可以通过实体经济的产业转型结构升级，为东盟国家提供资金技术等资源。

二、加大贸易主体培育和市场开拓力度

一是推动贸易伙伴多元化发展。持续深化与东盟国家贸易合作，推动贸易伙伴多元化发展，更加重视RCEP国家在云南外贸发展中的核心位置，巩固对

缅甸、老挝贸易优势，争取对越南、泰国、马来西亚更多贸易份额，同时，积极加大与日本、韩国、澳大利亚等东盟以外的国别开展贸易合作。

二是加强主体贸易带动作用。鼓励各类生产型、流通型企业和商户开展进出口贸易，引导代理出口企业自营出口。引进具有核心竞争力的生产型进出口企业、外贸新业态企业落地发展，集聚一批综合贸易功能的贸易总部企业。进一步引导企业加大海外市场开拓、产品国际认证、知识产权境外注册等国际化经营能力建设。加大外贸企业信用培育力度，积极支持企业获得海关"经认证的经营者"（AEO）认证。

三是强化国际营销体系建设。引导企业提升研发设计、生产制造、品牌营销、渠道建设等能力，支持企业设立国（境）外分支机构和自主品牌专卖店与产品展示中心；鼓励企业讲好品牌故事，支持企业加强国际知识产权保护；加强与国（境）外机构联系合作，利用资源帮助企业与 RCEP 区域市场订单精准对接；进一步用好中国—南亚博览会、边交会等展会平台，更好地发挥其经贸促进功能。

三、提高区域内贸易便利化水平

一是不断提升通关便利化水平。全面落实 RCEP 抵达前处理、易腐货物和快运货物"6 小时"通关等要求，进一步优化原产地签证流程，推广应用原产地证书智能审核和自助打印，加大对 RCEP 区域技术性贸易措施的研究分析，有效帮助企业破除技术性贸易壁垒。同时，针对贸易产品通关流程中遇到的相关问题，相关管理部门可以探索深化合作，积极协调、协商、协作，把问题反馈给相关上级部门，在权衡双方利益的基础上，共同讨论最合适的解决方案。

二是不断提升物流便利化水平。建立综合物流服务体系，可以在铁路、公路、口岸建设多式联运物流基地，提高商品运输效率，不断改进交通运输出现的问题。规模化、常态化运营中老铁路国际货运列车，持续打造"澜湄快线""沪滇·澜湄线""澜湄蓉渝欧快线"等国际班列品牌，提质扩量中缅海、公、铁联运和中越、中老泰国际铁路联运，以铁路带动多式联运的共同发展，实现海铁联运、空铁联运、公铁联运等多样化的运输模式，为贸易畅通提供支撑，支持企业"走出去"设立境外物流公司。

四、发挥优势推动重点产业转型升级

一是不断提高国际贸易投资合作质量效益。聚焦云南外向型产业，挖掘"走出去"潜能。深化境外经贸合作区建设，引导和支持现有境外经贸合作区在 RCEP 框架下发挥更大作用，全面加强境内外产业集群联动发展。加强部门联动，积极争取国家层面支持，推动境外建设项目取得新进展。将第二产业作为主导产业，明确云南的比较优势和竞争力，发展具有增长潜力的主导产业，形成一个既有较高的经济科学性和技术含量，又有较强关联性的多个主导产业，并通过这些主导产业的前向、后向、横向的深度扩散和纵向渗透产生效应，形成一个主导产业群。

二是加快与 RCEP 区域跨境产业协作。在 RCEP 区域内积极推动企业围绕共同关心的产业链、供应链环节开展紧密合作，加快培育生物制品、绿色食品加工、烟草、绿色铝、绿色硅光伏、有色金属新材料、新能源电池、先进装备制造等标志性产业链。指导用好 RCEP 区域原产地规则开展跨境产业协作，加强云南省进出口产品中符合 RCEP 原产地区域价值成分 40% 的商品生产企业的调研指导，"一企一策"，与企业共同研究谋划在 RCEP 区域内的产业链、供应链的调整和布局，通过跨境产业协作扩大中间品贸易。

五、依托优势产品发展产业内贸易

根据重点产品产业内贸易研究结果，云南与 RCEP 其他成员国进行产业贸易的商品中，贸易产品种类少，有的只进行了出口，有的只进行了进口，更甚者进出口都没有发生，这是产业内贸易水平较低的一个重要原因。RCEP 尤其东盟国家，包括云南，相较于世界发达国家，在科技水平、创新能力方面还有很大差距，以致无法在技术含量较高、需要较高创新能力的产业达成贸易，云南需积极培育创新能力，补足短板，以推动自身得到发展的同时进一步探索贸易合作的可能性。同时，要不断完善并优化云南重点产品产业贸易结构，促进与RCEP其他成员国的产业内贸易合作，不断通过技术改进、品牌推广、政策支持等方式提高出口产品的互补优势和比较优势。此外，还可以推动企业加强与RCEP国家企业合作力度，加强两国产业相关部门的联系，加强产品贸易政策合作，降低产品海关关税和减少非关税壁垒。

六、不断优化与 RCEP 区域贸易合作环境

一是进一步发挥开放平台和通道作用。全面推进与RCEP其他成员国战略、规划、机制对接，加强政策、规则、标准联通。围绕RCEP关税减让、投资、原产地规则、服务贸易、跨境电商、知识产权保护等规则，加大跨境制度创新和开放环境压力测试力度，先行先试服务贸易负面清单承诺表。

二是积极开展多层次文化交流活动。帮助云南与RCEP其他成员国广泛而深入地了解对方历史文化，以文化为纽带维护好与政府、企业及当地居民的关系，探索与他国的相处之道，进而更好地促进和谐友好的贸易合作关系发展。

第五章 05

结论及展望

第一节　研究结论

本研究以RCEP生效实施的背景下云南与RCEP其他成员国重点产品贸易为研究对象，通过对翔实的原始数据资料的集纳和量化分析，运用文献比较与实证分析相结合的方法，对云南与RCEP其他成员国重点产品贸易规模、贸易结构、贸易特征及贸易壁垒进行系统分析。从整体研究来看，云南与RCEP其他成员国产品贸易基础扎实、互补性很强，贸易合作稳步提升，无论是贸易规模还是贸易质量均有很大的上升空间。鉴于中国与RCEP其他成员国的政治关系、地缘优势、产业合作及优势资源的良好基础，未来这6类重点产品的贸易会取得更大的突破，最终实现互动共进、互利共赢的发展格局。本研究的主要结论如下。

一、云南与RCEP成员国贸易规模和结构的研究结论

一是贸易规模实现扩大。2018—2022年，云南与RCEP成员国的进出口贸易均实现增长，贸易额由2018年的146.375 2亿美元增长至2022年的200.92亿美元，年均增速为8.24%。其中出口额由2018年的75.50亿美元增长至2022年的106.78亿美元，年均增速为9.05%；进口额由2018年的70.89亿美元增长至2022年的94.19亿美元，年均增速为7.37%。

二是主要贸易市场集中于周边国家。得益于区位优势以及经济合作的不断深化，云南与RCEP国家贸易往来主要市集中于缅甸、越南、泰国和老挝，如表5.1所示，其中与缅甸和越南的贸易占比分别由2018年的44.98%、28.37%，降低至2022年的36.53%、15.60%，与泰国和老挝的贸易占比分别由2018年的7.05%、7.25%上升至2022年的11.37%、8.67%。此外，自2021年开始，云南与马来西亚贸易额也突破10亿美元，占比由2018年的1.73%提升至2022年

的9.26%,说明云南在RCEP国家中的贸易伙伴正在向多元化发展。具体来看,在出口方面,2018—2022年,云南与RCEP国家贸易最大出口市场是越南,出口额由2018年的22.55亿美元增长至2022年的25.34亿美元,年均增长率为2.96%。在进口方面,缅甸是云南与RCEP国家贸易最大进口市场,2018—2022年,云南自缅甸进口额由2018年的35.72亿美元增长至2022年的52.24亿美元,年均增长率为9.97%。

表5.1 2018年、2022年云南与RCEP其他成员国进出口情况

单位:亿美元

国别	2018年	占比	2022年	占比
缅甸	65.85	44.98%	73.38	36.53%
越南	41.54	28.37%	31.34	15.60%
泰国	10.33	7.05%	22.84	11.37%
马来西亚	2.53	1.73%	18.60	9.26%
老挝	10.61	7.25%	17.43	8.67%
澳大利亚	4.45	3.04%	9.78	4.87%
印度尼西亚	3.58	2.44%	5.96	2.96%
新加坡	2.11	1.44%	5.76	2.87%
日本	1.99	1.36%	5.50	2.74%
韩国	1.88	1.29%	4.67	2.32%
菲律宾	0.85	0.58%	3.59	1.78%
柬埔寨	0.42	0.29%	1.49	0.74%
新西兰	0.21	0.14%	0.58	0.29%
文莱	0.0252	0.02%	—	0.00%

二、云南与 RCEP 成员国重点产品贸易规模和结构的研究结论

一是重点贸易商品增势良好。根据前文分析,云南与RCEP其他成员国重点贸易的6类商品中,所有商品的贸易额均实现了明显的上升,如表5.2所示,

6类商品的贸易额年均增速分别为9.11%、29.16%、8.8%、0.58%、20.09%、13.36%。在出口方面，有3类产品的出口额实现上升，分别为化学工业及其相关工业的产品，塑料及其制品、橡胶及其制品，贱金属及其制品，它们的年均增速分别为24.06%、42.33%、11.09%；在进口方面，表5.2中的6类产品进口额均实现上升，它们的年均增速分别为10.78%、73.45%、29.18%、83.85%、12.24%、35.30%。

表5.2　2018—2022年云南与RCEP其他成员国各类产品贸易年均增速

产品类别	贸易额	出口额	进口额
矿产品	9.11%	−8.74%	10.78%
化学工业及其相关工业的产品	29.16%	24.06%	73.45%
植物产品	8.8%	−3.28%	29.18%
机电、音像设备及其零件、附件	0.58%	−4.25%	83.85%
塑料及其制品、橡胶及其制品	20.09%	42.33%	12.24%
贱金属及其制品	13.36%	11.09%	35.30%

　　二是贸易商品结构较为单一。从各类产品的具体产品贸易情况看（见表5.3），云南与RCEP其他成员国的贸易中，6类重点贸易产品的进出口均集中在1～2个具体产品，甚至出现进出口的第一大产品为同一种产品的现象。从出口看，除贱金属及其制品以外，其余5类产品在2018年和2022年的出口均集中在单一具体产品，且占比均在50%以上，显示云南的出口产品集中度较高。从进口看，有3类产品在2018年和2022年的进口，单一具体产品的占比均在50%以上，分别为矿产品，机电、音像设备及其零件、附件，塑料及其制品、橡胶及其制品。此外，无论是进口还是出口，植物产品和机电、音像设备及其零件、附件的贸易产品均集中在同一种品类，显示云南与RCEP其他成员国的贸易产品结构较为单一，多元化还需进一步提升。

表5.3　2018年、2022年各类产品的主要进出口具体产品

产品类别	出口		进口	
	2018年	2022年	2018年	2022年
矿产品	第27章 矿物燃料、矿物油及其蒸馏产品；沥青物质；矿物蜡94.99%	第27章 矿物燃料、矿物油及其蒸馏产品；沥青物质；矿物蜡89.31%	第26章 矿砂、矿渣及矿灰53.50%；第27章 矿物燃料、矿物油及其蒸馏产品；沥青物质；矿物蜡45.21%	第26章 矿砂、矿渣及矿灰59.61%；第27章 矿物燃料、矿物油及其蒸馏产品；沥青物质；矿物蜡39.01%
化学工业及其相关工业的产品	第31章 肥料60.43%	第38章 杂项化学产品51.14%	第28章 无机化学品；贵金属、稀土金属、放射性元素及其同位素的有机及无机化合物44.56%	第28章 无机化学品；贵金属、稀土金属、放射性元素及其同位素的有机及无机化合物88.51%
植物产品	第8章 食用水果及坚果；甜瓜或柑橘属水果的果皮63.13%	第8章 食用水果及坚果；甜瓜或柑橘属水果的果皮50.31%	第8章 食用水果及坚果；甜瓜或柑橘属水果的果皮47.21%	第8章 食用水果及坚果；甜瓜或柑橘属水果的果皮54.37%
机电、音像设备及其零件、附件	第85章 电机、电气设备及其零件；录音机及放声机、电视图像、声音的录制和重放设备及其零件、附件77.81%	第85章 电机、电气设备及其零件；录音机及放声机、电视图像、声音的录制和重放设备及其零件、附件69.50%	第85章 电机、电气设备及其零件；录音机及放声机、电视图像、声音的录制和重放设备及其零件、附件70.55%	第85章 电机、电气设备及其零件；录音机及放声机、电视图像、声音的录制和重放设备及其零件、附件82.49%
塑料及其制品、橡胶及其制品	第39章 塑料及其制品72.65%	第39章 塑料及其制品86.92%	第40章 橡胶及其制品87.66%	第40章 橡胶及其制品97.21%
贱金属及其制品	第72章钢铁36.54%；第73章钢铁制品21.67%	第73章钢铁制品42.92%	第72章钢铁64.27%	第74章铜及其制品45.54%

三是贸易合作伙伴较为集中。从重点产品贸易情况看，在云南与RCEP其他成员国的贸易中，这6类重点贸易产品的进出口均集中在1～2个国家，尤其是与云南邻近的缅甸、越南、老挝3国，如表5.4所示。从出口看，矿产品、化

学工业及其相关工业的产品、植物产品的市场占比在2018年及2022年排名第一的均是越南，尤其是植物产品，越南的市场占比均在50%以上；机电、音像设备及其零件、附件和塑料及其制品、橡胶及其制品的第一大出口市场均是缅甸。从进口看，可以发现市场来源地更为集中，矿产品、化学工业及其相关工业的产品、贱金属及其制品在2018年及2022年进口排名第一的均是缅甸，占比均超过50%；植物产品和机电、音像设备及其零件、附件在2018年及2022年进口排名第一的是泰国和澳大利亚，其中机电、音像设备及其零件、附件2022年进口排名第一的是马来西亚，占比均在40%以上。这显示对于这6类重点贸易产品，云南的贸易伙伴较为集中，与日本、韩国、新加坡等经济水平较高的国家贸易规模并不大，贸易市场的多元化有待提升。

表5.4 2018年、2022年各类产品的主要进出口市场

产品类别	出口		进口	
	2018年	2022年	2018年	2022年
矿产品	越南78.16%；缅甸19.02%	越南32.08%；缅甸57.61%	缅甸81.76%	缅甸73.45%
化学工业及其相关工业的产品	越南23.44%；缅甸21.23%	越南26.72%；马来西亚26.52%	缅甸50.06%	缅甸86.58%
植物产品	越南54.43%	越南56.35%	泰国43.10%	泰国53.25%
机电、音像设备及其零件、附件	缅甸53.63%；越南37.72%	缅甸21.42%；马来西亚20.53%	澳大利亚64.53%	马来西亚64.75%
塑料及其制品、橡胶及其制品	缅甸72.33%	缅甸22.04%；越南16.98%	缅甸42.48%；老挝38.89%	老挝58.35%；缅甸36.84%
贱金属及其制品	缅甸39.86%；老挝16.94%	韩国14.52%；越南13.30%	缅甸58.00%	缅甸66.83%

三、云南与RCEP成员国重点产品贸易特征的研究结论

一是贸易市场占有率整体平稳。2018—2022年，云南与RCEP其他成员国多个产品贸易市场占有率指标整体较为平稳，如表5.5所示。从出口看，除机电、音像设备及其零件、附件外，其余5类产品市场占有率上下浮动均不超过1%，显示云南的产品在RCEP市场的份额整体较为平稳。与2018年相比，

2022 年有 3 类产品的出口市场占有率实现小幅提升，分别为化学工业及其相关工业的产品，塑料及其制品、橡胶及其制品和贱金属及其制品，分别上升 0.33%、0.22%、0.06%。从进口看，除了化学工业及其相关工业的产品、贱金属及其制品，其余产品的市场占有率上下浮动均不超过 10%。与 2018 年相比，2022 年有 4 类产品进口市场占有率实现上涨，分别为化学工业及其相关工业的产品，植物产品，机电、音像设备及其零件、附件，塑料及其制品、橡胶及其制品，分别上升 15.22%、5.75%、1.77%、7.85%。

表 5.5　2018 年、2022 年云南与 RCEP 其他成员国各类产品贸易市场占有率

产品类别	出口		进口	
	2018 年	2022 年	2018 年	2022 年
矿产品	0.05%	0.02%	24.56%	24.18%
化学工业及其相关工业的产品	0.47%	0.80%	69.64%	84.86%
植物产品	2.47%	1.56%	49.41%	55.16%
机电、音像设备及其零件、附件	25.26%	18.28%	0.23%	2.00%
塑料及其制品、橡胶及其制品	0.09%	0.31%	92.15%	100.00%
贱金属及其制品	0.23%	0.29%	84.13%	63.89%

　　二是出口市场占有率整体较低。从云南与 RCEP 其他成员国各类产品贸易市场占有率情况看（见表 5.6），6 类产品的出口市场占有率较低，2022 年仅有机电、音像设备及其零件、附件产品的出口市场占率超过 15%，植物产品的出口市场占有率超过 1%，且较 2018 年均呈现下降趋势；其余 4 类产品的出口占有率均低于 1%。但在进口方面，除机电、音像设备及其零件、附件外，RCEP 国家其余 5 类产品在云南的市场占有率相对较高。2022 年，化学工业及其相关工业的产品，植物产品，塑料及其制品、橡胶及其制品，贱金属及其制品在云南的市场占有率均超过 50%，较 2018 年显著提升，其中塑料及其制品、橡胶及其制品市场占有率高达 100%。这说明 RCEP 其他成员国生产的以上 4 类产品在云南具有较高的市场占有率，云南过度依赖进口。

　　三是部分产品贸易竞争性较强。从 RCA 指标来看，2018—2022 年，大多数产品 RCA 指标均值在 1 以上的具体产品数实现过半，如表 5.6 所示。从出口

看，有3类产品RCA均值在1以上的具体产品数占产品类别总数的一半及以上，分别为植物产品，机电、音像设备及其零件、附件，塑料及其制品、橡胶及其制品，数量分别有6个、2个、1个，其占比分别为66.67%、100.00%、50.00%，显示在这3类产品上，云南具有比较优势的具体产品数较多。从进口看，有5类产品RCA均值在1以上的具体产品数占产品类别总数的一半及以上，分别为化学工业及其相关工业的产品，植物产品，机电、音像设备及其零件、附件，塑料及其制品、橡胶及其制品，贱金属及其制品，数量分别有6个、6个、2个、1个、7个，其占比分别为54.55%、66.67%、100.00%、50.00%、63.64%，显示RCEP其他成员国同样有许多产品在云南市场有优势。

表5.6 2018—2022年云南与RCEP其他成员国RCA均值≥1的具体产品数

产品类别	出口（产品类别总数）	进口（产品类别总数）
矿产品	0（3）	0（3）
化学工业及其相关工业的产品	4（11）	6（11）
植物产品	6（9）	6（9）
机电、音像设备及其零件、附件	2（2）	2（2）
塑料及其制品、橡胶及其制品	1（2）	1（2）
贱金属及其制品	5（11）	7（11）

四是产业内贸易水平整体不高。从6类产品的GL均值来看，产业间贸易是云南与RCEP其他成员国在各类产品贸易的主要形态，甚至有同类别产品存在仅出口或仅进口的情况，显示较高的贸易互补水平。从细分产品和年份来看，也有一些GL均值在0.5及以上，但整体存在波动，其趋势并不稳定。产业内贸易，是一个国家在一定时期内既出口又进口同一种产品，同时，同一种产品的中间产品大量参加贸易。云南与RCEP其他成员国产业内贸易水平较低，其主要原因是云南与RCEP中主要贸易伙伴存在一定的经济水平差异，同时与日韩等经济水平较高的国家之间也有一定差异。

五是存在一定贸易制约因素。从前文对各类产品的技术性贸易壁垒分析来看，部分国家对书中6类产品还存在一些技术方面的贸易壁垒，如包装、成分、技术等，虽然各类产品的同胞数量不一，但也要重点关注。此外，RCEP中有部分东盟国家，尤其是与云南邻近的周边国家金融业较为落后，金融机构为企业和个人提供金融服务的能力有限，与中国的人民币跨境支付还存在一定困难，这在一定程度上也制约了贸易合作的发展。

第二节　研究不足与展望

本研究在 RCEP 生效实施的背景下，对云南与 RCEP 其他成员国产品贸易规模、产品结构、贸易市场和贸易壁垒问题进行了理论探讨和实证分析，但仍存在不足和需要改进的地方，具体如下：

云南与 RCEP 其他成员国贸易重点产品分析中，由于篇幅及数据来源限制，本研究仅选取了 6 类重点产品和 HS2 产品编码数据，从市场占有率指数、显示性比较优势指数和产品国际竞争力指数 3 个方面进行分析，缺少对各类产品更加细化、深入地分析，以及在贸易相似性指数、贸易强度指数等方面也缺少足够的分析，这是本研究在重点产品分析中存在的主要不足。

近年来，云南产业发展发生了翻天覆地的变化，绿色铝、硅光伏等先进制造业快速发展，新产业、新产品、新业态不断涌现，成为引领产业转型、升级的标杆。丰富的矿产资源、生物资源等为云南产业发展提供了强有力的要素保障。作为我国面向南亚、东南亚和环印度洋地区开放的"大通道"和"桥头堡"，云南将实施制造业重点产业链高质量发展行动，发展"绿电＋先进制造业"，培育国家级先进制造业集群，做强做优高原特色农业，推动"云南制造"品牌升级；不断向 RCEP 其他成员国延伸优势产业链，提升云南在 RCEP 其他成员国市场中的产品供应能力。应在如何加大力度开拓 RCEP 其他成员国化工产品，机电产品，塑料、橡胶产品，贱金属产品以及植物产品等的国际市场，提升云南优势产品的市场竞争力和占有率，形成多点支撑、多业并举、多元发展的外贸发展格局，争取 RCEP 其他成员国市场的存量、开拓增量，进一步提升云南对 RCEP 成员国贸易额在全国的占比等方面进行深入研究。

参考文献

[1] 马冉. 贸易区域化背景下 RCEP 自然人流动条款研究 [J]. 湖南师范大学社会科学学报, 2022, 51（4）: 72-81.

[2] 陆建明, 姚鹏. RCEP 负面清单制度及中国的发展方向 [J]. 亚太经济, 2022（4）: 144-152.

[3] 全毅. CPTPP 与 RCEP 协定框架及其规则比较 [J]. 福建论坛（人文社会科学版）, 2022（5）: 53-65.

[4] 姜跃生. 关于多边自由贸易协定与税收措施关系的思考: 以 RCEP、CPTPP 为参照 [J]. 国际税收, 2022（9）: 3-11.

[5] 孟晓华, 许军. RCEP 对冲 CPTPP 的经济效应在中国及其他成员国的实证分析: 基于递归动态 GTAP 模型 [J]. 广西社会科学, 2022（6）: 74-85.

[6] 韩剑, 许亚云. RCEP 及亚太区域贸易协定整合: 基于协定文本的量化研究 [J]. 中国工业经济, 2021（7）: 81-99.

[7] 洪小羽, 谢建国, 任桐瑜. RCEP 关税削减与全要素生产率: 基于结构模型的量化分析 [J]. 中南财经政法大学学报, 2023（6）: 76-88.

[8] 王春宇, 王海成. RCEP 关税减免对我国贸易的主要影响及对策 [J]. 宏观经济管理, 2022（6）: 74-81, 90.

[9] 施锦芳, 赵雪婷. RCEP 关税减让对中日韩经贸关系的影响研究 [J]. 财经问题研究, 2022（1）: 120-129.

[10] Muhamad R K V Z, Tamat S, Norlin K. Sustainable production, non-tariff measures, and trade performance in RCEP countries[J]. Sustainability, 2020, 12（23）: 9969.

[11] 廖若凡, 杜倩慧, 黄梅. 中国与 RCEP 成员国的数字服务贸易格局、贸易效率及潜力研究: 基于随机前沿引力模型 [J]. 价格月刊, 2024（1）: 44-55.

[12] 李清如, 王冰雪. RCEP 架构下中日韩服务贸易特征及合作路径 [J]. 日本学刊, 2023（4）: 101-129, 154-155.

[13] 邱斌, 张群, 孙少勤. RCEP 对我国服务贸易的影响研究: 基于结构模型的量化分析[J]. 江苏社会科学, 2022 (2): 105-116, 243.

[14] Kawasaki K. The relative significance of EPAs in Asia-Pacific[J]. Journal of asian economics, 2015, 39: 19-30.

[15] 钱国军, 杨德才. RCEP 对我国贸易以及全球价值链分工的影响: 基于一般均衡视角[J]. 广西社会科学, 2023 (2): 79-86.

[16] 董婉璐, 李慧娟, 杨军. RCEP 对全球及中国区域电子产业发展的影响分析: 基于全球与中国区域 (含深圳) 的 CGE 模型系统[J]. 经济与管理评论, 2023, 39 (1): 119-133.

[17] 张晓兰. RCEP 协定对中国优势产业链东亚重构的影响研究[J]. 贵州社会科学, 2022 (12): 130-137.

[18] 张群, 邱斌, 孙少勤. RCEP 框架下服务贸易自由化的贸易与福利效应估计[J]. 世界经济, 2023, 46 (6): 3-30.

[19] 彭水军, 吴腊梅. RCEP 的贸易和福利效应: 基于全球价值链的考察[J]. 经济研究, 2022, 57 (8): 98-115.

[20] 王孝松, 周钰丁. RCEP 生效对我国的经贸影响探究[J]. 国际商务研究, 2022, 43 (3): 18-29.

[21] 黄孝岩, 李国祥. RCEP 国家农产品贸易网络格局演变及其影响机制研究: 基于复杂网络视角[J]. 国际经贸探索, 2023, 39 (10): 22-41.

[22] 成新轩, 宋长钰, 王家琛. RCEP 区域内中间品贸易网络特征及其价值链地位变化[J]. 亚太经济, 2023 (5): 47-58.

[23] 王铁山, 宋欣. 建设贸易强国背景下中国与 RCEP 成员国服务贸易的竞争性与互补性研究[J]. 经济纵横, 2022 (12): 70-80.

[24] 赖敏, 黎鹏. 中国对 RCEP 其他成员国的贸易增长动力研究: 基于创新驱动视角[J]. 广西社会科学, 2022 (4): 77-85.

[25] 福建社会科学院课题组, 李鸿阶. 福建与 RCEP 成员国经贸关系评估及其对策研究[J]. 亚太经济, 2022 (6): 123-130.

[26] 肖玉婷, 布娲鹣·阿布拉. 中国新疆同 RCEP 国家农产品出口贸易潜力研

究[J].北方园艺，2023（6）：137-144.

[27] 涂颖.川渝地区与RCEP成员国贸易潜力研究[D].重庆：重庆工商大学，2023.

[28] 吴英力.经济走廊建设背景下中国与俄蒙农产品贸易效率及潜力研究[D].哈尔滨：东北林业大学，2022.

[29] 张娜.新新贸易理论文献综述[J].现代商贸工业，2011（9）：100-101.

[30] 许建伟，郭其友.新新贸易理论异质性企业成因的理论解释评析[J].福建论坛（人文社会科学版），2016（7）：42-46.

[31] 文乐.基于新新贸易理论的企业OFDI模式选择[D].杭州：浙江理工大学，2019.

[32] 余怡，张继成.区域经济一体化核心理论对泛珠三角区域省区发展的启示[J].贵州民族研究，2022，43（2）：151-156.

[33] Viner J. The customs union issue[M]. New York：Carnegie Endowment for International Peace，1950.

[34] 赵亮.关税同盟理论的经济效应及引致作用探究[J].江西广播电视大学学报，2019，21（2）：58-64.

[35] 刘欣怡，王元辰，王璇，等.基于关税同盟理论浅析RCEP为中国带来的贸易机遇：以纺织服装行业为例[J].现代商业，2021（31）：6-8.

[36] Corden W. M. Economics of scale and customs union theory[J]. Journal of political economy，1972，80（3）：465-475.

[37] 迈克尔·波特.国际竞争优势[M].北京：中信出版社，2007.

[38] 徐琳.广西与东盟国家货物贸易的竞争性与互补性分析[D].钦州：北部湾大学，2021.

[39] 何嘉庆.基于国际贸易类型的中国和东盟贸易互补性和竞争性研究[D].南京：南京航空航天大学，2016.

[40] 余智.国际贸易基础理论与研究前沿[M].上海：格致出版社，2015.

[41] 马野青，张二震.国际贸易学（第四版）[M].南京：南京大学出版社，2009.

[42] 刘蓉. 比较优势理论下贸易便利化与全球价值链地位提升[J]. 商业经济研究, 2023（4）: 131-134.

[43] 方伟. 基于产业内贸易理论的中国钢铁贸易研究[J]. 中国市场, 2019（34）: 89-90.

[44] 张静. 基于产业内贸易理论的中国产业结构调整[J]. 商场现代化, 2014（19）: 21-22.